우리나라 최초의 해양생물 백과사전

자산어보

자산어보

우리나라 최초의 해양생물 백과사전

초판 1쇄 발행 2016년 12월 30일
초판 3쇄 발행 2022년 5월 10일

지은이	정약전 이청
옮긴이	정명현
펴낸이	이영선
편집	이일규 김선정 김문정 김종훈 이민재 김영아 이현정 차소영
디자인	김회량 위수연
독자본부	김일신 정혜영 김연수 김민수 박정래 손미경 김동욱

펴낸곳 서해문집 | 출판등록 1989년 3월 16일(제406-2005-000047호)
주소 경기도 파주시 광인사길 217(파주출판도시)
전화 (031)955-7470 | 팩스 (031)955-7469
홈페이지 www.booksea.co.kr | 이메일 shmj21@hanmail.net

ⓒ정명현, 2016
ISBN 978-89-7483-824-9 03910

이 도서의 국립중앙도서관 출판예정도서목록(CIP)은 서지정보유통지원시스템 홈페이지(http://seoji.nl.go.kr)와 국가자료공동목록시스템(http://www.nl.go.kr/kolisnet)에서 이용하실 수 있습니다.(CIP제어번호: CIP2016031048)

오래된
책방
20

우리나라 최초의 해양생물 백과사전

자산어보

정약전, 이청 지음 · 정명현 옮김

서해문집

2001년《자산어보》연구를 시작했다. 그로부터 15년이 지났지만 석사학위논문(2002)을 제출한 뒤로《자산어보》와 관련해 심화된 연구를 발표하지 못했다. 하지만《자산어보》만 생각하면 나는 항상 빚을 졌다는 느낌에 사로잡혔다. 내 연구에 결정적 오류가 있었음을 논문 발표 얼마 뒤 알고서도, 그 오류를 광정匡正하는 글을 발표하지 못한 채 묵혀 두었기 때문이다. 물론 대학 강의나 여러 기회로 생긴 특강에서 기회가 날 때마다 오류를 설명하고 시험문제로도 내면서 지속적으로 오류를 환기했고 학생들에게 정확하게 전달하려는 노력을 이어 왔다. 그럼에도 실제로 담론을 검증하고 확산하는 연구자들에게 '참회'의 소명을 해야 했는데 그러지 못하고 있는 부담감까지 없앨 수는 없었다. 따라서 이 번역서는 내 연구에 대한 부끄러운 초상을 고백하고 조금이나마 용서를 구하기 위한 고육지책의 소산이다.

고백한다. 나는 생애 첫 연구 결과물인《자산어보》분석을 엉터리로 했다. 결정적 이유는《자산어보》에 71회나 등장하는 '晴'이라는 글자를 규명하지 못했기 때문이다. 이 글자가 무슨 뜻인지 전혀 몰랐고 어떻게 읽어야 할지도 몰랐다. 이 글자는 반드시 바로 뒤에 '안案'이라는 글자를 대동했다. '晴案'으로 붙어 다닌 것이다. '전田'과 '청靑'이 결합된 형성문자임이 분명하고 소리 정보를 알려 주는 '靑'이 있기 때문에, '청'으로 읽으려니 짐작만 했을 뿐이었다.

한자 사전을 모조리 뒤져 보았으나 이 글자가 등재된 사전은 없었다. 정문기 선생의《자산어보》번역서(1977)에서도 이 글자를 번역하지 않은 채 생략했고, 이전 연구에서도 이 글자를 설명한 적이 없었기에 나도 그냥 넘어갈 수밖에 없었다. 뿐만 아니라 그 글자 하나 모르고 넘어간다고 큰 문제가 있으랴 하는, 안이한 문제의식조차도 없었다. 적어도《자산어보》를 분석하는 데서 이 글자가 비중이 있을 거라고는 상상도 하지 못했기 때문이다. 그런데 그렇게 넘어가 버린 일이 오래도록 한이 될 줄이야.

석사학위논문을 제출하고 4개월이 지난 뒤 '晴'의 의미를 알게 되었다. 정약용의 제자 중 한 사람인 이청李晴을 뜻하는 '청' 자였던 것이다. 이 사실을 알게 되면서 그동안《자산어보》와 관련해 내가 잘못 이해한 내용들을 뼈저리게 확인할 수 있었다. 가장 기본적인 정보인 저자를 비롯해 저자의 기여도,《자산어보》완료 시기 등이다. 당시 풀리지 않은 문제를 좀 더 의심을 갖고 적극적으로 해결 방안을 모색하지 못한 점은 전적으로 나의 책임이다. 잘못된 사실을 밝혀야 하는 일은《자산어보》를 분석하겠다는 이에게 주어진 중요한 책임이다. 늦게나마 이 빚을 갚아야 한다는 부담감, 이것이 번역 원고를 준비하게 된 첫 번째 동기다.

이번 번역서를 내게 된 두 번째 동기는 이전에 출간된 번역의 오류를 최소화하고 새로운 교감본을 제시하기 위해서다.《자산어보》를 연구하면서 내가 먼저 한 일은, 구할 수 있는 필사본과 판본을 모두 구해 원전의 글자를 일일이 대조하고 인용문헌을 추적해 그 문헌과 비교하는 작업이었다. 여러 방법을 동원해 원전을 비교하면서 그 오류를 바로 잡는 행위를 교감校勘이라 한다. 모두 8종을 확인할 수 있었는데, 그중 7종을 입수하고 1종(서강대본)은 복사를 허락받지 못해서 해당 도서관에서 대조했다. 이 과정을 통해 원문을 모두 컴퓨터 파일에 입력해《자산어보 교감본》을 만들었고, 오류가 있는 부분에 대해 8종의 사본과 판본을 비교할 수 있도록 표도 제시했다. 하지만 그 후의 번역이나 연구논문에서 그 교감본이 본격적으로 반영되는 사례는 없었다.[*]

이런 상황을 의식해 언젠가는《자산어보》번역서를 내야겠다는 일종의 의무감을 갖게 되었다. 그러나 박사학위논문 집필과《임원경제지》완역 사업에 매진하던 나에게 그 시간을 내기는 좀처럼 어려웠다. 마침 서해문집에서 대중들이 읽을 만한《자산어보》번역서를 제안했기에 이 기회가 아니면 나의 잘못을 공개적으로 뉘우칠 기회를 쉽게 얻을 수 없을 거라는 판단으로 이 제안을 받아들였다.

《자산어보》는 2000년대 들어 많은 이들에게 꾸준히 관심을 받았다. 첫째, 정약전이《자산어보》의 업적을 인정받아 과천국립과학관의 '과학

---

[*] 이태원 선생님의《현산어보를 찾아서》라는 역작도《자산어보》번역을 모두 보여 주기는 했지만, 원전의 형식대로 반영하지는 않았고, 배경 설명이 주를 이루었기에 번역서로 보기에는 무리가 있다. 원고를 마무리하는 과정에서 반갑게도 최근에《신역 자산어보》(2016)가 출간되었음을 알게 되었다. 이두순 선생님의 이 번역서는 고려대 소장본(나는 이 소장본이 있는 줄 이제야 알게 되어 이 원고에는 반영하지 못했다)을 저본으로 삼고 나의《교감본자산어보》및 내가 참조한 8종 중 5종의 필사본을 대조했다고 한다. 그런데 이두순 선생님은 오류가 가장 적은 서강대본을 대조하지는 못했다고 했다. 나는 서강대본을 저본으로 삼았다.

기술인 명예의 전당'에 헌정되었다(2012). 둘째, 《자산어보》가 지난 2020년 《동의보감》과 함께 '국가중요과학기술자료'(과학기술정보통신부 산하 국립중앙과학관 주관)로 등록됐다. 셋째, 이준익 감독이 동명의 영화인 《자산어보》를 선보였다(2021). 넷째, 국립민속박물관에서 편찬하는 《한국생업기술사전: 어업》(2021)에 '자산어보' 항목이 실렸다. 이로써 《자산어보》와 관련된 그간의 연구가 학술적으로 정리된 셈이다.**

원고를 완성하는 데에 많은 분들의 도움을 받았다. 먼저 《자산어보》 2만 3000여 자를 모두 한글 파일에 입력해 주고 석사학위논문 원고를 입력해 주면서 항상 응원을 보내 준 아내 김득순에게 가장 많이 신세를 졌다. 당시 나는 컴퓨터를 거의 다루지 못했기에 육필 원고를 입력하고 수정한 원고를 재입력하는 일은 모두 아내의 몫이었다. 사별해서 감사의 말을 전할 수조차 없지만 그때의 깊고 깊은 고마움을 글로나마 전하고 싶다.

연구자로서의 연구 태도와 글쓰기를 매우 엄격하게 훈육해 주신 지도교수 김영식 선생님께서는 논문의 방향과 논점을 정교화할 수 있도록 철저하게 지도해 주셨다. 문중양, 신동원, 임종태, 전용훈, 김연희, 박권수, 김태호 등 대학원 선배 10여 분도 자신의 논문인 듯 '빨간펜'을 아끼지 않고 세심하게 조언해 주셨다. 이분들이 없었다면 《자산어보》를 입체적이고 심도 있게 분석할 수 없었다.

연구 개시와 함께 《자산어보》 필사본들을 수집해 교감에 매진할 수 있던 것은 도올 김용옥 선생님의 지도 덕분이었다. 원전을 연구하면서 텍스트 크리틱text critique에 대한 철저한 태도가 없다면 그 연구는 사상누각이

** 2022년 4월 13일에 추보함.

라는 점을 누누이 역설해 주셨기 때문이다. 원전 교감 연구를 통해 원전의 저자와 직접 소통할 수 있던 경험은 내게 매우 소중한 학문적 자산이 되었다.

임원경제연구소의 정정기 박사를 비롯해 김현진, 김수연, 황현이 연구원은 원고를 마무리하는 데 큰 도움을 주었다. 마감 기일이 임박하면서 혼자의 힘으로 기일을 지키기가 어려워졌을 때, 이들은 내 번역 기준을 반영하면서 원고 후반부를 초역해 주었다. 김수연, 황현이 연구원은 내가 이미 만들어 놓은 《자산어보 교감본》을 토대로 교감을 다시 하고, 교감 주석과 표점에 한국고전번역원에서 제시한 표준안을 반영하는 과정에도 기꺼이 지원해 주었다.

《자산어보》에 등장하는 해양생물의 오늘날 명칭을 고증하는 데에는 거의 대부분 이태원 선생님의 《현산어보를 찾아서》에 의존했다. 원고를 마친 뒤 다시 이 선생님에게 명칭에 대해 감수를 받았다. 바쁜 일정에도 정성껏 의견을 주신 데 대해 감사드린다. 또한 필사본 제공에 협조해 주신 서강대 로욜라도서관과 서울대 규장각 한국학연구원 등 여러 기관에도 사의를 표한다.

〈오래된 책방〉 시리즈로 《자산어보》를 기획해 원고를 의뢰해 주고 원고가 완정하게 될 수 있도록 많은 정성을 기울여 주신 서해문집에도 진심으로 감사드린다. 마지막으로, 많은 시간을 양보해 주면서 아빠가 원고를 잘 마무리할 수 있게 배려해 준 정성지, 정경지에게 미안한 마음과 고마운 마음을 동시에 전한다.

2016년 12월
임원경제연구소에서 정명현 씀

수산학,
해양생물학의 창도

《자산어보》는 자산(흑산도의 별칭) 근해에 서식하는 어류를 비롯해 해양생
물을 모두 포괄한, 우리나라 역사상 최초의 수산학·해양생물학 백과사전
이다. 중국이나 조선에서 나온 어보는 주로 어류만을 연구 대상으로 삼았
다. 하지만 《자산어보》는 바다에 서식하는 모든 생물을 망라했는데, 표제
어로 명기한 종만 총 226종種이다. 조선은 물론 중국에서도 거의 유례가
없는 방식으로, 어류뿐만 아니라 바다의 모든 생물을 망라해 한곳에 수록
한 것이다.[1]

---

[1] 김문기는 나의 이러한 평가에 대해 《자산어보》를 동아시아 최초의 해양생물 종합전문서로 보는 것은 무
리가 있다고 반박했다. 《민중해착소閩中海錯疎》(1596)에는 어류 이외에 강장동물·연체동물·양서류·절
지동물·양서류·포유류까지 다양한 해양생물이 포함되어 있으며, 학의행郝懿行(1757~1825)의 《기해착
記海錯》(1807)에도 해양동물 외에 얼마 되지 않지만(49종) 해양식물, 해양광물까지 기술되어 있기 때문
에 중국에 《자산어보》보다 더 이른 해양생물 종합전문서가 있다는 것이다(김문기, 〈근세 동아시아의 魚譜
와 어류지식의 형성〉, 《역사와 경계》 99, 부산경남사학회, 2016, 206쪽). 하지만 내가 말한 어류는 인류·무린류·
개류 전체를 포괄한 것으로, 김문기가 지적한 《민중해착소》의 강장동물 등도 모두 포함한 것이다(정명현,

9

《자산어보》는 3권 1책이다. 구성은 《자산어보》의 저작 동기와 저작 과정 그리고 효용성을 서술한 정약전의 서문을 필두로, 권1 인류鱗類(비늘 있는 어류, 20'류類' 72'종種[2]), 권2 무린류無鱗類(비늘 없는 어류, 19'류' 43'종') 및 개류介類(껍데기가 있는 어류, 12'류' 66'종'), 권3 잡류雜類(기타 해양생물류, 해충海蟲 4종·해금海禽 5종·해수海獸 1종·해초海草 35종)의 순서로 되어 있다. 이를 정리하면 《자산어보》에는 표제어에서 해양생물 총 55'류' 226'종'을 담았다.

《자산어보》 서문
서강대학교 로욜라도서관 소장

《자산어보》의 서술 방식은, 먼저 해당 생물의 명칭을 표제어로 제시하고 그 뒤에 속명俗名, 크기, 형태, 색, 외형적 특징, 생태, 맛, 이용법, 어획 시기, 어획 방법, 용도, 섬사람의 경험담, 문헌 고증 등의 순서로 진행된다. 물론 이러한 내용을 모든 항목에서 갖춘 것은 아니다.

《자산어보》는 조선시대까지의 해양생물 연구서 중에서 가장 많은 종을

〈정약전의 《자산어보》에 담긴 해양 박물학의 성격〉, 서울대학교 석사학위논문, 2002, 15~16쪽, 26쪽). 다만 《기해착》이라는 문헌은 검토하지 못했는데, 그 책에 해양식물까지 기술되었다고 하니, 《자산어보》 이전의 유례를 하나 포함할 수 있다는 데 동의한다.

2 '류類'와 '종種'으로 분류하는 방식은 본문 '사어鯊魚' 조에 "是一類而有數種也"라고 표현된 데서 빌려왔다. 이 구절이 비록 《본초강목》의 글이나 '류'와 '종'이라는 용어를 사용하는 데에 별 무리가 없으리라고 본다. '류'는 상위 범주이고 '종'은 그에 속한 '하위 범주'다.

다루었을 뿐 아니라, 지식 정리도 매우 체계적이다. 18세기까지 해양생물 연구는 주로 한자와 한글 명칭의 관계를 확정하거나 음식과 약으로서의 유용성이나 어류 관련 주변 이야기를 소개하는 정도에 머물렀다. 게다가 대부분 중국 문헌을 근간으로 기존 지식을 정리하는 식이었으며, 독립 저술로 정리된 적이 없었다. 정약전과 이청이 《자산어보》를 통해 우리나라의 해양생물 지식을 학문으로 태동시킨 것이다.

같은 '어보'의 형식을 띤 책인, 김려金鑢(1766~1821)의 《우해이어보牛海異魚譜》(1803)는 우리나라 최초의 어류 전문서로, 총 104종을 다뤘다. 하지만 이 책은 우해(경남 창원시 진해구) 근해의 어류 중 특이한 어류만을 다룬 데다가 체계 없이 나열하는 식으로 서술했으며 한시를 군데군데 첨가했기 때문에 학문적 차원의 백과사전이라고 규정하기에는 무리가 있다. 또 《자산어보》, 《우해이어보》와 함께 조선 3대 어보인 서유구徐有榘(1764~1845)의 《난호어목지蘭湖漁牧志》(1820년경)는 이후 《임원경제지林園經濟志》의 한 편인 《전어지佃漁志》에 거의 모두 재편성되었는데, 민물고기 52종과 바닷물고기 80종을 합해 총 132종을 소개했다. 《자산어보》는 중국은 물론 조선의 해양생물 문헌 중 중국의 《민중해착소閩中海錯疎》(1596, 257종) 다음으로 많은 종을 실었다.

정약전,
해양생물 분류법을 창안하다

《자산어보》에 보이는 특성을 정리하면 다음과 같다.

첫째, 수산학 및 해양생물학의 새로운 분류 방식을 창안했다. 창안자는 1차 원고를 저술한 정약전이다. 정약전은 이를 위해 해양 어족魚族을 분류 체계로서 상위 범주와 하위 범주로 나누었으며 이들의 유관성을 한눈에 알 수 있게 했다. 가장 상위 범주에서는 총 4류, 즉 인류·무린류·개류·잡 류로 분류했다. 이어 다음 단계의 상위 범주에서 인류에는 20류, 무린류에는 19류, 개류에는 12류, 잡류에는 4류를 배속해 총 55류로 나누었다. 여기에 다시 비슷한 종끼리 묶어 그 하위 범주를 각각 72종, 43종, 66종, 45종 등 총 226종으로 세분했다. 그중 16종은 이청이 후에 추가한 것인데, 정약전이 틀을 세운 체계에 보완하는 방식이었다.

이를 통해 해양생물 종의 이름에는 그 종에만 붙일 수 있는 독특한 명칭을 부여함으로써, 어떤 해양생물 종이 어떤 류에 속하는지 명료히 보여주었다. 인류와 무린류에 속한 류의 이름은 대부분 'ㅇ어' 또는 'ㅇㅇ어'처럼 '어'로 끝난다. 또 해당 류에 속하는 종이 둘 이상일 경우 그 류를 대표하는 종 이외의 종은 대표 종의 명칭 중 일부를 가진다. 예를 들어, 인류 중 '접어류鰈魚類'의 대표 종은 '접어(넙치)'이고 접어의 근연종 일곱 종은 모두 'ㅇ접' 또는 'ㅇㅇ접'이다. 이와 같이 어떤 한 종의 이름을 알게 되면 그것이 어떤 류에 속하는지 알기 쉽게 분류해 놓은 것이다. 해양생물을 분류하면서 이처럼 시도한 사례는 보이지 않는다.[3]

3　이 같은 평가에 대해 김문기는 "동아시아 최초의 어보인《민중해착소》에서는 근연종을 묶어서 항목을 만들었다. 예컨대 붕어와 도미를 동일한 류로 보고 '鯽, 烏魚, 棘鬣'을 하나로 묶고, 鯽 하부에 金鯽, 烏魚 하부에 金鱐, 棘鬣 하부에 赤鬃·方頭·烏頰 3종의 어류를 배치했다. 상어류에는 12종의 상어가 배치되어 있다"라며《민중해착소》에 이미《자산어보》의 분류법이 보인다고 했다. 그러나 이 반론은 받아들이기 어렵다. 나의 논지는 어류의 명칭만을 보고서 그 어류가 어느 류에 속하는지, 어떤 특징을 보이는지를 알 수 있게 분류했다는 점이다.《민중해착소》에 이런 특성이 반영되었는지를 김문기의 논거에서 확인하기는 어렵다. 다만 상어류 12종(虎鯊·鋸鯊·狗鯊·烏頭·胡鯊·鮫鯊·劍鯊·烏饜·出入鯊·時鯊·帽鯊·黃鯊)

12

어류를 인류, 무린류, 개류로 나눈 시도는 《자산어보》가 최초다. 동아시아 분류의 기준으로 자리 잡은 이시진李時珍(1518~1593)의 《본초강목本草綱目》(1590)에서는 인부鱗部와 개부介部로 나누었는데, 이 같은 방식을 해양생물에 적합하도록 새롭게 정립한 것으로 보인다. 또 '잡류'가 포함되어 있다는 점도 특이하다. 정약전은 어류만을 다루는 듯한 인상을 주는 '어보'라는 책에서 어류 조사에 그치지 않고 해충海蟲, 해금海禽, 해수海獸, 해초海草 등 어류 이외의 생물까지 연구 대상으로 삼은 것이다.

둘째, 체계적 분류를 위해 이름 없는 생물이나 기존 이름을 수정하는, 이른바 '창명創名(작명)'을 시도했다. 《자산어보》에서 이뤄진 '창명' 대상은 전체 226종 중 131종(약 58퍼센트)에 달한 반면, 기존 이름을 기록한 종은 불과 63종(약 29퍼센트)밖에 안 되었고, 방언의 의미를 되살려 한자어로 역逆번역한 종은 32종(약 14퍼센트)이었다.[4] 이는 정약전이 〈자산어보 서문〉에서 고백했듯이 연구 대상의 태반이 작명 대상이었음을 보여 주는 증거다.

창명 방식의 예를 들면, 접어 중 '전접顫鰈'은 누린내가 나고, '수접瘦鰈'은 몸뚱이가 수척하며, '우설접牛舌鰈'은 그 길이가 소의 혀와 아주 비슷해서 만들어진 이름이다. 이처럼 해양생물의 특징이 드러나면서 동시에 상위 범주의 명칭이 포함되도록 그 이름을 만들었다. 하지만 오랜 시간에 걸

중 10종의 이름 끝에 '䱻'를 쓰고 있어서 《자산어보》 사례와 비슷하지만, 이를 일반화하기에는 무리가 있다. 하위 범주가 있는 어류보다 단일 종만 소개한 어류가 많을뿐더러 하위 범주가 있는 어류들도 명칭에서 일관된 유사성을 보이는 사례를 찾기 어렵기 때문이다. 예를 들어 '蝦'의 하위 범주에 배치된 어류는 蝦魁·蝦姑·白蝦·草蝦·梅蝦·蘆蝦·稻蝦·對蝦·赤尾·塗苗·金鉤子·海蜈蚣 등 12종으로, 이 중 '蝦' 자가 있는 종은 6종이다. '蛤蜊'의 경우도 하위 범주 14종 중 5종에만 '蛤' 자가 들어 있다.
4 정명현, 앞의 글, 29쪽.

친 자연스런 작명이 아니라 1인(정약전 또는 이청)에 의한 작명이었기 때문에, 창명한 명칭이 보편화되지 못했다. 이런 문제는 있었지만 그의 작업으로 인해, 이름 이외에는 거의 알려진 정보가 없던 어족뿐 아니라 비교적 잘 알려져 있던 어족의 지식도 새롭게 추가할 수 있었다. 창명은 해양생물 지식을 학문적 차원으로 체계화할 수 있는 기반이 되었다. 이는 이명법의 제창자 린네Carl von Linné(1707~1778)에 비견될 만한 시도였다.

세밀한 관찰과
경험 지식의 학문화

셋째, 흑산도 근해에 서식하는 해양생물의 명칭, 크기, 형태, 생태, 맛, 어획방법, 이용법 등 수산학 정보를 놀라울 정도로 세밀하게 정리했다. 우선 저자(대부분 정약전에 해당하는)는 세밀한 관찰을 통해 해양생물 각각이 드러내는 외형적 특성을 이해했고, 섬 주민에게서 수집한 정보를 통해 관찰만으로는 얻을 수 없는 오랜 경험 지식까지 반영했다.

전복의 경우 껍질 안팎의 세밀한 묘사는 물론 그 안에 있는 살의 모양, 껍질과 살의 관계 등을 자세히 기록했으며, 홍어의 경우 암컷 생식기와 태반을 자세히 묘사하며 새끼 형성 과정을 설명했다. 생물체의 내장 구조는 물론이고, 체외 수정 방식, 상어가 꼬리를 휘둘러 먹이 잡는 모습, 아귀가 미끼로 먹잇감을 유인하는 모습, 도미가 해파리 먹는 모습 등 물속 생태까지도 세밀히 묘사한 것이다.[5] 또한 섬사람들의 경험 지식도 많이 반영했는데, 정약전이 유배 중에도 그들과 친구처럼 어울리며 소탈하게 살았기 때문에 가능한 일이었다. 또 정약전은 흑산도 사리 마을의 사촌서실沙村書室에 서당을 개설해 주민과의 유대를 돈독히 했다. 섬사람 중에서도 특히 세밀한 관찰과 깊은 사고를 하는 장창대張昌大(1792~?)라는 젊은이의 도움이 컸다. 장창대의 말로 명기해 전한 부분에는 고등어 어획량, 어류의 방어 및 공격 형태, 민간요법, 어획법, 어류의 성쇠 상황과 이동 경로, 활용법, 변태 등 어류 전반에 관한 다양한 정보가 들어 있다. 구전 지식을 담아낸 이 같은 저술은 서구에서 17세기 과학혁명 이후 경험적 연구와 자연사(natural history)에 관심이 증가한 맥락과 비슷한 양상을 보여 준다.

넷째,《자산어보》는 경험 지식과 문헌 지식이 적절하게 조화를 이룬다. 이는 한국과 중국의 기존 수산학 및 해양생물학 저술과 크게 구별되는 점이었다. 정약전에게 자신이 얻은 지식과 섬 주민에게서 알게 된 명칭의 객관성을 확보하기 위한 연구는 한계가 있었다. 흑산도에는 수산학 관련 전문서들이 없었기 때문이다. 이 책이 유배지에서 먼저 이루어졌다는 점, 최초의 수산학 및 해양생물학 저술이라는 점, 정약전이 유배 전에는 어류에 대한 관심을 거의 갖지 않았다는 점 등을 고려할 때 그에게서 문헌고증까지 기대하는 일은 무리인 셈이다.

그리하여 유배지에서 서신을 자주 왕래하던 다산 정약용의 지시로, 그

---

5   이런 특성들로 인해 정약전이 물질을 했고, 생물들을 해부도 했다는 평가도 있으나, 물속에서의 생태를 파악하거나 해부를 하는 일은 오히려 섬사람들이 했을 가능성이 더 높다. 다만 정약전이 섬사람들의 이 같은 경험을 범상치 않게 바라보고 이를 기록해 둔 점을 높이 평가해야 할 것이다.

사촌서실(재현)

사리 마을 전경
신안문화원 소장

의 제자인 이청李晴이 문헌 고증 부분을 집필했다. 《자산어보》 원문에 나오는 '청안晴案'으로 시작하는 대목은 이청의 안설案說을 의미한다. 이곳은 모두 문헌 고증이 이루어진 부분이다. 이렇게 정약전과 이청은 현장 지식과 문헌 고증이라는 공동 연구를 통해 가능한 한 문헌에 근거해 해양 어족의 이름을 밝히려 했다.

또한 정약전은 해양 지식이 흑산도라는 일부 공간 또는 소수의 생업 종사자에게서 구어로만 유통되는 상황에서 벗어나 많은 사람들에게 '병 치료(治病)', '이용利用', '재산 모으기(理財)' 및 한시의 소재 등 실생활에 도움이 되기를 원했다. 이런 목적으로 집필한 《자산어보》는 현대에도 학술적 차원은 물론이고 일반인에게도 실질적 도움을 주는 고전이 되었다. 《자산어보》는 지금도 남서해 해역의 수산 자원과 해양 생태계를 이해하는 데 매우 중요한 자료로 활용된다. 게다가 해양수산부는 우리나라 해수역의 수자원 연구 사업의 명칭을 '신 자산어보'라고 붙이기까지 했다. 《자산어보》는 흑산도 현장에서 만들어진 해양 지식을 토대로 기존의 문헌지식을 보완해 학문 단계로 정립하는 선례를 제시한 역작인 것이다.

하지만 《자산어보》에는 해당 생물의 그림이 전혀 수록되지 않았고, 묘사가 간략해서 독자들에게 이해의 장벽을 높이기도 했다는 점은 명확하게 지적할 필요가 있다. 그림이 있다면 쉽게 이해할 수 있으리라는 예상은 당연하다. 설사 그림이 없다 해도 상세한 설명을 덧붙였으면 하는 아쉬움이 남는 종들도 꽤 보인다. 이런 이유 때문에 아직도 이름을 확정지을 수 없는 종들이 있다. 일본에서는 《자산어보》가 저술되기 100여 년 전에 이미 어보가 나왔다. 간다 겐센神田玄泉(1670~1746)의 《일동어보日東魚

譜》(1719)다. 여기에는 344종의 어류가 실려 있고, 각 항목에 그림까지 그려져 있다.[6]

또한 고등어皐登魚나 아귀(餓口魚)처럼 흑산도뿐 아니라 다른 지역에서도 통용되었을 것으로 추측되는 어명 대신, 벽문어碧紋魚나 조사어釣絲魚 등 새로 지은 이름을 표제어로 삼은 점은 어보 지식의 확산이라는 측면에서 장애가 되는 요인이기도 했다. 어보 지식이 통용되기 위해서는 화자와 청자(혹은 독자)가 서로 이해할 수 있는 명칭을 공유하는 일이 우선이기 때문이다.

그럼에도 《자산어보》에 담긴 해양생물의 지식과 정리, 그리고 분류와 창명은 기존 해양생물 연구에서는 찾아볼 수 없다. 이는 18~19세기 근대 생물학 태동기의 자연 분류법 및 자연 명명법과 비슷한 측면이다. 창명을 토대로 한 분류 체계에서 어떤 종이 어떤 류에 속하고, 어떤 특징이 있는지를 알 수 있도록 류와 종을 분류해 놓은 최초의 시도였다. 이것이 《자산어보》가 만들어 낸 과학사에서의 의의가 아닐까 한다.[7]

《자산어보》를 공동으로
저술한 정약전과 이청

정약전은 1758년(영조 34) 경기도 마현馬峴에서 태어났다.[8] 마현은 정약전

---

6   18세기 후반 일본에서는 다양한 어보가 본격적으로 출현했고, 19세기 전반은 일본 어류박물학의 전성기였다(김문기, 앞의 글, 202~224쪽).. 우리의 어보 전통과는 비교가 안 될 정도로 학문적 성취도가 높았던 것이다.

7   이상은 내가 2012년도에 한국과학기술한림원에 제출한 〈2012년도 과학기술인 명예의전당 헌정대상자 공적조사 결과보고서〉를 토대로 수정·증보한 글이다.

과 정약용의 생가가 있는 지금의 경기도 남양주시 조안면 능내리 일대다. 그는 당시 대표적인 남인 가문이었던 압해押海 정씨 출신이었는데, 1776년(영조 52) 아버지 정재원丁載遠(1730~1792)이 호조 좌랑佐郎이 되면서 한양에서 살게 되었다. 이때부터 정약전은 성호星湖 이익李瀷(1681~1763)의 학문을 이어받아 주희朱熹(1130~1200)를 거쳐서 수사洙泗(원시유학)에 이르기까지 글을 배웠고,[9] 곧이어 권철신權哲身(1736~1801)의 문하에 들어가 문도들과 함께 유학적 소양을 길렀으며 양명학에도 관심을 두었다.[10]

정약전은 1783년(26세)에 진사가 되었으나 과거 공부에 노력을 기울이지 않았다. 이 무렵 그는 이벽李檗(1754~1786)과 교유하면서 본격적으로 서학과 천주교에 깊은 관심을 갖게 되었다. 이후 몇 년간 이어진 천주교 활동은 그의 인생에 결정적 영향을 미치게 된다. 1790년(정조 14) 증광별시增廣別試 초시에서 '오행五行'에 관한 시험 문제가 나왔고 정약전은 여기에서 1등으로 뽑혔는데, 5년 뒤 박장설朴長卨(1729~?)은 그의 답안이 서양의 사행설四行說을 취했다는 비판을 제기했다.[11] 최종 시험인 전시殿試에서는 병

---

8   정약전의 생애에 대해서는, 정명현, 〈정약전의 《자산어보》에 담긴 해양 박물학의 성격〉, 2~3쪽을 증보했다. 정약전의 일대기는 정약용의 《여유당전서》에 가장 자세히 실려 있다. 그중 1집 15권의 '선중씨묘지명先仲氏墓誌銘'은 정약전의 생애를 비교적 자세히 보여 준다. 여기에서는 주로 이를 참고해 그의 생애를 재구성했다.

9   정약전이 한양으로 이주하게 된 시기는 정약용의 '자찬묘지명自撰墓誌銘' 집중본集中本 《여유당전서》의 "十五而娶適, 先考復仕爲戶曹佐郎, 僑居京內時,…"라는 내용으로 짐작했다.

10 정약전이 권철신의 문하에서 공부한 구체적인 모습은 소위 '주어사走魚寺 강학회'에서 엿볼 수 있는데 이 강학회에서 무엇을 공부했는지에 대해서는 논란이 있다. 즉 이 강학회에서 유학뿐만 아니라 천주교에 대한 논의도 있었다고 보는 설과 유학에 대한 논의만 있었다고 보는 설이 맞선다(서종태, 《성호학파의 양명학과 서학》, 서강대학교 박사학위논문, 1995, 74~75쪽). 서종태는 주어사 강학회가 유학 중에서도 특히 양명학과 관련이 있다고 주장한다. 정약전이 양명학에 관심을 기울인 구체적인 내용은 서종태, 위의 글, 62~69쪽을 참고. 조성을은 기본적으로는 유교적이었으나 보유론적 관점에서 서교와 유교와의 관계를 논했을 것으로 본다(조성을, 〈정약전丁若銓과 서교西敎 : 흑산도 유배 이전을 중심으로〉, 《교회사연구》 44, 한국교회사연구소, 2014 참조).

11 이와 관련된 박장설의 상소는 이만채 편, 〈부사직박장설상소副司直朴長卨上疏〉, 《벽위편闢衛編》 권4, 한

과丙科 27위(47명 중 37위)로 급제했다.[12] 오행 답안은 결국 정치적 쟁점이 되었고 급기야 정조正祖가 그의 답안을 검토하기에 이르렀다. 정조는 그의 답안이 서양의 사행설을 따르지 않았다며 정약전을 변호했다.[13] 그러나 1799년 여름에 대사간 신헌조申獻朝(1752~?)의 탄핵으로 파면된 뒤 더 이상 관직에 복귀하지 못했다.

정조가 죽은 이듬해인 1801년(44세) 신유사옥辛酉邪獄으로 동생인 정약종丁若鐘(1760~1801)과 매부인 이승훈李承薰(1756~1801)이 참수되고 이가환李家煥(1742~1801)·권철신이 옥사당했을 때, 정약전 자신과 동생 정약용은 배교하고 신지도薪智島(전남 완도군 신지면)와 장기長鬐(경북 포항시 장기면)로 각각 유배되었다. 하지만 이것이 끝이 아니었다. 그 해 9월에 정약전의 조카사위인 황사영黃嗣永(1775~1801)이 천주교도 박해 내용을 폭로하고 박해자들을 처단해 줄 것을 청원하는 내용의 백서를 북경으로 전달하려다 발각되는, 이른바 황사영 백서사건이 일어나 황사영 등 관련인물이 모두 참수되고 정약전·정약용은 무고함을 인정받아 각각 흑산도와 강진으로 유배되는 데 그쳤다.

정약전은 유배 초기에는 우이도(1801~1806)에서 보냈고, 그 뒤 흑산도(1806~1814) 사미촌(신안군 흑산면 사리)에서 생활하다가 다시 우이도로 넘어왔다. 동생의 유배가 풀릴 조짐이 있어서 동생이 험난한 바다를 건너게 할 수 없다는 이유에서였다. 그러나 생전에 정약용은 해배되지 않았고 결국

국자유교양추진회, 1985, 원문59쪽 참고.

12 《자산어보》를 자신의 저술에 인용한 서유구도 이때 정약전과 같이 과거를 치렀는데, 그의 전시 성적은 병과 14위(47명 중 24위)였다. 한국학중앙연구원 역대인물종합정보시스템 참조.

13 이만채 편, 〈공조판서이가환상소工曹判書李家煥上疏〉, 위의 책, 원문59~60쪽 참고.

정약전은 1816년 우이도에서 59세의 나이로 일생을 마쳤다.[14]

정약전은 우이도와 흑산도의 유배지에서 후학을 양성했고 식자층과도 교류하며 시문을 주고받았다. 그는 섬이라는 자연환경과 섬사람들의 생활상에 영향을 받았고 섬사람들과 격의 없이 교류하면서 그들의 생활상과 자연환경을 적극적으로 저술에 담았다.[15] 또한 유배지에서 술을 많이 마시고 섬사람들과 친구처럼 지내며 교만스럽게 대하지 않았다. 이 때문에 섬사람들이 다투어 그를 주인으로 모시려 했다.[16] 이처럼 섬사람들과 개방적 태도로 교유하면서 섬이라는 자연환경에서 추구할 수 있는 자신의 학문적 관심을 《자산어보》로 완성할 수 있었다. 《자산어보》 저술에 섬사람들의 경험 지식을 적지 않게 반영했기에 보다 생생한 현장 지식을 담을 수 있었던 것이다.

그의 저서는 주로 유배 기간에 쓰였으며 《자산어보》가 대표적이다. 또 《손암서독巽菴書牘》, 《자산역간兹山易柬》, 《손암예의巽菴禮疑》, 〈주역사해서周易四解序〉, 〈매씨서평서梅氏書評序〉, 〈시의尸義〉 등은 《여유당전서》와 《여유당집與猶堂集》에 현존한다. 또 연세대본 《여유당집》에는 유배기에 쓴 시 32제 40수가 전한다.[17] 《표해시말漂海始末》은 정약용의 제자 이강회의 《유암총서柳菴叢書》에, 그리고 《송정사의松政私議》는 이강회의 《운곡잡저雲谷雜著》에 수록되어 있다.[18] 《논어난論語難》, 《몽학의휘蒙學義彙》 등이 더 있으나

---

14 우이도는 정약전이 흑산도 유배형을 받고 그곳으로 가기 이전에 거주한 섬으로 나주를 거쳐 무안에서 흑산도로 가는 길목에 있다.

15 최성환, 〈정약전의 흑산도 유배생활과 저술활동〉, 《지역과 역사》 36, 부경역사연구소, 2015를 참조.

16 "公自入海中, 益縱飲, 與魚蠻·鳥夷爲儔侶, 不復以驕貴相加, 島氓大悅, 爭相爲主"(《與猶堂全書》 '先仲氏墓誌銘').

17 허경진, 《손암 정약전 시문집》, 민속원, 2015.

18 김정섭 역, 〈표해시말〉, 《유암총서》, 신안문화원, 2005; 안대회 역, 〈송정사의〉, 《운곡잡저》, 신안문화원,

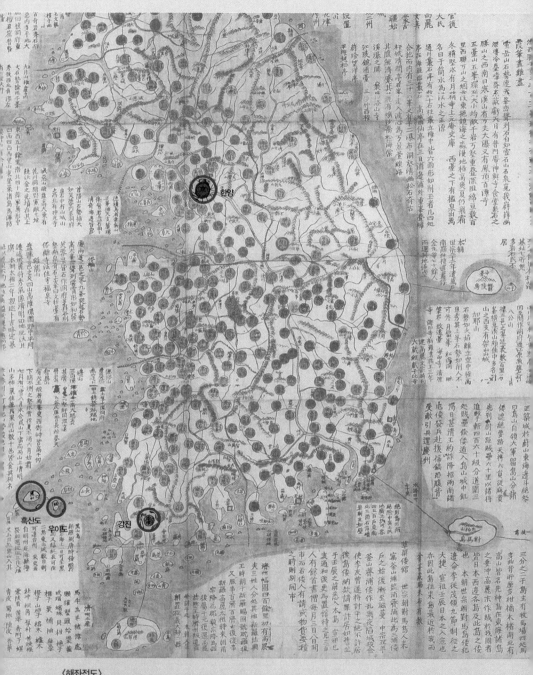

〈해좌전도〉

19세기, 국립중앙박물관 소장

전하지 않는다.

《자산어보》의 공동 저자인 이청의 활동은 정약전과는 너무나 대비될 정도로 알려지지 않았다. 이청에 관해 그간 알려진 내용을 간략하게 소개한다.

이청은 1792년에 태어났으며 본관은 경주다. 학래學來로도 불렸으며, 자는 금초琴招, 호는 청전靑田이다. 정약용이 강진에서 유배 생활을 할 때인 1806년 가을부터 1808년 초봄까지 이청의 집에 거처했다. 어린 나이였지만 영특한 재주를 보였다고 정약용은 기록했다. 어린 시절부터 정약용에게서 학문을 익히면서 정약용의 저술에 참여했는데, 그중에서 특히 경전과 역사 방면의 문헌 대조와 비교 및 검토에 능했다. 또한 문헌 고증에서 두각을 나타냈다. 정약용이 해배되고 마현 본가로 왔을 때 이청도 올라왔으나 함께 왔는지 그 뒤에 왔는지는 확실하지 않다. 70세까지 과거에 응시했으나 번번이 낙방했고, 1861년(70세)에 세상을 떠났다.[19] 그의 죽음에 대해서는 별을 관찰하다가, 또는 정신적 과로 때문에, 또는 과거에 낙방하자 낙심하여 우물에 빠져죽었다는 설이 통설이 된 듯하나 이는 사실이 아니라 시적 표현을 오해했을 수도 있다는 반론이 있다.[20]

한편 이청은 정약용이 《여유당전서》를 저술할 때 가장 중요한 조력자 중 한 사람이었다. 《주역심전周易心箋》의 네 번째 원고를 다듬었고, 《시경강의보유詩經講義補遺》(1810)와 《악서고존樂書孤存》(1816)을 저술할 때 정약용

---

19 이청에 대해서는 주로 임형택, 〈丁若鏞의 康津 流配時의 교육활동의 그 성과〉; 정민, 《다산선생 지식경영법》을 참조.
20 이철희, 〈李晴의 우물추락사설에 대한 해명〉, 《語文研究》 43(3), 한국어문교육연구회, 2015.

의 구술을 완성했다. 또 정약용의 초고인《대동수경大東水經》(1814)에 자신의 안설인 '청안'을 붙여 저술을 완성했다. 해배된 뒤에는 스승을 따라와서《사대고례事大考例》(1821) 편집 책임을 맡았고, 정약전의 초고인《자산어보》에 문헌 고증 및 일부 어종을 추가했다. 말년에는《정관편井觀篇》(8권 3책)을 저술했다. 이 책은 지금까지 확인된 유일한 그의 단독 저술로, 남인 다산학파의 천문·역산 분야의 전문 지식을 보여 주는 유일한 저서다. 이때 서유구의 서자이자 천문·역산가로서 전문 지식을 가졌을 것으로 평가되는 서팔보徐八輔(?~1854)와의 교류에서 도움을 많이 받은 것으로 추측한다.[21]

  이상으로《자산어보》와 저자의 특징에 대한 간략한 설명을 마친다.《자산어보》에 대한 더 구체적인 사항은 나의 석사논문과 그 전후에 나온 여러 연구 논문들을 일독하기를 바란다.

  마지막으로 이 번역서를 계기로 꼭 강조하고 싶은 세 가지를 〈부록〉의 '해설'에서 상설했다.《자산어보》에 대해 보다 깊이 있는 이해를 구하려는 독자들의 관심을 부탁드린다. 그 내용을 요약하면 다음과 같다. 첫째,《자산어보》가 정약전의 단독 저술이 아니라 정약전과 이청의 공동 저술임을 공식화한다. 둘째, 책의 이름을《현산어보》가 아니라《자산어보》로 읽어야 한다는 점을 주장한다. 셋째,《자산어보》의 정확한 이해를 위한 원전 정본화定本化의 필요성을 역설한다.

---

21 문중양, 〈19세기의 호남 실학자 李晴의《井觀編》저술과 서양 천문학 이해〉,《韓國文化》37, 서울대학교 규장각한국학연구원, 2006을 참조.

일 러
두 기

1   이 책은 손암 정약전과 청전 이청의《자산어보》를 교감, 표점, 번역, 주석한 것이다.
2   정사正寫 상태, 내용의 완성도, 전질의 구성 등을 고려해 서강대학교 로욜라도서관 소장본을
    저본으로 삼았다.
3   이청의 의견을 나타내는 '청안晴案' '안案'. '우안又案' 등은 구별이 쉽도록 색을 달리 표기했다.
4   원문의 주석은【 】로 표기했다. 그 외의 각주는 모두 옮긴이의 주석이다.
5   번역문 주석의 출처 가운데 이태원의《현산어보를 찾아서》(전 5권)의 경우엔 다음과 같이 표
    기했다. (이태원,《현산어보를 찾아서》2, 308~315쪽 : 이태원, 2-308~315)
6   번역문에서 서명과 편명은 각각《 》및 〈 〉로 표시했다.
7   교감은 대교對校와 타교他校를 중심으로 하고, 본교本校와 이교理校는 최소화했으며, 교감 사
    항은 각주로 밝혔다.
8   교감본 자산어보의 표점 부호는 마침표(.), 쉼표(,), 물음표(?), 느낌표(!), 쌍점(:), 쌍반점(;),
    인용부호(" ", ' '), 가운뎃점(·), 모점(、), 서명 부호(《 》)를 사용했고 인명, 지명 등 고유명사
    에는 밑줄을 그었다.
9   현재 남아 있는 이본 가운데 정문기본(정씨본), 가람문고본(가람본), 서강대본(서강본), 일석
    문고본(일석본), 상백문고본(상백본), 부경대본(부경본), 국립도서관본(국립본), 호남문화연구
    본(호남본)과 교감하고, 교감 사항은 각주로 처리했으며, 각각 괄호 안의 이름으로 약칭했다.
10 교감 및 표점 정리 방식은 한국고전번역원의 교감 · 표점 지침을 준수하려 했다.

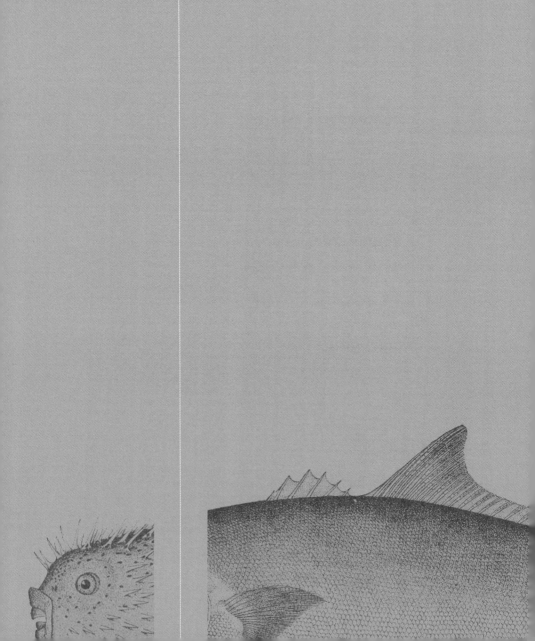

兹山魚譜

'자산玆山'은 '흑산黑山'이다. 나는 흑산에서 귀양살이를 하고 있는데, 흑산이라는 이름은 어두운 느낌을 주어서 무서웠다. 집안사람의 편지에서는 번번이 흑산을 자산이라 표현했다. '자玆' 역시 검다는 뜻이기 때문이다.

자산 바다의 어족은 지극히 번성하다. 하지만 내가 이름을 아는 어족은 거의 없었다. 이것이 박물博物에 관심 있는 이들이 잘 살펴야 할 점이다. 그리하여 내가 섬사람들에게 이것저것을 물어보아 어보魚譜를 짓고자 했으나 사람마다 말이 달라 딱히 의견을 좇을 만한 이가 없었다.

그런데 섬 안에 덕순德順 장창대張昌大라는 사람이 있었으니, 문을 닫고 손님을 사절하면서 독실하게 옛 서적을 좋아했다. 집이 가난해 책은 많지 않은 점을 볼 때, 그가 비록 손에서 책을 놓지는 않았지만 보는 눈은 넓을 수가 없었다. 그러나 성품이 차분하고 꼼꼼해 귀와 눈에 수용되는 모든 풀·나무·새·물고기 등의 자연물을 모두 세밀하게 살펴보고 집중해서 깊이 생각해 이들의 성질과 이치를 파악했기 때문에 그의 말은 신뢰할 만했다. 결국 나는 그를 초청하고 함께 숙식하면서 함께 궁리한 뒤, 그 결과물을 차례 지워 책을 완성하고서 이를《자산어보玆山魚譜》라고 이름을 지었다.

《자산어보》는 어족뿐 아니라 곁가지로 해양조류(海禽)와 해양채소(海菜)까지 다루어서 뒷사람의 세밀한 연구에 바탕이 되도록 했다. 돌이켜보면 내가 고루해서 본초서本草書에 이미 나오는 생물인데도 그 이름을 알 수 없거나, 예전부터 그 이름이 없어서 고증할 근거가 없는 생물이 태반太半이었다. 이 때문에 민간에서 부르는 사투리에만 의존할 수밖에 없었는데, 이러한 경우에 표기할 수 없는 생물은 그때마다 함부로 그 이름을 만들어 냈다(創名).

뒤에 오는 군자가 이런 점들을 근거로 수정하고 보완한다면 이 책은 병을 치료하고(治病), 쓰임을 이롭게 하며(利用), 재물을 잘 관리하는(理財) 여러 전문가에게 진실로 바탕으로 삼을 만한 내용이 있을 것이며, 또한 시인들이 좋은 표현을 위해 널리 의지할 때 그때까지 알지 못했던 정보를 제공해 줄 정도일 뿐이다.

가경嘉慶[1] 갑술년(1814)에 한강 가에 살던 정약전이 쓰다

---

[1] 중국 청나라 인종仁宗 때의 연호(1796~1820).

鱗類

石首魚 有大小數種

건

大鮸 俗名曰艾 者長丈餘腰大數抱狀類鮸色黃黑味

似鮸而益醲厚三四月間浮出水面能浮

中夏氣間者皆也鮸漁者徒手而捕六七月間捕鯊者設釣

于水底鯊魚呑之而倒懸釣綸纏其身用力則綸或釣

故勢必則大鮸又呑其鯊鯊之青骨

倒懸

인류鱗類 (비늘 있는 어류)

석수어石首魚【크고 작은 여러 종이 있다.】

대면大鮸【속명 애웃(艾羽叱)】 돗돔 [1]

큰 놈은 길이가 10척 남짓이다. 허리가 커서 몇 아름이나 된다. 형상은 면어鮸魚(민어)와 유사하나 색은 황흑이다. 맛 또한 면어와 비슷하지만 면어보다 더 농후醲厚하다. 대면은 3~4월 사이에는 수면에 떠다니므로【일반적으로 물고기 중에 물에 떠다니면서 깊이 들어가 놀지 못하는 놈들은 많다. 봄과 여름 사이에 물에 떠다니는 경우는 모두 부레 속 공기가 넘치기 때문이다.】 어부들은 맨손으로 이를 잡는다.

---

[1] 대면을 돗돔으로 동종한 이는 이태원이다. 1장 남짓한 크기에서부터 심해에 서식하는 상어를 먹는다는 점, 산란기에는 수심이 얕은 곳으로 올라온다는 점, 대면 간의 독이 중독의 위험성이 특히 높다는 점, 그 크기 때문에 낚시가 어려운 점, 그리고 민어와 생김새가 비슷하다는 점 등을 그 증거로 들었다. 대부분의 연구에서는 대면을 '민어', '큰 민어'라고 했다. 이태원에 따르면 특대형 민어를 전남에서는 '개우치', '개굴치'라고 한다. 이런 발음에 근거해 그는 속명의 '艾애'를 '芥개'로 수정하기도 했다. 하지만 흑산도 현지민에게서 '애웃'이라는 방언을 확인한 연구(김대식, 〈玆山魚譜考〉)도 있는 만큼(이태원, 2-308~315. 이하 이태원은 '이'로 줄임), 원문을 굳이 수정할 필요는 없다.

6~7월 사이에는 사어鯊魚(상어)를 잡는 이들이 낚시를 물 아래에 설치한다. 사어가 낚시를 삼켜 거꾸로 매달리면【사어는 매우 강하기 때문에 낚시를 삼키면 꼬리지느러미를 흔들다가 낚싯줄이 자기 몸을 감게 한다. 힘을 쓰면 낚싯줄이 끊기기도 한다. 이 때문에 상어는 상황상 반드시 거꾸로 매달리게 마련이다.】대면이 또 그 사어를 삼킨다. 사어의 지느러미뼈【사어에게는 송곳처럼 뾰족한 뼈가 있다.】가 대면의 창자를 역방향으로 찌르면 이 뼈가 낚시 미늘[2]이 되어 대면이 뺄 수가 없다. 어부가 낚시를 올릴 때 대면이 따라 올라오면 어부는 힘으로는 대면을 제어할 수 없다. 그러기에 어떤 이는 밧줄로 올가미를 만들어 대면을 끌어당겨 꺼내기도 하고, 어떤 이는 손을 대면의 입에 넣고 아가미를 움켜잡아서 꺼내기도 한다.【아가미는 물고기 목구멍 옆에 난 억센 털이다. 목구멍 곁에는 양쪽에 각각 몇 겹으로, 그 형세가 빽빽한 참빗과 같다. 민간에서는 이를 '구섬句纖'이라 부른다.[3] 일반적으로 물고기 코의 용도는 냄새만 맡는 데에 있고, 물을 내뱉고 들이키는 일은 아가미가 맡는다.[4]

○ 석수어 가운데 작은 놈은 이빨이 단단하다. 반면 중간 놈은 이빨이 있지만 단단하지는 않다. 대면은 이빨이 겨우 사어 가죽과 같기 때문에 어부가 손을 입에 넣어도 찔리지 않는다.】

대면의 간에는 지독한 독이 있어서 간을 먹으면 명현瞑眩 현상[5]이 생

---

2   낚시 끝의 안쪽에 있는, 거스러미처럼 되어 고기가 물면 빠지지 않게 만든 작은 갈고리.
3   서해안 여러 지방에선 지금도 아가미를 구세미 또는 귀세미라 하는데(이, 2-319), 구섬은 당시 음을 반영한 표기다.
4   사람의 호흡과 달리, 물고기는 코로 냄새를 맡고 입과 아가미로 호흡을 한다는 점을 정확하게 인지했다(이, 2-320).
5   약을 복용한 뒤에 일시적으로 나타나는 예기치 못한 몸의 반응으로, 머리와 눈이 흐리고 꽃 같은 것이 어른거리면서 가슴이 답답하다.

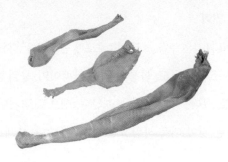

기면서 선창鮮瘡[6]이나 개창疥瘡[7]이 발생해 부스럼병의 뿌리를 삭일 수 있다.【일반적으로 큰 물고기의 간은 모두 부스럼병의 독기를 삭인다.】 대면 쓸개는 흉통胸痛이나 복통腹痛을 치료한다고 한다.

○ **청안** 석수어에는 크고 작은 여러 종이 있으나 모두 머리 안에 돌두 개가 있고 뱃속 흰 부레로는 부레풀[8]을 만들 수 있다. 《정자통正字通》[9]에서 "석수어는 일명 면鮸으로, 동남해에서 산다. 모양은 백어白魚[10]와 같아 몸이 납작하고 뼈가 약하며 비늘이 잘다"라고 했다. 석수어를 《영표록嶺表錄》[11]에서는 석두어石頭魚라 했고, 《절지浙志》[12]에서는 강어江魚라 했다. 또 《임해지臨海志》에서는 황화어黃花魚라 했다. 그러나 지금 적은 이 대면의 모양은 여러 서적에서 언급한 적이 없는 내용이다.

---

6 피부 겉면이 해지지 않고 메마른 상태로 앓는 피부병인 버짐을 가리킨다.
7 옴진드기가 기생해 일으키는 전염 피부병인 옴을 가리킨다.
8 민어의 부레를 끓여서 만든 풀. 목기木器를 붙일 때 많이 쓴다.
9 중국 명나라 때 학자 장자열張自烈(1597~1673)이 지은 음운 자서字書.
10 잉엇과의 민물고기인 백조어白條魚를 가리키는 듯하다.
11 중국 당나라 때 유순劉恂이 지은 책. 중국 양광兩廣(광동·광서) 지역의 물산과 생활상을 소개했다. 특히 어류, 수목류, 충류 등의 명칭과 의미를 자세하게 고증했다. 《영표기嶺表記》라고도 한다.
12 《절강통지浙江通志》를 가리키는 듯하다. 《절강통지》는 중국 청나라 때 관리 혜증균嵇曾筠(1670~1738) 등이 편찬한 절강 지역의 지리서다.

면어鮸魚【속명 민어民魚】 민어

큰 놈은 길이가 4~5척이다【척은 주척周尺을 기준으로 말한 것이다.[13] 아래에서도 모두 이와 같다】. 몸통은 조금 둥글고, 몸통의 색은 황백이며, 등의 색은 청흑이다. 비늘이 크고 입도 크다. 맛은 담담하고 달다. 생으로 먹거나 익혀 먹는 일 모두 좋지만, 말린 것이 더욱 사람을 보익補益해 준다. 부레로는 부레풀을 만들 수 있다.

흑산 바다에서는 희귀하지만 더러 수면에 떠다녀서 맨손으로 잡기도 하고, 낚시로 잡기도 한다. 나주의 여러 섬 북쪽에서 5~6월에는 그물로 잡고, 6~7월에는 낚시로 잡는다. 민어 알주머니는 길이가 2~3척이나 된다. 젓갈을 담든, 어포를 만들든 모두 맛있다. 어린 놈은 민간에서 암치어巖峙魚라 부른다.[14]

또 다른 종이 있는데, 민간에서 부세어富世魚라 부른다. 부세어의 길이는 2척 남짓을 넘지 않는다.[15]

○ **청안** '鮸'은 음이 면免이다. 우리 동국東國의 발음에서 '免면'과 '民민'은 서로 가까우니, 민어는 곧 면어다. 《설문해자說文解字》[16]에서 "면은 물고기 이름으로, 예사국薉邪國에서 난다"라고 했다. 예薉라는 곳은 우리나라 영동 지역이다. 그러나 지금 영동 바다에서 면어가 난다는 말을 들은 적이 없다. 서해와 남해에만 있을 뿐이다.

---

13 주척 제도는 시대에 따라 변해 일정하지 않았다. 18~19세기 조선 주척의 표준척도 일정하지 않았으나, 대체로 20~23센티미터 정도의 길이다. 정약전이 말한 주척이 어떤 주척을 가리키는지 명확하지 않아 정확한 길이를 파악하기는 어렵다.
14 지금도 '암치'로 부르는 곳이 많다(이, 2-325).
15 지금도 부세라 하는데, 민어보다 조기와 더 가까운 종으로 취급한다. 정약전은 길이가 2척을 넘지 않는다고 했지만, 보통 50센티미터 정도고 최대 크기는 75센티미터에 이른다(이, 3-267~268).
16 중국 후한 때 학자 허신許愼(58~147)이 편찬한 자전.

《설문해자》 국립중앙박물관 소장

　　《본초강목本草綱目》에서는 다음과 같이 적었다. "석수어는 말린 것을 '상어鮝魚(가조기)'라고 하며 사람을 잘 기를 수 있기(養) 때문에 이름 글자에서 '양養' 자를 따른 것이다. 나원羅願[17]은 '모든 물고기는 말린 것을 상鮝이라 하지만, 맛이 석수어에 미치지 못하기 때문에 유독 석수어만 상어라는 명칭을 얻은 것이다. 그중 흰 놈이 좋기 때문에 백상白鮝이라 한다. 만약 바람을 많이 맞으면 홍색으로 변해 제 맛을 잃어버린다'고 했다." 우리나라도 민어를 가상佳鮝이라고 하니, 민어가 바로 면어다.

17　1136~1184. 중국 송나라 때 문신이자 학자. 인용한 내용은 그의 《이아익爾雅翼》에 나왔을 것으로 보이나 확인할 수 없다.

《본초강목》국립중앙박물관 소장

○ **우안** 《동의보감東醫寶鑑》에서는 회어鮰魚를 민어라 했다. 그러나 회어는 외어鮵魚다. 외어는 강이나 호수에서 살고 비늘이 없는데, 진장기陳藏器[18]가 외어를 잘못해 면어라 한 것이다. 이시진李時珍[19]이 이를 잘 판별했으니, 회어와 면어를 혼동해서는 안 된다.

추수어踏水魚【속명 조기曹機】 참조기

큰 놈은 1척 남짓이다. 형상은 면어와 유사하지만 몸통이 그보다 조금 좁다. 맛도 면어와 비슷하지만 그보다 더 담담하다. 쓰임새도 면어와 같으며 알은 젓갈로 좋다. 흥양興陽[20]의 바깥 섬들 주위에서는 춘분春分[21] 뒤에

---

18 681~757. 중국 당나라 때 본초학자. 이전 시대의 본초 서적에서 빠진 약물을 모아 《본초습유本草拾遺》를 편찬했다.

19 1518~1593. 중국 명나라 때 본초학자. 일찍이 과거를 보았으나, 후에 유학을 버리고 대대로 내려오던 의학을 계승해서 《본초강목》 52권을 완성했다. 이 책은 《자산어보》에서 가장 많이 의존한 책이다.

그물로 잡고, 칠산七山[22] 바다에서는 한식寒食[23] 뒤에 그물로 잡고, 해주 앞 바다에서는 소만小滿[24] 뒤에 그물로 잡으며, 흑산 바다에서는 6~7월에 비로소 밤에 낚시로 잡는다.【물이 맑아서 낮에는 낚시를 삼키지 않는다.】 이미 산란을 마친 뒤라서 맛이 봄에 잡은 추수어에 미치지 못하니, 말려도 오래 보관할 수 없다. 가을이 되어야 조금 나아진다.

○ 약간 큰 놈은【민간에서는 보구치甫九峙라 부른다.】 몸통이 크고 짧으며 머리는 작고 구부러져 있기 때문에 뇌의 뒤쪽이 높다. 누린내가 나서 오직 어포로나 만들어야 맛은 낫다. 칠산에서 나는 놈은 맛이 좀 더 낫지만 역시 좋지는 않다.

○ 약간 작은 놈은【민간에서는 반애盤厓(수조기)라 부른다.】 머리가 약간 뾰족하고 색은 약간 희다.

○ 가장 작은 놈은【민간에서는 황석어黃石魚(황강달이)라 부른다.】 길이가 0.4~0.5척이고, 꼬리는 매우 뾰족하다. 맛이 매우 좋다. 제때에 어망 속으로 들어온다.

○ **청안** 《임해이물지臨海異物志》[25]에서 "석수어 가운데 작은 놈을 추수踏水라 하고 그 다음으로 작은 놈을 춘래春來라 한다"라고 했다. 전여성田

20　전라남도 고흥 지역의 옛 지명.

21　24절기의 하나. 양력 3월 21일경. 밤낮의 길이가 같다.

22　전라남도 영광군 낙월면에 속하는 섬으로, 남쪽에서부터 일산도一山島부터 칠산도七山島까지 일곱 개 섬으로 이루어져 있어서 이들을 통칭하여 '칠산 바다'라고 한다. 칠산 어장은 법성포와 송이도 사이의 어장을 이르지만, 낙월도에서 고군산군도에 이르는 넓은 바다를 칭하기도 한다.

23　명절의 하나. 동지에서 105일째 되는 날. 양력 4월 5일경.

24　24절기의 하나. 양력 5월 21일경. 만물이 점차 생장해서 가득 찬다고 한다.

25　중국 삼국시대 오吳나라 때 심영沈瑩이 편찬한 책. 중국 남부 연해 지역의 물산과 풍속을 소개하면서 어류, 조류, 수목 등의 동식물을 해설했다. 《임해수토지臨海水土志》, 《임해수토이물지臨海水土異物志》라고도 한다.

汝成²⁶의《유람지遊覽志》에서 "해마다 4월에 바다에서 오는데 물고기 떼가 몇 리에 걸쳐 이어진다. 바닷사람들이 그제야 그물을 내리는데, 떼의 흐름을 잘라 잡는다. 첫물에 오는 놈들이 매우 좋고, 두세 번째 오는 놈들은 점점 작고 맛도 점점 떨어진다"라고 했다.【《본초강목》에 나온다.】

대개 이 물고기는 때를 따라 물을 쫓아오기(趨水) 때문에 추수라 이름 붙인 것이다. 지금 사람들이 그물로 잡을 때 다가오는 추수어 떼를 만나면 물고기를 산처럼 많이 잡아서 배에 이루 다 싣지 못한다. 해주와 흥양에서 시기를 달리 해서 그물로 잡는 이유는 추수어가 때를 따라 물을 쫓기 때문이다.

○ **우안** 《박아博雅》²⁷에서 "석수는 종鱤이다" 했고, 〈강부江賦〉²⁸의 주석에서 "종어鱤魚는 일명 석수어다" 했으나,《정자통》에선 석수어가 종어가 아님을 분명히 밝혔다.《본초강목》에서도 이 두 종을 따로 실어 다른 물고기로 여겼으니,²⁹ 이런 점을 살펴 알 수 있다.

치어鯔魚【몇 종이 있다.】

치어鯔魚【속명 수어秀魚】 가숭어

큰 놈은 길이가 5~6척이다. 몸통은 둥글고 검은색이다. 눈은 작고 누런

---

26 1503~1557. 중국 명나라 때 문신. 관직을 그만두고 고향으로 돌아온 뒤로 호수와 산을 유람하고 명승고적을 탐방하면서 지냈다. 저서에《서호유람지西湖遊覽志》,《서호유람지여西湖遊覽志餘》등이 있다. 본문의《유람지》는《서호유람지여》를 줄인 제목이다.

27 중국 수나라 때 조헌曹憲이 펴낸 책.《박아》는 원래《광아》인데 수양제의 시호에 들어있는 '광廣' 자를 책 제목으로 쓸 수 없어서 개명한 것이다.

28 중국 진晉나라 때 학자 곽박郭璞이 지은 부賦(일종의 산문시). 장강長江의 웅장한 기상을 묘사했다.

29 《본초강목》에서는 '종어鱤魚'와 '석수어'를 따로 항목을 설정해서 구별해 놓았고, '종어' 조에서 "《이물지異物志》에서 종어를 석수어라고 했으나, 이는 잘못이다(異物志以爲石首魚, 非也)"라고 밝혔다.

색이며 머리는 납작하고 배는 희다.

성질이 의심이 많아 재앙을 피하는 데 잽싸다. 또 헤엄도 잘 치고 뛰기도 잘하는데, 사람 그림자를 보면 바로 도망쳐 피한다. 물이 아주 흐리지 않으면 낚싯바늘을 물지 않는다. 물이 맑으면 그물이 10보 멀리 떨어져 있어도 이미 기미를 알아차릴 수 있어서, 비록 그물 속에 들어갔어도 도망쳐 나올 수 있다. 그물이 치어 뒤에 있으면 차라리 물 밖으로 나와 진흙에 엎드려 있을지언정 물을 향해 가려 하지는 않는다. 그물에 걸렸을 때는 진흙에 엎드려 온몸을 흙에 파묻고서 오직 눈 하나만으로 바깥 동정을 살핀다.

맛은 달고 농후한데, 어족 중에서 제일이다. 잡는 시기는 정해진 때가 없으나 3~4월에 산란하기 때문에, 이때 그물로 잡는 이들이 많다. 갯벌 섞인 흐린 물이 아니면 갑자기 잡을 수 없다. 이 때문에 흑산 바다에도 치어가 간혹 있지만 잡을 수는 없다.

○ 치어 가운데 작은 놈은 민간에서 '등기리登其里'라 부르고, 가장 어린 놈은 민간에서 '모치毛峙'【모치는 '모당毛當'이라고도 하고, '모장毛將'이라고도 한다.】라 부른다.

가치어假鯔魚【속명 사릉斯陵】 숭어

형상은 치어와 같다. 다만 머리가 치어보다 조금 크고 눈은 검고 크며, 치어보다 더욱 빠르다. 흑산에서 나는 놈은 단지 이 종뿐이다. 가치어 어린 놈을 '몽어夢魚'라 한다.

○ **청안** 본초서本草書에서 "치어는 잉어와 비슷하나 잉어에 비해 몸이 둥글고, 머리가 납작하며, 뼈가 연하다. 강이나 바다의 얕은 물에서 산

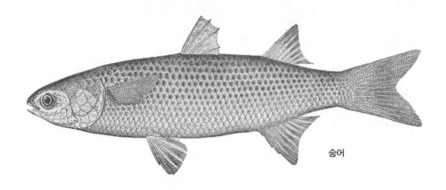

숭어

다"라고 했다. 마지馬志[30]는 "성질이 갯벌 흙을 잘 먹는다"라고 했다. 이시
진은 "치어는 색이 검은 비단(緇)처럼 검기 때문에 치어라 이름 붙인 것이
다.[31] 월粤 지방 사람들은 이를 와전해 자어子魚라고 한다. 동해에서 산다.
배에 알이 들어[32] 누런 기름이 있으면 맛이 좋다"라고 했다. 지금 사람들
이 부르는 '수어'가 바로 이 물고기다.【《삼국지三國志》의 주석에서 "개상介象이
오나라 군주 손권孫權[33]과 함께 회에 대해 논했다. 개상이 말했다. '회로는 치어가 으
뜸입니다.' 이에 손권이 말했다. '이 물고기는 바다에서 나는데 어떻게 잡을 수 있겠
습니까?' 그러자 개상이 물을 끌어와 구덩이에 차게 한 뒤 낚싯줄을 구덩이에 드리
우고서 잠시 뒤에 낚시로 치어를 잡았다"라고 했다.】

---

30   ?~?. 중국 송나라 때 의학자. 저서로는《개보신상정본초開寶新詳定本草》가 있다.
31   緇는 緇와 음이 같다. 緇는 검다, 검게 물들이다. 검은 비단(緋緞), 검은빛 등 검은색과 관련이 있는 글자
       다.
32   《본초강목》의 "其子滿腹"을 반영해서 옮긴 것이다.
33   182~252. 중국 삼국시대 오나라의 첫 번째 황제(재위 222~252). 후한後漢의 장수 손견孫堅(156~192)의
       아들로 유비와 함께 조조를 적벽에서 무찌르고 위魏나라와 제휴해 제위에 올랐다.

노어鱸魚

노어鱸魚 농어

큰 놈은 길이가 10척이다. 몸통은 둥글며 길다. 살진 놈은 머리가 작고 입이 크며 비늘이 잘다. 아가미는 두 겹이나 얇고 물러서 낚싯바늘에 꿰이면 쉽게 찢어진다. 색은 희면서도 검은 무리가 있고, 등은 검푸르다. 맛은 달고 개운하다. 4~5월에 처음 났다가 동지 뒤에 자취가 끊긴다. 성질이 민물을 좋아하기에, 장맛비로 물이 많아질 때마다 낚시꾼들이 바닷물과 민물이 만나는 곳을 찾아 낚시를 던지고서 바로 들어 올리면, 노어가 낚시를 따라오다가 낚시를 삼킨다. 흑산에서 나는 놈은 야위고 작다. 맛도 육지 근처에서 나는 놈만 못 하다. 노어 어린 놈은 민간에서 '보로어甫鱸魚'라 부른다.【또 '걸덕어乞德魚'라고도 한다.】

○**청안** 《정자통》에서 "노는 궐어鱖魚(쏘가리)와 비슷하지만, 입이 크고 비늘이 잘며, 길이가 몇 촌이다. 아가미(腮)가 네 개 있어서 민간에서 '사새어四腮魚'라 부른다"라고 했다. 이시진은 "노어는 오吳 지방에서 나는데, 송강淞江[34] 지역에서 더욱 많이 난다. 4~5월에야 비로소 나온다. 길이는 겨우

농어

---

34 중국 소주蘇州의 태호太湖에서 발원해 상해를 통과해 바다로 흘러가는 강 중 하나.

몇 촌이다. 형상은 궐어와 약간 비슷하지만, 색이 이보다 더 희면서 검은 점들이 있다"라고 했다.【《본초강목》에 나온다.】 대개 오 지방의 노어는 길이가 짧고 크기도 작아 우리나라에서 나는 노어와는 다르다.

강항어强項魚

강항어强項魚【속명 도미어道尾魚】 참돔

큰 놈은 길이가 3~4척이다. 모양은 노어와 비슷하지만 몸통이 노어보다는 짧으면서 높은데, 높이는 길이의 반을 차지한다. 등은 적색이고, 꼬리는 넓적하며, 눈은 크다. 비늘은 면어와 비슷하지만 면어에 비해 아주 억세다. 머리와 목은 아주 단단해서, 머리와 목이 물건에 닿으면 물건이 모두 부서질 정도다. 이빨도 아주 강해서 전복이나 소라 껍데기도 깨물 수 있고, 낚시를 입에 넣고서도 몸통을 뻗거나 꺾을 수 있다. 살은 상당히 단단하다. 맛은 달고 진하다. 호서湖西(충청도)와 해서海西(황해도)에서는 4~5월에 그물로 잡고, 흑산에서는 4~5월에 처음 나서 입동立冬[35]에 자취가 끊긴다.

참돔

---

35 24절기의 하나. 양력 11월 8일경.

감성돔

흑어黑魚【속명 감상어甘相魚】 감성돔

색이 검고 조금 작다.

유어瘤魚【속명 옹이어癰伊魚】 혹돔

형상은 강항어와 유사하나 몸통은 이보다 조금 길고, 눈이 조금 작으며, 색은 자적紫赤이다. 뇌 뒤에 혹이 있는데, 큰 것은 주먹만 하다. 턱 아래에 도 혹이 있어서 이를 삶으면 기름이 된다. 맛은 강항어와 비슷하지만 그보 다는 못하다. 머리에 살이 많으며 맛이 매우 농후하다.

골도어骨道魚【속명 닥도어多億道魚】 군평선이

크기는 0.4~0.5척이다. 형상은 강항어와 유사하다. 색은 희고 뼈는 매우 단단하다. 맛은 싱겁다.

북도어北道魚【속명을 그대로 따른다.】 감성돔 새끼

큰 놈은 0.7~0.8척이다. 형상은 강항어와 유사하다. 색은 희고, 맛도 강항어와 같지만 이보다 조금 담백하고 싱겁다.

적어赤魚【속명 강성어剛性魚】 참돔·황돔·붉돔 등의 새끼

형상은 강항어와 같지만 크기는 더 작다. 색은 적색이다. 강진현康津縣의 청산도靑山島[36] 바다에 많이 있다. 8~9월에 처음 나온다.【원문에는 빠져 있어서 지금 보충한다.】

○ **청안** 《역어유해譯語類解》[37]에서는 도미어道尾魚를 가계어家鷄魚라 했다.

시어鰣魚

시어鰣魚【속명 준치어蠢峙魚】 준치

크기는 2~3척이다. 몸통은 좁고 높다. 비늘은 크고, 가시가 많으며, 등이 푸르다. 맛은 달고 개운하다. 곡우穀雨[38] 뒤에 우이도牛耳島에서 처음으로 잡는다. 이곳에서 점점 북쪽으로 올라가서 6월 사이에 비로소 해서에 이른다. 그러면 어부들이 이들을 북쪽으로 쫓아가면서 잡는다. 그러나 늦게 뒤쫓아가는 고기잡이는 미리 앞서서 하는 고기잡이만 못하다.

○ 작은 놈은 크기가 0.3~0.4척이며 맛은 매우 싱겁다.

○ **청안** 《이아爾雅》[39] 〈석어釋魚〉에서 "구鯦는 당호當魱다"라고 했고, 이

36　지금의 전라남도 완도군 청산면에 딸린 섬.
37　중국어에 한글 음음을 단 어학서語學書. 1690년(숙종 16) 역관譯官 김경준金敬俊·김지남金指南·신이행愼以行 등이 편찬하고 사역원司譯院에서 간행했다. 청나라에서 일상 사용하는 말이나 문장 가운데 편리한 것을 가려 한글 음을 달고 중국 음도 함께 달았다.
38　24절기의 하나. 양력 4월 20일경. 봄비가 내려서 온갖 곡식이 윤택해진다고 한다.
39　중국에서 가장 오래된 자서로, 유가儒家의 이른바 '13경經' 가운데 하나. 문자의 뜻을 고증하고 설명하는 사전적 성격을 지녔다.

에 대한 곽박郭璞[40]의 주석에서 "구鰦는 바닷물고기다. 편어(鯿)와 비슷하지만 편어보다 비늘이 더 크고, 살지고 맛이 좋으며, 가시가 많다. 지금 강동江東에서는 길이가 3척이나 되는 가장 큰 놈을 당호라 한다"라고 했다.《유편類篇》[41]에서 "구鰦가 나오는 데는 때가 있으니, 이는 곧 지금의 시어鰣魚다"라고 했다.《집운集韻》[42]에서는 '鰦'는 '鰣'와 같은 글자라고 했다. 이시진은 "시어는 모양이 빼어나고 납작하며, 방어(魴)와 약간 비슷하지만 그보다는 길고, 은처럼 흰색이다. 살 속에 털 같은 잔가시가 많다. 큰 놈은 3척을 넘지 않는다. 배 아래에는 딱지처럼 단단한 삼각형 비늘이 있다. 시어의 기름도 이 딱지 같은 비늘 속에 있다"라고 했다.【《본초강목》에 나온다.】 이 물고기가 지금 민간에서 부르는 '준치어'다.

○ **우안** 《역어유해》에서는 준치어鱅峙魚를 늑어肋魚, 일명 찰도어鍘刀魚라 했다. 그러나《본초강목》에서는 늑어勒魚를 설명하는 조항이 따로 있다. 이에 따르면 늑어는 시어와 비슷하지만 시어보다 머리가 작고, 다만 배 아래에 단단한 가시가 있으니, 지금 민간에서 말하는 준치어는 아니다.

벽문어碧紋魚

벽문어碧紋魚【속명 고등어皐登魚】 고등어

길이는 2척 정도다. 몸통은 둥글고 비늘은 지극히 잘며, 등은 푸르고 무늬가 있다. 맛은 달고 시면서 탁하다. 국을 끓이거나 젓갈을 담글 수 있지

---

40   276~324. 중국 서진西晉 말에서 동진東晉 초 때 학자·시인.《목천자전》,《초사》,《산해경》 따위의 주석이 유명하다.
41   중국 송나라 때 사마광司馬光(1019~1086) 등이 펴낸 자서.
42   중국 송나라 때 정도丁度(990~1053) 등이 왕명을 받아 편찬한 운서韻書(발음표기 자전).

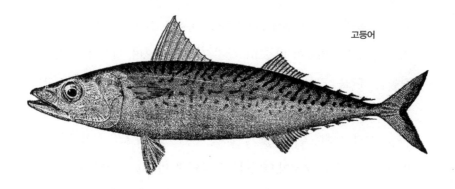

고등어

만 회나 어포로는 먹을 수 없다. 추자도楸子島[43]의 여러 섬에서는 5월에 비로소 낚시로 잡고 7월에 자취가 끊겼다가 8~9월에 다시 나온다. 흑산 바다에서는 6월에 비로소 낚시로 잡고 9월에 자취가 끊긴다. 이 물고기는 낮에 놀 때 재빨리 오고 가기 때문에 사람이 쫓아갈 수가 없다. 또한 성질이 밝은 곳을 좋아하기 때문에 횃불을 밝혀 밤에 낚시를 한다. 맑은 물에서 놀기를 좋아하기 때문에 그물을 칠 수는 없다고 한다. 섬사람의 말에, "이 물고기는 건륭乾隆[44] 경오년(1750)에 처음으로 풍성했다가, 가경 을축년(1805)이 될 때까지 비록 풍흉의 기복은 있었지만 해마다 없던 적이 없습니다. 하지만 병인년(1806) 이후에는 해마다 어획량이 점점 줄어들어 지금은 거의 자취가 끊겼습니다. 최근에 듣기로는 영남 바다에 새로 이 물고기가 나타났다고 합니다"라고 했다. 그러나 그 이치는 알 수 없다.

조금 작은 놈【민간에서 '도돔발道塗音發'이라 부른다.】은 벽문에 비해 머리가 조금 오그라들었고, 모양은 조금 높으며, 색은 조금 엷다.

---

43 지금의 제주특별자치도 제주시 북부 해상에 있는 섬. 한반도 남서부와 제주특별자치도의 중간 지점에 위치하며, 상추자도·하추자도를 묶어 추자도라고 부른다.
44 중국 청나라 고종高宗 때의 연호(1736~1795).

방어

가벽어假碧魚【속명 가고도어假古刀魚】 전갱이

몸통은 조금 작고, 색은 더욱 엷으며, 입이 작고 입술이 얇다. 꼬리 곁에는 잔가시가 있어서 날개(가슴지느러미)에 이르러 그친다. 맛은 달고 진해서 벽문어보다 낫다.

해벽어海碧魚【속명 배학어拜學魚】 방어

형상은 벽문어와 같다. 색도 벽문어처럼 푸르지만 무늬는 없다. 몸통은 살지고 살은 무르다. 큰 바다에서 놀기만 하고 물가 가까이로는 오지 않는다.

청어青魚

청어青魚 청어

길이는 1척 남짓이다. 몸통은 좁고 색이 푸르다. 물에서 오래 나와 있으면 뺨이 적색으로 된다. 맛은 담백하고 싱거워, 국이나 구이에 좋으며, 젓갈이나 어포로도 좋다. 1월에 바닷가로 들어와 연안을 따라 다니면서 알을 낳는데, 이때 수만 수억 마리가 떼를 지어 이르면 바다를 덮을 지경이

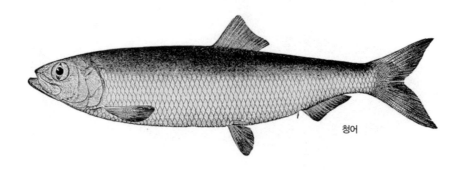

청어

다. 3월 사이에 산란을 마치면 물러간다. 이런 뒤에 길이가 0.3~0.4척 되는 청어 새끼가 그물에 들어온다. 건륭 경오년(1750) 이후 10여 년이 지나 지극히 풍성해졌고, 그 뒤 줄었다가, 가경 임술년(1802)에 지극히 풍성해졌고, 을축년(1805) 뒤에는 또다시 어획량이 줄었다 풍성해졌다 했다. 이 물고기는 동지 전에 처음으로 영남좌도嶺南左道[45]에서 나왔다가, 바다를 따라 서쪽으로 이동한 뒤 다시 북쪽으로 이동해 3월에는 해서에서 난다. 해서에서 나는 놈은 남해에서 나는 것보다 배나 크다. 이렇게 영남과 호남에서 번갈아 가며 풍성해지거나 줄었다고 한다.

○ 장창대는 "영남산은 청어의 등골뼈가 74마디고, 호남산은 등골뼈가 53마디입니다"라고 했다.[46]

○ **청안** 청어는 '鯖魚청어'라고도 쓴다. 《본초강목》에서 "청어는 강이나 호수에서 산다. 머릿속에는 침골枕骨이 있는데, 침골의 형상은 호박琥珀과 같다. 잡는 데는 정해진 때가 없다"라고 했다. 그렇다면 이 청어는 지금

---

45 낙동강을 기준으로 동쪽(왕이 있는 서울을 기준으로 왼쪽)에 해당하는 경상도 지역.
46 20세기에 조사한 청어의 등골뼈 수는 약 52~54개였다(이, 3-74).

의 청어가 아니다. 지금 이 물고기의 색이 푸르기 때문에 임시로 청어라고
이름을 지은 것이다.

식청食鯖【속명 묵을충墨乙蟲. '묵을墨乙'은 '먹는다'는 뜻이다. 이 물고기가 산란
할 줄은 모르고 오로지 먹이를 찾을 줄만 안다는 말이다.】[47]

눈이 청어보다 조금 크고 몸통도 조금 길다. 4~5월에 잡아도 뱃속에 알
이 보이지 않는다.

가청假鯖【속명 우동필禹東筆】[48]

몸통이 청어보다 조금 둥글고 살지다. 맛은 약간 시면서 달고 진한데,
청어보다 뛰어나다. 청어와 같은 때에 그물에 들어온다.

관목청貫目鯖　꽁치

형상은 청어와 같다. 양 눈이 막힘없이 통해 있다. 맛은 청어보다 뛰어
나며 말리면 더욱 맛있다. 이 때문에 일반적으로 청어 중에 말린 청어를
모두 '관목'이라 부르지만, 사실이 아니다. 영남 바다에서 나는 놈이 가장
희귀하다.[49]【원문에는 빠져 있어서 지금 보충한다.】

47　산란하지 않아 그 다음 해까지 살아남은 청어로 추측되나 정확한 명칭은 밝혀지지 않았다.
48　흑산도 주민의 증언에 따르면 이를 '개청어'로 부르는 것으로 보이나 공식 이름은 확인하지 못했다(이,
　　3-86~87).
49　'과메기'의 유래를 짐작할 수 있는 대목이다.

사어鯊魚 상어

일반적으로 물고기 중 난생卵生[50]하는 놈들은 암수의 교미가 없다. 그리하여 수컷이 먼저 흰 정액을 쏟아 내면 암컷이 정액에 산란해 새끼가 되는 것이다. 그런데 유독 사어는 태생胎生[51]을 하고 태생에는 정해진 때가 없으니, 수생동물 중 특별한 사례다. 수컷은 밖에 생식기가 둘이 있고, 암컷은 배에 태보가 둘 있다. 태보에서는 각각 태 네다섯 개가 되고, 태가 되어 출산이 된다.【여기서 내용을 끊을 것】새끼 상어 각각의 가슴 아래에는 알 하나를 안고 있으며, 크기는 수세미외만 하다. 알이 줄어들면 출산이 된다.【알은 곧 사람의 배꼽과 같은 역할을 한다. 그러므로 새끼 상어 뱃속의 것은 곧 알의 즙이다.】

○ **청안** 《정자통》에서 "바다 사어는 눈이 푸르고, 뺨은 적색이며, 등위에는 갈기(지느러미)가 있고, 배 아래에는 날개가 있다"라고 했다.《육서고六書故》[52]에서 "사어는 바다에서 나는 물고기인데, 그 가죽이 모래(沙)처럼 까칠하기 때문에 이런 이름을 얻은 것이다. 입은 쩍 벌어져 있고, 비늘이 없으며, 태생한다"라고 했다.《본초강목》에서 "교어鮫魚는 일명 사어沙魚고, 착어鰭魚고, 복어鰒魚고, 유어溜魚다"라고 했다. 이시진은 "옛날에는 교어라 했고 지금은 사어라 하지만, 이 물고기는 같은 무리이면서 여러 종이 있다. 껍질에 모두 까칠까칠한 모래 감촉이 있다"라고 했다. 진장기는 "사어의 가죽 위에 까칠까칠한 모래 감촉이 있으니 사포로 쓰는 속새[53]처럼 나

---

50 알에서 새끼를 까는 일.
51 어미가 새끼를 배어 낳음.
52 중국 송나라 때 대동戴侗이 지은 자서.
53 관다발식물 속새목 속샛과의 상록 양치식물. 뚜렷한 마디와 능선이 있고 잎은 퇴화해 잎집 같다. 능선에 규산염이 축적되어 딱딱하므로 목재·뼈·금속 등의 광을 내는 데 쓰고, 약재로도 쓴다.

무의 면을 문질러 다듬는 데 쓸
만하다"라고 했다.【역시《본초강
목》에 나온다.】

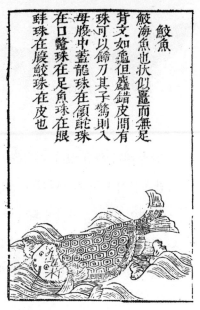

교어 《삼재도회》

　위의 내용은 모두 이 바다 사
어를 가리킨다. 사어 새끼는 모
두 태생을 하며 어미 뱃속에
서 들락날락한다. 심회원沈懷遠
의《남월지南越志》[54]에서 "환뢰
어環雷魚는 작어鰦魚다. 길이는 10
척 정도다. 배에는 두 개의 동굴
이 있어서 이곳에서 물을 저장
해 새끼를 기른다. 배 하나에 새
끼 두 마리를 품는다. 새끼들은
아침에 어미 입에서 나왔다가 저녁에 다시 배로 들어간다"라고 했다.《유
편》및《본초강목》에서 모두 이 같은 내용을 언급했으니, 이런 점을 살펴
알 수 있다.【작어가 곧 바다 사어다.】

고사膏鯊【속명 기름사其廪鯊】　곱상어

　큰 놈은 길이가 7~8척이다. 몸통이 길고 둥글다. 색은 재처럼 잿빛이
다.【일반적으로 사어의 색은 모두 그러하다.】등지느러미 위와 꼬리 위에 각각

54　중국 남북조시대 송나라 때 심회원(?~?)이 남쪽 지방 토착민들의 생활상을 정리한 책으로, 지금은 전하지
　　않는다.

곱상어

송곳 같은 뼈가 하나 있다. 가죽은 모래처럼 단단하다. 간에 기름이 특히 많지만 온몸이 모두 기름덩이다. 살은 눈처럼 희다. 구이로 먹거나 국으로 먹으며, 맛이 진하다. 하지만 회나 어포로 먹기에는 좋지 않다.

○ 일반적으로 상어를 손질할 때 뜨거운 물을 부어서 비비면 비늘이 저절로 벗겨진다. 상어의 간을 푹 삶아 기름을 얻은 뒤에 등불이나 촛불의 재료로 쓴다.

진사眞鯊【속명 참사參鯊】 돔발상어

형상은 고사와 유사하지만 몸통은 고사보다 조금 짧다. 머리가 넓적하고 눈이 조금 크다. 살은 색이 약간 홍색이다. 맛은 조금 담백하고 회나 어포에 좋다.

○ 큰 놈은 '독사禿鯊'라 하고【속명 '민동사民童鯊'】, 중간 놈은 '마표사馬杓鯊'라 하고【속명 '박죽사朴竹鯊'】, 작은 놈은 '돔발사道音發鯊'라 한다.

○ 장창대는 "마표사는 따로 한 종이 있습니다. 머리는 해요어海鷂魚와 같고, 형상은 마표馬杓(주걱)와 유사하기 때문에 마표어라 이름 붙인 것입니다. 또 '화사鏵鯊'라 합니다"라고 했다.【화鏵도 마표와 비슷하다.】 그렇다면 마표사는 진사 가운데 중간 놈이 아니다.

돔발상어

해사蟹鯊【속명 게사揭鯊】 별상어

팽해蟛蟹(팽활) 먹기를 좋아하기 때문에 해사라 이름 붙인 것이다. 형상이 고사와 유사하지만 송곳 같은 뼈는 없다. 겨드랑이 곁에는 흰 점이 있는데 줄을 지어 꼬리까지 이어진다.[55] 해사의 용도는 진사와 같다. 하지만 간에 는 기름이 없다.

죽사竹鯊【속명을 그대로 따른다.】 까치상어

고사와 같지만 큰 놈은 10척 정도다. 머리는 조금 크고 넓적하며, 입술 과 입이 조금 납작하고 넓다.【다른 사어(상어)의 입술과 입은 비수匕首[56]처럼 뾰족 하다.】 양 겨드랑이에 검은 점이 있는데 줄을 지어 꼬리까지 이어진다. 죽 사의 용도는 진사와 같다.

○ **청안** 소송蘇頌[57]은 "교어(鮫) 가운데 크고 길며 주둥이가 톱처럼 생긴 놈을 '호사胡沙'라 하는데, 성질이 순하고 살이 맛있다. 작고 가죽이 거친 놈을 '백사白沙'라 하는데, 살이 강하고 독이 조금 있다"라고 했다. 이시진 은 "등에 사슴처럼 구슬 무늬가 있으면서 단단하고 강한 놈을 '녹사鹿沙'라

---

55 몸통을 둘러싼 검은 줄무늬가 대나무 마디처럼 생겨서 죽사라 한 것으로 보인다.
56 날이 예리하고 짧은 칼.
57 1020~1101. 중국 송나라 때 약물학자.

까치상어

하고 '백사_{白沙}'라고도 하며, 등에 호랑이처럼 얼룩무늬가 있으면서 단단하고 강한 놈을 '호사_{虎沙}'라 하고 '호사_{胡沙}'라고도 한다"라고 했다.【《본초강목》에 나온다.】지금 해사·죽사·병치사_{骿齒鯊}·왜사_{矮鯊}와 같은 상어 무리에는 모두 호랑이나 사슴처럼 얼룩점이 있다. 소송과 이시진이 한 말은 바로 이들을 가리킨다.

치사癡鯊【속명 비근사非勤鯊】 복상어

큰 놈은 5~6척이다. 몸통이 넓적하고 짧으며, 배는 크고 누러며【다른 상
어는 모두 배가 희다.】, 등은 자흑색이다. 입은 넓적하고, 눈은 움푹 들어갔
다. 성질이 매우 느리고 바보스러워서 물에서 하루를 나와 있어도 죽지 않
는다.[58] 횟감으로 저미기에 좋지만 다른 데는 쓸데가 없다. 간의 기름이 특

히 풍성하다.

왜사矮鯊【속명 전담사全淡鯊】 두툽상어

길이는 몇 척이 안 된다. 형상·색·성질·맛 모두 치사와 유사하다. 다만 몸통이 치사보다 작은 점이 다르다.[59]

○ **청안** 섬사람들은 '왜사'를 '조전담사趙全淡鯊'라 하고, 또 '제주아濟州 兒'라 부르는데, 무슨 뜻인지 모르겠다.

병치사骿齒鯊【속명 애락사愛樂鯊】 칠성상어

큰 놈은 15척이다. 형상은 치사와 유사하지만, 치사의 등이 자흑색인 반면 병치사는 회색이며, 양 옆구리에는 흰 점이 있어 줄을 짓는다. 꼬리 는 조금 가늘다. 이빨은 굽은 칼처럼 생겼고 매우 단단하면서 날카로워 다 른 상어를 깨물 수 있을 정도다. 다른 상어가 낚시를 물면 병치사가 그 상 어를 끊어서 먹어 버리는데, 그러다 낚시를 잘못 삼켜 사람들에게 잡힌다. 뼈가 부드럽고 물러서 날로 먹을 수 있다.

철좌사鐵剉鯊【속명 줄사茁鯊】 톱상어

고사와 크기가 같다. 등은 조금 넓적하고 꼬리 위 갈기는 도랑처럼 조금 움푹 들어가 있다. 입 위에는 뿔이 하나 있는데, 그 길이가 몸통 전체의 3 분의 1을 차지한다. 뿔은 창칼처럼 생겼다. 뿔 양쪽에는 양날톱처럼 거꾸

---

58   치사라는 명칭의 유래다.
59   왜사라는 명칭의 유래다.

로 난 가시가 있는데, 매우 단단하면서 날카롭다. 사람이 어쩌다 이 가시에 잘못 닿기라도 하면 그 상처가 무기로 쓰는 칼에 난 상처보다 더 심하다. 그러므로 '철좌'라고 한 것이니, 이는 칼처럼 날카롭게 톱을 가는 쇠줄(鐵剉子)을 가리킨 것이다. 뿔 바닥에는 수염이 두 개 있으며 그 길이는 1척 정도다. 철좌사의 쓰임새는 진사와 같다.

○ **청안** 《본초강목》에서 "교어(鮫) 가운데 코의 앞에 도끼처럼 생긴 뼈가 있어서 어떤 것을 공격하거나 배를 부술 수 있는 놈을 '거사鋸沙'라 하고, 또 '정액어挺額魚'라 한다. 또 '번작鱕鮨'이라고도 하는데, 이는 코뼈가 도끼(鐇斧)와 같다는 뜻이다"라고 했다.【이시진의 설이다.】 좌사左思[60]의 《오도부吳都賦》[61]에서 "인鯯과 거북과 번작鱕鮨"이라 했고, 이에 대한 주석에서, "번작은 가로지른 뼈가 코앞에 있으니, 도끼 모양과 같다"라고 했다. 《남월지》에서 "번어의 코에는 도끼와 같은 가로지른 뼈가 있는데, 해선이 번어를 만나면 반드시 결딴난다"라고 했다. 이들 모두 지금 민간에서 말하는 철좌사다. 지금 철좌사 중에는 크기가 20척이나 되는 놈이 있으며, 극치사戟齒鯊나 기미사箕尾鯊의 무리도 모두 사람을 삼키고 배를 전복시킬 수 있다.

효사驍鯊【속명 모돌사毛突鯊】　악상어 또는 흉상어 무리

다른 사어와 크기가 같으며 크기가 10척 정도다. 그 가운데 월등하게 큰 놈은 길이가 더러 30~40척이나 되어서 포획할 수 없다. 이빨이 매우 단단

60　250(?)~305. 중국 서진西晉 때 시인. 10년 동안 구상해 《삼도부三都賦》를 지었는데, 이것이 당시 문단의 영수였던 장화張華에게 높은 평가를 받아 유명해졌다.

61　위·촉한蜀漢·오, 세 나라 도읍의 번화상을 그린 작품인 《삼도부》 중 오나라에 해당하는 편.

하며, 날래고 용맹스러움이 탁월하기에 어부들은 삼지창 같은 작살로 찌른다. 작살에 동아줄을 매어 놓고서 효사가 성내며 달아나려는 대로 두다가 힘이 다 빠지기를 기다린 뒤에 동아줄을 거둔다. 더러 낚시에 걸렸을 때는 생각지도 못한 사이에 낚싯바늘을 물고 도망간다. 이때 낚싯줄이 어부의 손가락에 매어 있다면 손가락이 잘릴 지경이다. 낚싯줄이 허리에 매어 있다면 온몸이 효사의 움직임을 따라서 물에 빠지고, 효사는 어부를 끌고서 달아난다. 쓰임새는 다른 상어와 같으나 맛이 조금 쓰다.

산사鯗鯊【속명 제자사諸子鯊】 전자리상어

큰 놈은 20척 정도다. 몸통은 올챙이와 유사하고 앞날개는 크기가 부채만 하다. 모래 같은 가죽은 가시처럼 뾰족하고 날카로워서 이것으로 줄을 만들면 철로 만든 줄보다 더 예리하다. 산사 가죽을 갈아서 기물에 장식하면 단단하고 매끄러워서 별처럼 총총 박힌 무늬가 사랑스럽다. 맛은 싱거워 오히려 회로 먹을 수 있다.

○ **청안** 《순자荀子》〈의병議兵〉 편에서 "초나라 사람들은 교어 가죽과 코뿔소로 갑옷을 만들었다"라고 했다. 《사기》〈예서禮書〉의 "교현鮫韅"이라는 말에 대한 주석에서 "서광徐廣은 '교어 가죽으로는 옷과 기물에 장식할 수 있다'고 했다"라고 했다. 《설문해자》에서는 "교어는 바닷물고기다. 그 가죽으로 칼을 장식할 수 있다"라고 했다. 이 내용 모두 지금의 산사를 가리킨 것이다.

《산해경山海經》[62]에서 "장수漳水는 동남쪽으로 흘러 저睢 땅으로 들어간

---

62 중국에서 가장 오래된 지리서. 중국의 자연관과 신화 연구에 중요한 자료다.

전자리상어

다. 장수 안에는 교어가 많다. 가죽은 칼에 장식할 수 있고 입안의 껍질(口
錯)은 목재나 뿔을 손질할 수 있다"라고 했다. 이시진은 "가죽에 구슬이 있
는데, 이것으로 칼을 장식하거나 뼈나 뿔을 손질할 수 있다"라고 했다. 구
착口錯은 입 안에 난 거친(錯) 가죽이다. 지금 산사의 입속 가죽은 사포(磨揩)
보다 훨씬 날카로우니, 민간에서 '구중피口中皮(입안의 가죽)'라 하는 것이 곧
이것이다.

노각사鱸閣鯊【속명 귀안사歸安鯊】 귀상어

큰 놈은 10척 남짓이다. 머리는 노각鱸閣[63]과 비슷하다. 앞은 네모나고
뒤는 점점 줄어드는 모습이 고사와 비슷하다. 눈은 노각의 좌우 모퉁이에

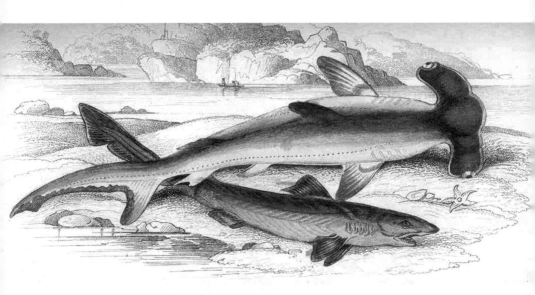

귀상어

있다. 등지느러미는 매우 커서 지느러미를 펼치고 가면 마치 돛을 펼친 듯

하다. 맛은 매우 좋아 회 및 국이나 어포로 좋다. 노각이란 해선의 제도에

서 앞 돛대에서 돛대가 의지하는 큰 가로나무의 격자로 된 머리【머리는 뱃

전[64]의 바깥에 있다.】로, 좌우에 모두 판각으로 되어 있는데, 이를 귀안歸安이

라 하므로 지금 노각이라 이름 지었다. 이 물고기 형상이 이와 유사하기

때문에 노각이라 이름 붙인 것이다.

○ **청안**　이 사어에는 두 귀가 우뚝 솟아 나왔고, 방언으로 귀를 귀歸라

하기 때문에 사어를 귀안이라 한 것이다. 노각도 배의 두 귀를 가리킨다.

63　배의 멍에. 멍에는 거룻배나 돛단배 따위에서 뱃전 밖으로 내린 창막이 각목의 끝 부분.
64　배의 양쪽 가장자리 부분.

사치사四齒鯊【속명 단도령사丹徒令鯊】 괭이상어

큰 놈은 7~8척이다. 머리는 노각사와 비슷하다. 다만 노각사는 평평한 판자같이 생겼지만 이 물고기는 뇌의 뒤쪽이 상당히 볼록해 직사각형이 된다. 머리 아래는 다른 사어와 같으며, 좌우로 각각 이빨 두 개가 뺨 가까이에 있다. 이빨의 뿌리는 풍만하고 앞을 향해 나 있으면서 점점 줄어들며, 형상은 반쯤 깨진 항아리 무더기와 같고 전복 껍질의 등과 같으면서도 매끄럽고 광택이 있다. 또 이빨이 단단해 돌을 부스러뜨릴 수 있고 전복이나 소라 껍데기도 깨물 수 있다. 성질은 지극히 둔하고 게을러서 헤엄치는 사람이 이놈을 만나면 끌어안고 나온다. 쓰임새는 치사와 같으나 맛은 상당히 쓰다.

은사銀鯊【속명을 그대로 따른다】 은상어

큰 놈은 5~6척이다. 바탕이 약해 힘이 없으며 색은 은처럼 희고 비늘이 없다. 몸통은 좁으면서 높고, 눈은 크며 뺨 곁에 있다.【다른 물고기(즉 사어)의 눈은 뇌 곁에 있다.】'연한 코(酥鼻)'는 입 밖으로 0.4~0.5척 나와 있으며, 입은 그 아래에 있다.【'소비酥鼻'는 머리가 끝나는 곳에 살점이 하나 따로 나와 있으

괭이상어

면서 앞을 향해 점점 뾰족하게 줄어드는데, 연유(煉乳)[65]처럼 연하고 매끄럽기 때문에 지금 이렇게 이름을 지었다.〕날개는 살지고 부채처럼 넓적하며, 꼬리는 올챙이 꼬리와 같다. 쓰임새는 다른 상어와 같지만 회로 먹으면 더욱 좋다. 은사 날개는 말려 두었다가 불로 따뜻하게 해서 상처에 붙이면 젖멍울을 치료할 수 있다.

도미사刀尾鯊【속명 환도사環刀鯊】 환도상어

큰 놈은 10척 남짓이다. 몸통은 동아(冬瓜)처럼 둥글다. 동아 같은 몸통 끝 꼬리가 길짐승의 꼬리처럼 붙어 있는데, 그 길이는 원래의 몸통만큼 길며 넓적하고 곧다. 꼬리는 위로 향하면서 점점 줄어들고, 굽은 칼(環刀)처럼 굽었으며, 서슬처럼 날카롭고 철보다 더 단단하다. 이 꼬리를 휘둘러 공격해서 다른 물고기를 잡아먹는다. 맛은 매우 싱겁다.

극치사戟齒鯊【속명 세우사世雨鯊】 백상아리

큰 놈은 20~30척이다. 형상은 죽사와 유사하지만 검은 점이 없다. 색은 재와 같으면서도 약간 희다. 입술부터 잇몸까지 마치 뾰족한 창들이 빽빽하게 서있는 듯이 이빨이 네 겹으로 촘촘하게 늘어서 있다. 성질은 매우 느릿느릿하기 때문에 사람이 낚시로도 꺼낼 수 있다. 어떤 사람은 극치사가 자기 이빨을 매우 아끼기 때문에 낚싯줄이 이빨을 걸면 줄을 따라 이끌려 나온다고 말하지만 결코 그렇지 않다. 낚싯바늘이 살을 뼈 있는 곳까지 갈라도 놀라거나 움직이지 않는다. 하지만 만약 낚싯바늘이 극치사의 눈

---

65 우유를 진공 상태에서 2분의 1에서 3분의 1로 농축한 것.

과 그 옆의 뼈에 닿으면 용맹이 솟구쳐 펄쩍펄쩍 뛰기에 사람이 감히 가까이 가지 못한다. 살은 눈처럼 희다. 어포를 만들거나 저며도 여전히 희다. 계종瘈瘲[66]에 좋다. 맛은 매우 싱겁다. 간에는 기름이 없다.

철갑장군鐵甲將軍　철갑상어

크기가 몇 장이다. 형상은 대면과 비슷하지만 비늘이 손바닥 정도로 크며, 강철처럼 단단하게 굳어 비늘을 두드리면 쇳소리가 난다. 오색이 뒤섞여 무늬를 이루는데, 무늬가 지극히 선명하고 얼음이나 옥처럼 매끄럽다. 그 맛도 좋다. 섬사람이 한 번 잡은 적이 있다.

기미사箕尾鯊【속명 내안사耐安鯊. 또 '돈소아豚蘇兒'라고도 부른다.】[67]　범고래

큰 놈은 50~60척이다. 형상은 다른 사어와 같지만 몸통은 순흑색이다. 지느러미와 꼬리는 키(箕)만큼 커서 바다 사어 가운데 가장 크다. 큰 바다에 산다. 비가 내리려 하면 무리로 나와서 고래처럼 물을 뿜기 때문에 배가 감히 가까이 가지 못한다.【원문에는 빠져 있어서 지금 보충한다.】

　○ **안** 《사기》〈진시황본기〉에서 "방사方士[68]인 서시徐市[69] 등이 바다로 나아가 신약神藥을 몇 년 동안 구했으나 얻지 못하자 거짓말로 '봉래蓬萊에서 신약을 구할 수는 있었지만 항상 대교大鮫에게 고초를 당했기 때문에

66　근육이 뻣뻣해지고 오그라들거나 늘어지는 증상이 번갈아 나면서 오랫동안 되풀이되는 병증.
67　고래를 상어로 잘못 알았다.
68　신선의 술법을 닦는 사람.
69　?~?. 서불徐市 또는 서복徐福이라고도 한다. 중국 진나라 때 진시황의 명을 받아 동남동녀童男童女 3000명을 거느리고 불로초不老草를 구하러 바다 끝 신산神山으로 배를 타고 떠났으나 다시 돌아오지 않았다고 한다.

올 수 없었습니다'라 했다"라고 했다. 〈조수고鳥獸考〉[70]에 "바다 사어 가운데 호두사虎頭鯊는 몸통이 검다. 큰 놈은 무게가 200근인데, 봄철 그믐날에 항상 바다 근처에 있는 산기슭에 올랐다가 10일이 지나면 호랑이로 변한다"라고 했다. 이 모두가 지금의 기미사를 가리킨 것이다. 다만 호랑이로 변한다는 설은 실제로 확인된 적이 없다.《술이기述異記》[71]에 "어호魚虎는 늙으면 교어鮫魚로 변한다"라고 했다. 이시진은 또 녹사鹿沙는 사슴으로 변할 수 있고 호사虎沙는 호어虎魚가 변한 것이라 했다. 그렇다면 이는 사물은 본래 서로 변하는 성질이 있다는 것이다. 하지만 이런 일을 명확하게 밝힌 적은 없다.

금린사錦鱗鯊[72] 【속명 총절립恩折立】[73] 철갑상어

길이는 15척이다. 형상은 다른 상어와 같지만 몸통이 조금 좁다. 윗입술에는 수염이 두 개 있고, 아랫입술에는 한 개 있다. 이 수염들을 들어보면 헝클어진 털이 있다. 비늘은 손바닥만큼 크고, 지붕의 기와처럼 층차를 이루고 있으며, 눈이 부시도록 지극히 찬란하다. 살은 연하고 맛이 좋다. 학질瘧(말라리아)을 치료할 수 있다. 어쩌다 그물로 잡기도 한다.【역시 지금 보충한다.】

---

70 중국 명나라 때 신무관愼懋官이 지은《화이화목조수진완고華夷花木鳥獸珍玩考》의 한 편명으로 보인다.
71 중국 남조南朝 양梁나라 때 임방任昉(460~508)이 지은 기문·전설집.
72 이 항목은 이청이 보충한 것으로, 앞서 나온 철갑장군을 설명하고 있다. 철갑장군과의 동일성을 인지하지 못하고 금린사라는 표제어로 같은 상어를 중복해 기재하는 실수를 했다.
73 앞서 나온 도미사의 다른 이름이다.

검어黔魚

검어黔魚【속명 금처귀黔處歸】 조피볼락

형상은 강항어와 유사하다. 큰 놈은 3척 정도다. 머리는 크고, 입도 크고, 눈도 크며, 몸통은 둥글다. 비늘은 잘고 등이 검으며 가슴지느러미는 매우 억세다. 맛은 노어와 유사하고 살은 조금 단단하다. 사계절에 모두 나온다.

○ 조금 작은 놈【속명 등덕어登德魚】[74]은 색이 검으면서 적색 띠가 있으며 맛은 검어보다 싱겁다.

○ 더 작은 놈【속명 웅자어應者魚】은 색이 자흑이고 맛은 싱겁다. 항상 돌 틈에 살고 먼 곳에서 놀지 않는다. 대개 검어의 무리는 모두 돌 틈에 있다.

박순어薄脣魚【속명 발락어發落魚】 볼락

형상은 검어와 같지만 크기는 추어䱗魚【석수어石首魚다.】만 하다. 색은 청흑이다. 입은 작고, 입술(脣)과 아가미는 아주 얇다(薄). 맛은 검어와 같다.

볼락

---

74 황점볼락을 가리키는 듯하다.

쏨뱅이

낮에는 큰 바다를 돌아다니다가 밤에는 석굴로 돌아온다.

적박순어赤薄脣魚【속명 맹춘어孟春魚】 불볼락

박순어와 같고, 색이 적색이라는 점만 다르다.

정어鯖魚【속명 북제귀北諸歸】 쏨뱅이

형상은 검어와 유사하다. 눈은 더욱 크고 튀어나왔다. 색은 적색이고 맛
도 검어와 비슷하지만 그보다 더 싱겁다.

조사어釣絲魚【속명 아구어餓口魚】 아귀

큰 놈은 2척 정도다. 형상은 올챙이와 유사하다. 입이 매우 커서 입을 벌
리면 남는 곳이 없다. 색은 홍색이다. 입술 끝에는 낚싯대 두 개가 있는데,
의료용 침만큼 커서 길이가 0.4~0.5척이다. 낚싯대 머리에는 낚싯줄(釣絲)
이 있는데, 말 꼬리만큼 크다. 줄 끝에는 밥알 같은 흰 미끼가 있다. 조사어
의 낚싯줄에 달린 미끼를 살랑거릴 때 다른 물고기가 이를 먹잇감이라 여
기고 그쪽으로 다가오면 물고기를 낚아채서 먹는다.

석어鱜魚【속명 손치어孫峙魚】 미역치

형상은 작은 검어와 유사하고 크기도 이와 같다. 등지느러미에는 강한
독이 있어서 성나면 고슴도치처럼 지느러미를 세웠다가 가까이 가면 쏜
다(螫). 사람이 쏘이기라도 하면 통증을 참기 힘들다. 이때는 솔잎 끓인 탕
에 쏘인 곳을 담그면 신비한 효과가 있다.

접어鰈魚

접어鰈魚【속명 광어廣魚】 넙치

큰 놈은 길이가 4~5척이고, 너비는 2척 남짓이다. 몸통은 넓적하면서
얇다. 눈 두 개가 왼쪽으로 치우쳐 있다. 입은 세로로 갈라졌고 꽁무니는
입 아래에 있다. 창자는 종이 갑처럼 생겼고, 방이 두 개 있다. 알에는 알집
이 두 개 있다. 가슴에서 등골뼈 사이를 거쳐 꼬리에 이르기까지 등은 검
고 배는 희다. 비늘은 극도로 잘다. 맛은 달고 진하다.

○ **청안** 우리나라를 '접역鰈域'[75]이라 한다. 이 말로 볼 때 접어는 동방
의 물고기다. 《후한서後漢書》[76] 〈변양전邊讓傳〉[77]의 주석에서 "비목어比目魚
는 일명 '접鰈'으로, 지금 강동江東에서는 판어板魚라 부른다"라고 했다.《이
물지異物志》에서 "일명 약엽어箬葉魚로, 민간에서 혜저어鞋底魚라 부른다"
라고 했다.《임해지臨海志》에서는 '비사어婢屣魚'라 하고,《풍토기風土記》에
서는 '노교어奴屩魚'라 한다. 아마도 이 물고기는 한쪽만 있기 때문에 그 모
양의 유사함으로 인해 이 같은 여러 이름이 있는 것 같다.

---

75 광어나 가자미 등 접어류가 많이 난다는 이유로, 한때 우리나라를 이르던 말.
76 중국 남북조시대 송나라 때 범엽范曄(398~445)이 펴낸 후한의 역사서.
77 《후한서》 열전에 실려 있는, 후한 말 구강태수九江太守를 지낸 변양邊讓의 전기.

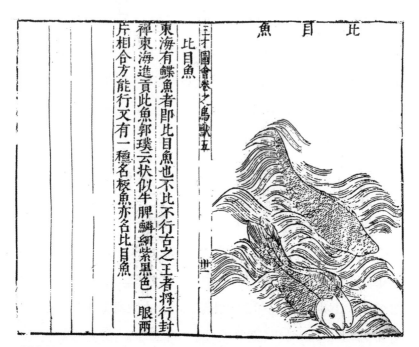

比目魚

比目魚
東海有鰈魚者即比目魚也不比不行吉之王者將行封
禪東海進貢此魚郭璞云狀似牛脾鱗細紫黑色一眼兩
片相合方能行又有一種名鮫魚亦名比目魚
三才圖會卷之鳥獸五

비목어 《삼재도회》

　　그러나 지금 우리나라 바다에서는 이런 접어 중 크고 작은 여러 종이 나와서 속칭은 각각 다르지만, 모두 한 개체가 혼자서 다니고 암컷과 수컷이 있다. 눈 두 개가 한쪽으로 치우쳐 붙어 있으며, 입 한 개는 세로로 갈라졌다. 얼핏 보았을 때는 외짝 몸뚱이라면 다니기 어려울 것 같지만, 실제로는 두 쪽이 서로 나란히 해 다니지 않음을 확인할 수 있다.《이아》를 살펴보면 거기에서 "동방에 비목어가 있으니, 두 쪽이 눈을 나란히 합치지 않으면 다니지 못한다. 그 이름을 접鰈이라 한다"라고 했다. 이에 대한 곽박의《이아》주석에서 "형상은 소 비장과 비슷하다. 비늘이 잘고 자흑색이다. 눈이 하나라서 두 쪽이 서로 합해야 다닐 수 있다. 지금도 물속에는 사는 놈이 있다"라고 했다. 좌사의《오도부》에서 "개鮒 두 마리를 가리[78]로 잡는다"라고 했고, 이에 대한 주석에서 "좌우로 합쳐진 개鮒는 눈이 각각 하나니, 이 물고기가 곧 비목어다"라고 했다. 사마상여司馬相如[79]의 〈상림부 上林賦〉에서 "우우禹禹와 허鱷와 납魶이다"라고 했고, 이에 대한 곽박의 주에서 "허鱷는 어떤 판본에는 '허鮵'로 되어 있으며, 비목어다. 형상은 소의 비장과 유사하고, 두 마리가 서로 합쳐야 다니게 된다"라고 했다. 이시진은 "비比는 '나란히 하다'는 말이다. 이 물고기는 눈이 각각 하나라서 서로 나란히 해서 다닌다. 단씨(즉 단공로段公路[80])의《북호록北戶錄》에서는 '겸鱗' 이라 했다. 겸은 '겸한다(兼)'는 말이다"라고 했다. 또 "두 쪽이 서로 합하는데, 합하는 곳의 반쪽은 평평해 비늘이 없다"라고 했다.

일반적으로 이는 모두 접어의 모양을 본 적도 없이 생각으로만 말한 것이다. 지금 접어는 분명히 한 개체에 눈 두 개가 있고, 분명히 한 개체가 혼자서 다닌다. 아래쪽은 배고 위쪽은 등이며, 혼자서 완전한 몸통이 되니, 두 마리가 서로 합쳐서 가는 것이 아니다. 이시진이 또 이전의 설을 따라 설명을 확대해 "합하는 곳의 반쪽은 평평해 비늘이 없다"라고 하면서 마치 눈으로 본 듯이 설명했지만 실제로는 눈으로 본 뒤에 쓴 글이 아니다.《회계지會稽志》[81]에서 "월왕越王이 물고기를 먹다가 반도 다 먹지 못해 버렸더니, 이 물고기가 물속에서 물고기로 변해 마침내 한 면이 없어졌기에 '반면어半面魚'라 한다. 이 물고기가 곧 접어다. 반면半面인 채로 혼

---

78 물고기를 잡는 도구. 대오리를 엮어서 밑이 없이 통발과 비슷하게 만든 것으로, 그리 크지 않은 강이나 냇물에서 쓴다.

79 기원전 179~117. 중국 전한 때 문인.

80 ?~?. 중국 당나라 때 학자. 광동 지역의 특산물과 사회상을 엿볼 수 있는《북호록》등을 지었다.

81 중국 송나라 때 시숙施宿 등이 지은 소흥부紹興府의 지리서.

자서 다니는 것이지, 두 마리가 서로 나란히 해서 다니는 것이 아니다"라고 했다.

《이아》에 대한 곽박의 주석에서 접어를 왕여어王餘魚라 했다. 또《이어찬》에서 "비목어의 비늘은 따로 '왕여'라 부른다. 비록 비늘이 있는 쪽과 없는 쪽, 두 쪽이 있으나 실제로는 같은 물고기다"라고 했다. 그러나 왕여어는 회잔어繪殘魚지 접어가 아니다. 곽 씨가 잘못 말한 것이다.【《정자통》에서 "비목어는 판어版魚라 하는데, 민간에서 판魬으로 고쳤다"라고 했다.】

소접小鰈【속명 가잠어加簪魚】 가자미류

큰 놈은 2척 정도다. 형상은 광어와 유사하지만 몸통은 광어보다 더 넓적하고 훨씬 두껍다. 등에는 마구잡이로 난 점이 있지만 점이 없는 놈도 있다.

○ **청안** 《역어유해》에서 이 물고기를 '경자어鏡子魚'라 했다.

장접長鰈【속명 혜대어鞋帶魚】 서대류

몸통이 접어보다 더욱 길면서 좁다. 맛은 매우 농후하다.

○ **청안** 이 물고기의 모양은 신발 바닥(鞋底)과 매우 비슷하다.

전접羶鰈【속명 돌장어突長魚】[82]

큰 놈은 3척 정도다. 몸통은 장접과 같으나 배와 등에 검은 점이 있다. 맛은 상당히 노리다(羶).

---

[82] 노랑각시서대일 가능성이 있으나 결론을 내리기 어렵다.

수접瘦鰈【속명 해풍대海風帶】[83]

몸통이 야위고 얇다. 등에는 검은 점이 있다.

○ 이상의 여러 접어는 모두 국이나 구이에 좋지만 어포로는 좋지 않다. 모두 동해에서 나는 좋은 접어류만 못하다.

우설접牛舌鰈【속명을 그대로 따른다】 서대류의 일종

크기는 손바닥 정도지만 길이는 소의 혀와 매우 비슷하다.

금미접金尾鰈【속명 투수매套袖梅】[84] 참가자미

소접과 비슷하지만 꼬리에 금비늘 한 덩어리가 있다.

박접薄鰈【속명 박대어朴帶魚】 박대

우설접과 비슷하지만 그보다 더욱 작고 종잇장처럼 얇다. 줄줄이 엮어서 말린다.【이상 세 종은 모두 지금 보충한다.】

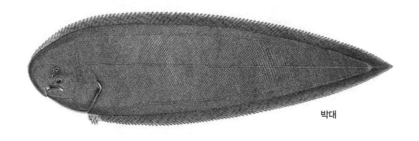

박대

---

83 새끼 서대나 돌가자미일 가능성이 있으나 결론을 내리기 어렵다.
84 원문에선 이하의 접어류 세 종을 줄을 바꾸지 않은 채 동그라미로만 구별해 이어 서술했다.

소구어小口魚

소구어小口魚【속명 망치어望峙魚】 망상어

큰 놈은 1척 정도다. 형상은 강항어와 유사하지만 높이가 높다. 입이 작고 색이 희다. 태로 새끼를 낳는다. 살은 무르고 부드러우며 맛은 달다.

도어魛魚

도어魛魚【속명 위어葦魚】 웅어

크기는 1척 남짓이다. 소어蘇魚와 유사하지만 꼬리가 소어보다 매우 길다. 색이 희다. 맛은 지극히 달고 진해 회 중에서도 윗길이다.

○ **청안** 지금 위어는 강에서 나고 소어는 바다에서 나지만, 이들은 같은 종류의 무리로 곧 도어다.《이아》〈석어釋魚〉의 "열멸도鮤鱴刀"라 한 말에 대한 곽박의 주석에서 "열멸도는 지금의 제어鮆魚다. 도어魛魚라고도 한다"라고 했다.《본초강목》에서는 "제어鱭魚는 일명 제어鮆魚고, 열어鮤魚고, 멸도鱴刀고, 도어魛魚고, 수어鱴魚다. 위魏 무제武帝[85]의《식제食制》[86]에서 이를 망어望魚라 했다"라고 했다. 주석가인 형병邢昺[87]은 "이 물고기는 구강九

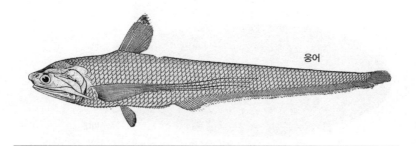

웅어

---

85 중국 삼국시대 때 조조曹操(155~220)를 가리킨다.
86 《사시식제四時食制》라고도 하며, 일실되어 다른 서적을 통해 내용 일부를 확인할 수 있다.
87 932~1010. 중국 송나라 때 주석가.《논어정의論語正義》와《이아정의爾雅正義》,《이아의소爾雅義疏》,《효경정의孝經正義》등에 소疏를 달았다.

江에 있다"라고 했다.

이시진은 "제어鱭魚는 강이나 호수에서 살고 3월에 항상 처음으로 나온다. 형상은 좁으며 나무판을 깎은 듯이 길고 얇다. 또한 길고 얇은 모양이 뾰족한 칼과도 같다. 비늘은 잘고 흰색이다. 살 속에는 잔가시가 많아 《회남자》에서 '제어는 끓인 국물을 마시기만 하고 살을 먹지는 않는다'고 했다. 또 《이물지》에서 '수어鱴魚는 초여름에 바다에서 물을 거슬러 위로 올라온다. 길이는 1척 남짓이다. 배 아래는 칼처럼 생겼다. 이 물고기는 수조鱴鳥라는 새가 변한 것이다'고 했다"라고 했다. 이에 근거하면 위어는 곧 도어魛魚나 제어鱭魚임을 알 수 있다. 《역어유해》에서는 이를 도초어刀鞘魚라 했다.

해도어海魛魚【속명 소어蘇魚. 또는 반상어伴倘魚】 반지

크기는 0.6~0.7척이다. 몸통은 높고 얇다. 색이 희고, 맛은 달고 진하다. 흑산의 바다에 간혹 있으며 망종 때 처음으로 암태도巖泰島[88] 지역에서 잡는다.

○ 작은 놈【속명 고소어古蘇魚】은 크기가 0.3~0.4척이다. 몸통은 해도어보다 조금 둥글면서 두껍다.

망어蟒魚

망어蟒魚【속명을 그대로 따른다.】 삼치

큰 놈은 8~9척이다. 몸통은 둥글고 3~4아름[圍]이며, 머리는 작고 눈도

---

88   지금의 전라남도 신안군 암태면에 딸린 섬.

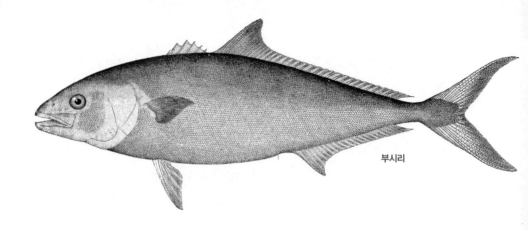

부시리

작으며【위圍는 '아름[拱]'이라는 말이다.】, 비늘은 지극히 잘다. 등은 검은데,
이무기[蟒]에 검은 무늬가 있는 것과 비슷하다.【벽문어와 비슷하지만 크기는
더 크다.】 상당히 용맹스러워서 몇 장 높이를 뛸 수 있다. 맛은 시면서 진하
지만 맛이 떨어지고 탁하다.

○ **청안** 《역어유해》에서 "발어拔魚는 일명 망어芒魚다"라고 했는데, 망
어가 곧 이 망어蟒魚다.《집운》에서 "위어(鯳)는 뱀과 비슷하다"라고 했
고,《옥편玉篇》[89]에서 "야어鯯魚는 뱀과 비슷하며 길이는 10척이다"라고
했으니, 위어나 야어는 지금 망어의 무리와 비슷하다.

황어黃魚【속명 부사어夫斯魚】 부시리

큰 놈은 10척 정도다. 형상은 망어와 같지만 조금 높다. 색은 완전히 누
르다. 성질이 용맹스러우며 사납고 급하다. 맛은 싱겁다.

---

89 중국 남북조시대 양나라 때 학자 고야왕顧野王(519~581)이 편찬한 자전. 원본은 전하지 않으나, 당나라의
    손강孫強이 내용을 더하고 송나라의 진팽년陳彭年 등이 다듬고 고친 것이 전한다.

청익어靑翼魚

청익어靑翼魚【속명 승대어僧帶魚】 성대

큰 놈은 2척 정도다. 목이 매우 크고 모두 뼈로 되어 있으며, 머리뼈에는 살이 없다. 몸통은 둥글다. 입 곁에는 수염이 두 개 있는데, 그 색깔이 지극히 푸르다. 등은 적색이다. 옆구리 곁에는 날개가 있는데, 부채처럼 크고 접었다 폈다 할 수 있다. 날개의 색은 지극히 선명하게 푸르다. 맛은 달다.

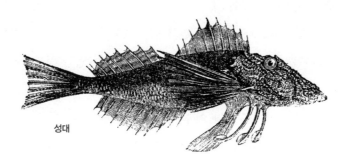

성대

회익어灰翼魚【속명 장대어將帶魚】 양태 또는 돛양태

크기가 1척 남짓이다. 형상은 청익어와 유사하지만 머리가 그보다 조금 납작하면서 길다. 머리뼈도 이와 같다. 색은 황흑이다. 날개는 청익어보다 조금 작고, 몸통과 색은 같다.

비어飛魚

비어飛魚【속명 날치어辣峙魚】 날치

큰 놈은 2척이 조금 못 된다. 몸통은 둥글고 색은 푸르다. 새와 같은 날개가 있어 색이 선명하게 푸르다. 날 때는 날개를 펼쳐서 수십 보를 갈 수

있다. 맛은 지극히 싱겁다. 망종 때 해
안으로 모여 알을 낳는다. 이때 어부
들이 횃불을 밝혀 쇠로 만든 작살로
비어를 잡는다. 홍의도紅衣島[90]와 가가
도可佳島[91]에서만 나지만 흑산에도 간
혹 있다.

문요어 《산해경》

○ **청안** 비어는 형상이 가치어假鯔
魚와 유사하지만 지느러미가 날개만큼 크기 때문에 날 수 있다. 성질은 밝
은 곳을 좋아한다. 어부들이 밤을 틈타서 그물과 횃불을 설치하면 비어가
떼를 지어 날아 그물로 들어간다. 어쩌다 사람에게 시달리기라도 하면 날
다가 들판에 떨어지기도 한다. 이 물고기가 곧 문요어文鰩魚다.

《산해경》에서 "관수觀水는 서쪽 사막 지대(流沙)로 흘러 들어간다. 그 안
에는 문요어가 많다. 형상은 이어鯉魚(잉어)와 같다. 물고기 몸에 새의 날개
가 있으며 푸른 무늬에 흰 머리와 붉은 주둥이를 갖고 있다. 밤에 날 때는
그 소리가 난새(鸞鷄)[92]와 같다"라고 했다. 《여씨춘추呂氏春秋》[93]에서 "관
수灌水의 물고기를 '요鰩'라 한다. 그 형상은 이어(잉어)와 같지만 날개가 있
다. 항상 서해에서 날아가 동해에서 논다"라고 했다. 《신이경神異經》[94]에
서 "동남해에는 따뜻한 호수가 있는데, 그 안에 요어鰩魚가 있다. 길이는 8
척이다"라고 했다. 좌사의 《오도부》에서 "문요文鰩는 밤에 날다가 그물에

---

90 지금의 전라남도 신안군 흑산면에 딸린 섬. 홍도라는 이름으로 더 알려져 있다.
91 지금의 전라남도 신안군 흑산면 가거도리에 있는 섬.
92 중국 전설에 나오는 상상의 새. 봉황鳳凰과 비슷하다.
93 중국 진泰나라 때 재상 여불위呂不韋(?~기원전 235)가 학자들에게 편찬하게 한 사론서史論書.
94 중국 한나라 때 동방삭東方朔(기원전 154~기원전 93)이 지은 책. 신화·구담 등 기이한 이야기를 소개했다.

걸린다"라고 했다.《임읍기林邑記》에서 "비어는 몸이 둥글다. 큰 놈은 10척 남짓이다. 지느러미는 호선胡蟬(말매미)과 같고, 들고 날 때는 떼를 지어 날아간다. 무성한 수풀에서 놀며 날다가 물에 들어가면 바다 바닥으로 헤엄쳐 간다"라고 했다.《명일통지明一統志》[95]에 "섬서陝西 호현鄠縣의 노수澇水에는 비어가 나온다. 형상은 부어(鮒, 붕어)와 같다. 비어를 먹으면 치질痔疾을 그치게 한다"라고 했다. 이 여러 설에 근거하면 동·서·남쪽 세 지방에 모두 문요어가 있다. 그러므로 고황顧況[96]의 〈송종형사신라시送從兄使新羅詩〉[97]에 "남명南溟[98]에 큰 날개 드리우고, 서해를 문요어가 마시네"라고 했다. 아마도 우리나라 바다에도 문요어가 있기 때문에 이 시를 읊은 것이리라.

또《습유기拾遺記》[99]에 "신선 영봉寧封이 비어를 먹고 죽었다가 200년 뒤에 다시 살아났다"라고 했다.《유양잡조酉陽雜俎》[100]에 "낭산朗山에 있는 낭수浪水에 물고기가 있는데, 길이는 1척이고 날 수 있다. 날면 구름을 넘나들고, 그치면 못 바닥으로 돌아온다"라고 했다.【《유양잡조》는 단성식段成式[101]의 저술이다.】이상의 말들이 비록 매우 기이하기는 하지만 여기에서 말한 비어는 문요어임에 틀림없다.

또《산해경》에서 "동수桐水에는 활어鰁魚가 많은데, 그 형상이 물고기와

---

95 중국 명나라 때 이현李賢(1408~1466) 등이 지은 지리서.
96 727(?)~815(?). 중국 당나라 때 시인이자 화가.
97 신라에 사신으로 가는 종형을 보내며 쓴 시.
98 남쪽에 있다고 하는 큰 바다.
99 중국 후진後晉 때 왕가王嘉(?~기원전 2)가 전설을 모아 엮은 지괴志怪(위魏·진晉·육조六朝 시대의 기괴한 일들을 적어 놓은 소설).
100 중국 당나라 때 학자 단성식이 지은 수필. 기이한 대상에 관해 수필 형식으로 서술한 이야기가 많다.
101 ?~863. 중국 당나라 때 학자. 박학博學이라는 영예를 안으면서 연구에 정진해, 비각秘閣의 책은 모두 읽었다고 전한다.《유양잡조》등을 지었다.

습습어 《산해경》

같지만 새의 날개가 있어 활어가 물을
들고 날 때는 빛이 난다"라고 했다. 또
"효수灞水는 서쪽으로 흘러 황하로 들
어가는데, 그 안에는 습습鰼鰼이라는
물고기가 많다. 그 형상은 까치와 같
으면서도 날개가 10개 있으며 비늘은
날개 끝에 있다"라고 했다. 또 "저산
柢山에는 물고기가 있는데, 그 형상이 소와 같고 뱀 같은 꼬리에 날개가 있
다. 깃털은 옆구리 아래에 있기 때문에 허어鮖魚[102]라 한다"라고 했다. 이런
무리는 모두 비어다. 그러나 《산해경》에서 언급한 사물들 모두가 실제로
항상 존재하는 것은 아니다.

이어耳魚

이어耳魚【속명 노남어老南魚】 노래미

큰 놈은 2~3척이다. 몸통이 둥글면서 길다. 비늘이 잘며, 색은 누르기도
하고 황흑이기도 하다. 머리에는 파리 날개처럼 생긴 귀가 두 개 있다. 맛
은 싱겁다. 돌 틈에서 숨어 산다.

서어鼠魚【속명 주로남走老南】 쥐노래미

형상은 이어와 유사하지만 머리가 그보다 조금 뾰족하면서 점점 줄어
든다. 색은 적색과 흑색이 서로 얼룩져 있다. 머리에도 귀가 있다. 살은 푸

---

102 허어鮖는 거흉(겨드랑이)에서 온 글자다.

르며, 맛은 매우 싱겁고 비린내가 심하다. 일반적으로 물고기는 모두 봄에 산란하지만 이어 무리는 홀로 가을에 산란한다.

전어箭魚

전어箭魚【속명을 그대로 따른다】 전어

큰 놈은 1척 정도다. 몸통이 높고 좁다. 색은 청흑이고, 기름이 많으며 맛은 달고 진하다. 흑산에 간혹 있지만 육지 근처에서 나는 놈만 못하다.

편어扁魚

편어扁魚【속명 병어瓶魚】 병어

큰 놈은 2척 정도다. 머리가 작고, 목이 움츠려 있으며, 꼬리는 짧고, 등은 볼록하고, 배는 튀어나왔다. 편어의 모양은 사방으로 나와 있어서 길이와 높이가 대략 같다. 입은 지극히 작다. 색은 청백이고 맛은 달다. 뼈가 물러서 회나 구이 및 국에 좋다. 흑산에 간혹 있다.

○ **청안** 지금의 병어는 옛날의 방어魴魚인 것 같다.《시경》에서 "방어 꼬리 붉어지네"라고 했다.《이아》〈석어〉에서 "방魴은 비魾다"라고 했고, 이에 대한 곽박의 주석에서 "강동에서는 방어를 편編이라 하는데, 편은 일명 비編다"라고 했다. 육기陸璣[103]의 〈시소詩疏〉에서 "방어는 넓적하면서 얇고 살지며, 느긋해 힘이 적고, 비늘이 잘아 물고기 중에 맛있는 것이다"라고 했다.《정자통》에서 "방어는 작은 머리에 움츠려 있는 목, 넓은 배와 활

---

103 260~303. 중국 서진 때 문인. 수사修辭에 중점을 두고 미사여구와 대구對句의 기교를 살려 육조시대의 화려한 시풍의 선구자가 되었다.

병어

꼴인 등골, 잔 비늘이 있으며, 색은 청백이다. 배 안의 지방은 매우 기름기가 많다"라고 했다. 이시진은 "방어는 넓은 배와 납작한 몸이 있다. 맛은 매우 고소해 맛있다. 성질은 활수活水[104]에서 잘 논다"라고 했다. 이 여러 설에 근거하면 방어의 모양은 병어와 흡사하다. 다만 방어는 민물산이다.

《시경》에서 "물고기 먹는데 어찌 반드시 황하의 방어라야 하나"라고 했다. 민간에 떠도는 말에 "이수伊水와 낙수洛水의 잉어와 방어는 소나 양처럼 맛있다"라고 했고, 또 "거취居就는 양식이요, 양수梁水[105]는 방어로다"라고 했다.《후한서》〈마융전馬融傳〉의 주석에서 "한수에는 편어가 매우 맛있어서 사람들의 편어 잡이를 항상 금하고서 뗏목으로 물을 막았다. 이로 인해 편어를 '사두축항편槎頭縮項鯿'[106]이라 했다"라고 했다. 그렇다면 방어는 민물고기다.

---

104 고여 있지 않고 솟아오르거나 움직이는 물.
105 요동 지방에 있는 하천.
106 뗏목 머리에 움츠려 있는 목을 가진 편어.

지금은 병어가 민물에서 난다는 말을 들어 본 적이 없다. 오직 《산해경》에서만 "대편大鯿은 바다에 산다"라고 했고, 이에 대한 주석에서 "편鯿은 곧 방어다"라고 했다. 이시진은 "그중 큰 놈은 20~30근에 이르는 놈도 있다"라고 했다. 그렇다면 방어도 바다산이 있는 것이다. 그러나 지금 병어 중에 큰 놈을 본 적이 없으니, 이 말도 의심스럽다.

추어鯫魚

추어鯫魚【속명 멸어蔑魚】 멸치

몸통은 지극히 작아 큰 놈이 0.3~0.4척이다. 색은 청백이다. 6월에 처음 나왔다가 상강霜降[107]이면 물러간다. 성질이 밝은 빛을 좋아해 밤마다 어부들이 횟불을 밝혀 이들을 유인했다가, 추어들이 움푹한 굴에 이르면 광주리 같은 그물로 끌어낸다. 국이나 젓갈이나 어포로 쓰거나, 다른 물고기의 미끼로 쓰기도 한다. 가가도에서 나는 놈은 몸통이 상당히 크다. 겨울에도 잡는다. 그러나 이 지역의 모든 추어는 관동關東(강원도)의 좋은 놈만 못하다.

○ **청안** 지금의 멸어는 젓갈을 담그거나 말려서 여러 음식을 충당하기 때문에 선물 중에 흔하다. 《사기》〈화식전貨殖傳〉에서 "추鯫 1000석"이라 했고, 이에 대한 주석인 《사기정의史記正義》[108]에서 "추는 여러 작은 물고기를 일컫는다"라고 했다. 《설문해자》에서 "추는 백어白魚다"라고 했다. 《운편韻篇》에서 "추는 작은 물고기다"라고 했다. 지금의 멸어가 곧 이 물고기

---

107 24절기의 하나. 양력 10월 23일경. 아침과 저녁의 기온이 내려가고, 서리가 내리기 시작할 무렵.
108 중국 당나라 때 장수절張守節이 펴낸 《사기》의 주석서.

일 것이다.

대추大鯫【속명 증얼어曾蘗魚】 정어리

큰 놈은 0.5~0.6척이다. 색은 청색이지만 몸통은 추어보다 조금 긴데, 지금의 청어와 비슷하다. 소추小鯫(멸치)보다 먼저 온다.

단추短鯫【속명 반도멸盤刀蔑】 밴댕이

큰 놈은 0.3~0.4척이다. 몸통은 추어보다 조금 더 높고 살지면서 짧다. 색은 백색이다.

소비추酥鼻鯫【속명 공멸工蔑】 까나리

큰 놈은 0.5~0.6척이다. 몸통은 추어보다 더 길면서 야위다. 머리는 작고 소비酥鼻(연한 코)가 0.05척 정도다. 색은 청색이다.

박추朾鯫【속명 말독멸末獨蔑】 매퉁이

소추(멸치)와 같고 색도 같다. 머리는 풍성하지 않고 꼬리는 점점 줄어들지 않는다. 형상이 말둑(朾)과 같기 때문에 박추라 이름 붙인 것이다.

대두어大頭魚

대두어大頭魚【속명 무조어無祖魚】 문절망둑 또는 풀망둑

큰 놈은 2척이 조금 못 된다. 머리가 크고 입이 크지만 몸통이 가늘다. 색은 황흑이고 맛이 달고 진하다. 밀물과 썰물이 오고 가는 곳에서 논다. 성질이 둔해 사람을 무서워하지 않기 때문에 낚시로 잡기가 매우 쉽다. 겨울에는 갯벌을 파서 겨울잠을 잔다. 자기 어미를 먹기 때문에 무조어라 불렀다. 흑산에 간혹 있지만 먹을 정도로 많지는 않다. 육지 근처에서 나는 놈은 매우 좋다.

○ 또 이보다 더 작은 놈 한 종【속명 덕음파德音巴】은 길이가 0.5~0.6척이다. 머리와 몸통이 서로 걸맞다. 색은 황색이나 흑색이다. 바다 근처의 물가에 있다.

철목어凸目魚【속명 장동어長同魚】　말뚝망둥어 또는 짱뚱어

큰 놈은 0.5~0.6척이다. 형상은 대두어와 유사하지만 색이 흑색이다. 눈이 볼록하며 물에서 놀지 못한다. 갯벌에서 뛰어다니기를 좋아하며 물을 스쳐 지나가기만 한다.

석자어螫刺魚【속명 수염어溲鬚魚】　쑤기미

형상은 철목어와 유사하지만 배가 더 크다. 성나면 배가 불룩해지며 등에는 가시가 있어서 사람을 찌르면(螫) 아프다.【원문에는 빠져 있어서 지금 보충한다.】

無鱗類

鱝魚 俗名洪魚大者

권2

廣六七尺雌大雄小體似荷葉色赤黑

鼻當頭使豐本而尖末口在酥鼻底胷腹間直口背

卵酥鼻有目尾如猪尾尾脊有蕝刺雄者

父本鼻有鼻三穟有目尾如猪尾尾脊有

蓋有二陽莖即骨狀如曲刀莖底有蕝卵兩翼有神

交雄則雄牝牡舉刺則刺舉

무린류無鱗類(비늘 없는 어류)

분어鱝魚

분어鱝魚【속명 홍어洪魚】 참홍어

큰 놈은 너비가 6~7척이다. 암컷은 크고 수컷은 작다. 몸통은 연잎과 비슷하다. 색은 적흑이다. 소비酥鼻는 머리가 있는 자리에 있는데, 뿌리 쪽은 풍성하지만 말단은 뾰족하다. 입은 소비 바닥에 있으며 가슴과 배 사이에 입이 곧게 나 있다. 등 위【곧 소비의 뿌리다.】에 코가 있으며 코 뒤에 눈이 있다. 꼬리는 돼지 꼬리와 같은데 꼬리의 등마루에는 가시가 불규칙적으로 나 있다.

수컷은 음경이 둘 있는데, 음경은 바로 빼고 그 형상은 굽은 칼과 같다. 음경 뿌리 쪽에는 불알(囊卵)이 있다. 날개 양쪽에는 잔가시들이 있는데, 암컷과 교미할 때는 날개에 있는 가시들로 암컷을 움직이지 못하게 해서 한다. 더러는 암컷이 낚시를 물고서 엎드려 있으면 수컷이 암컷에게 다가가 교미한다. 이때 낚시를 들어 올리면 수컷도 함께 따라 올라온다. 암컷은 식탐 때문에 죽었고 수컷은 색욕 때문에 죽었으니, 색욕을 탐하는 자의 경계로 삼을 만하다.

암컷에게는 새끼를 낳는 음부 바깥에 구멍이 하나 있다. 이 구멍은 안으로는 구멍 세 개와 통하는데, 그중 가운데 구멍은 창자와 통하고, 그 곁의 구멍 두 개는 태보가 된다. 태보 위에는 알처럼 생긴 것이 있는데, 이 알이 삭아 없어지면 태보가 형성되어 새끼가 된다. 태보에서는 각각 네다섯 마리가 새끼로 된다.【사어鯊魚의 경우는 새끼를 낳는 음부 바깥에 한 개가 있고 안에 세 개가 있으니, 역시 이와 같다.】[1]

동지 뒤에야 분어를 비로소 잡기 시작한다. 입춘 전후가 되어 살지고 커져서 맛이 좋다가, 3~4월이 되면 몸통이 야위어져서 맛이 떨어진다. 회·구이·국·어포로 좋다. 나주羅州와 가까운 고을 사람들은 삭힌 홍어를 즐겨 먹으니, 보통 사람들과는 기호가 같지 않다. 가슴과 배에 숙환으로 징가癥瘕[2]가 있는 사람이 삭힌 홍어를 가져다가 국을 끓여 배불리 먹으면, 뱃속의 더러운 것들을 몰아낼 수 있다. 또 술기운을 가장 잘 안정시킬 수 있다. 또 뱀은 분어를 싫어하기 때문에 분어 씻은 비린 물을 버린 곳에는 뱀이 감히 얼씬도 못한다. 일반적으로 뱀에 물린 곳에 분어 가죽을 붙이면 효과가 뛰어나다.

○ **청안** 《정자통》에서 "분어는 모양이 큰 연잎과 같고, 긴 꼬리가 있으며, 눈은 배 아래 있고, 눈은 이마 위에 있다. 꼬리는 길고 마디가 있으며, 사람을 찌른다"라고 했다. 《본초강목》에서 "해요어海鷂魚는 일명 소

---

1   홍어는 난생한다. 색가오릿과 어류가 태생을 한다(이, 5-258).
2   배 속에 덩어리가 생기는 병. 주로 여자에게 많이 생기는데, '징'은 뭉쳐서 일정한 곳에 자리하고 움직이지
     않는 것을 이르고, '가'는 이곳저곳으로 옮겨 다니며 모양도 일정하지 않은 덩어리를 이른다.

양어鄱陽魚【《식감食鑑》에는 '소양少陽'으로 적혀 있다.】고, 하어荷魚고, 분어鱝魚고, 포비어鯆魮魚고, 번답어蕃踏魚며, 석려石蠣다"라고 했다. 이시진은 "형상이 쟁반이나 연잎과 같다. 큰 놈은 둘레가 7~8척이다. 다리가 없고 비늘이 없다. 살 안은 모두 뼈인데, 마디마디가 연이어 나란하게 나 있으나 무르고 부드러워 먹을 수 있다"라고 했다. 이는 모두 지금의 홍어를 가리킨다. 《동의보감》에는 홍어가 '공어鮏魚'로 적혀 있다. 그러나 '鮏'【음은 '공'이다.】은 곤이³의 명칭이니, 잘못인 것 같다.

소분小鱝【속명 등급어䲪及魚】 참홍어 새끼 또는 홍어(간재미)

형상은 분어와 유사하지만 그보다 작다. 너비는 2~3척을 넘지 않는다. 소비는 짧고 뾰족할 정도는 아니다. 꼬리는 가늘면서 짧다. 살은 매우 살지고 두껍다.

수분瘦鱝【속명 간잠어間簪魚】 홍어(간재미)

너비는 1~2척을 넘지 않는다. 몸통은 지극히 야위고(瘦) 얇다. 색은 황색이고 맛은 싱겁다.

청분靑鱝【속명 청가오靑加五】 색가오릿과의 일종 ⁴

큰 놈은 너비가 10여 척이다. 형상은 분어와 유사하지만 소비가 납작하고 넓적하다. 등이 푸른색(蒼)이다. 꼬리는 분어보다 짧으면서 침이 있다.

---

3   물고기 배 속에 있는 알 뭉치 또는 물고기의 새끼.
4   색가오릿과 물고기로 노랑가오리, 청달내가오리, 꽁지가오리가 우리나라에 서식한다고 알려져 있다.

꼬리를 5등분했을 때 그중 5분의 4 지점에 침이 있다.[5] 침에는 미늘처럼 반대 방향으로 난 가시들이 있어 그것으로 어떤 것을 찌르면 살 속에 들어가더라도 빼기 어렵다. 또 침에는 지독한 독이 있다.【아래에 나오는 네 종은 그 꼬리에 난 침이 모두 이와 같다.】 어떤 것이 청가오리를 공격하면 자기 꼬리를 마치 바람에 나부끼는 나무 이파리처럼 흔들어서 그 해로움을 막는다.

○ **청안** 《본초습유》에서 "해요어는 동해에서 산다. 이빨은 돌판 같다. 꼬리에는 지독한 독이 있어서 어떤 것을 만나면 꼬리를 휘둘러서 잡아먹는다. 그 꼬리가 사람을 찌르면 심한 경우 죽음에 이르기도 한다. 사람이 오줌 누는 곳을 보고서 해요어가 성기에 쏘면 성기가 붓고 아프니, 침을 빼 버려야 낫는다. 바다 사람들이 이 독침에 찔리면 어호죽魚壺竹[6]이나 해달피海獺皮(해달 가죽)로 뺀다"라고 했다.【진장기의 말이다.】 지금 청분·황분黃鱝·흑분墨鱝·나분螺鱝에는 모두 침이 달린 꼬리가 있다.

흑분墨鱝【속명 흑가오墨加五】 묵가오리의 일종
청분과 같지만 색이 흑색인 점이 다르다.

황분黃鱝【속명 황가오黃加五】 노랑가오리
청분과 같지만 등이 황색이다. 간에 기름이 가장 많다.

---

5   다른 물고기를 공격하는 것으로 보아 5분의 4 지점은 꼬리가 시작되는 곳을 기준으로 한 꼬리 끝 쪽일 것이다.
6   물고기 통발을 만드는 대나무인 듯하다.

나분螺鱝【속명 나가오螺加五】 쥐가오리

황분과 유사하지만 이빨이 사치사四齒鯊 처럼 목구멍에 있으며 돌무더기처럼 생겼다. 나분의 뾰족한 젖꼭지는 소라의 목에 있는 것처럼 빙 둘러서 나와 있다.

응분鷹鱝【속명 매가오每加五】 매가오리

큰 놈은 너비가 수십 장이다. 형상은 분어와 비슷하지만 분어 무리 중에 가장 크고 힘이 세다. 용맹이 솟구쳐 어깨를 들춰 올릴 때는 새를 잡는 매(鷹)와 비슷한 점이 있다. 뱃사람이 닻을 내리다가 닻이 응분의 몸에 닿기라도 하면 응분은 성을 내며 어깨를 들춰 올리는데, 이때 어깨와 등 사이가 움푹 들어가서 도랑이 된다. 마침내 그 도랑으로 닻과 닻줄을 지고서 달아나면 배가 나는 듯이 딸려 간다. 닻을 들어 올리면 응분이 이를 따라서 갑판까지 올라오기 때문에 뱃사람들이 무서워서 그 닻줄을 끊어 버린다.

○ **청안** 위나라 무제의《식제》에서 "번답어蕃踏魚는 큰 놈이 키만 하고 꼬리의 길이는 몇 척이다"라고 했다. 이시진은 다만 "큰 놈은 둘레가 7~8척이다"라고 했으니, 지금의 응분처럼 큰 놈은 모두 본 적이 없는 것이다. 응분 꼬리에 난 침은 성이 나서 공격할 때 고래도 자를 수 있다고 한다.

해만리海鰻鱺

해만리海鰻鱺【속명 장어長魚】 뱀장어

큰 놈은 길이가 10척 남짓이다. 형상은 이무기(蟒蛇)와 유사하지만 이보다 크면서 짧다. 색은 옅은 흑색이다. 일반적으로 물고기가 물에서 나오면 달릴 수 없지만 이 물고기만은 뱀처럼 달릴 수 있으니, 머리를 자르지 않으면 움직임을 제어할 수 없다. 맛은 달고 진하며 사람을 보익해 준다. 오래된 설사가 있는 사람은 해만리와 섞고 미음을 쑤어 복용하면 설사가 멎는다.

○ **청안** 일화자日華子[7]는 "해만리는 일명 자만리慈鰻鱺고, 구어狗魚다. 동해에서 살고 만리鰻鱺(장어)와 유사하지만 그보다 크다"라고 했는데, 이것이 바로 해만리다.

해대리海大鱺【속명 붕장어殿長魚】 붕장어

눈이 크고 배 안은 흑색이다. 맛이 해만리보다 좋다.

견아리犬牙鱺【속명 개장어介長魚】 갯장어

입이 돼지 입처럼 길고, 이빨은 개 이빨처럼 듬성듬성하게 나 있다. 가시와 뼈가 단단해 사람을 삼킬 수도 있다.

○ 사철 모두 해만리가 있다.【하지만 유독 한겨울에는 낚시로 올라오지 않으니, 아마도 석굴에서 겨울잠을 자기 때문인 듯하다.】어떤 이는 알을 배거나 새끼를 밴다고도 하고, 어떤 이는 뱀이 변한 것이라고도 한다.【이를 본 사람이 매우 많다.】그러나 이놈은 지극히 번성해서 일반적으로 석굴 속에 몇백, 몇천 마리가 무리를 이루니, 비록 뱀이 변한 것이 있다 하더라도 모두 다 그렇지는 않을 것이다. 장창대는 "예전에 태사도苔士島[8] 사람이 해만리 뱃

---

7   ?~?. 중국 당나라 때 본초학자. 성은 대大, 이름은 명明이다.《대명본초大明本草》(또는《일화자제가본초日華子諸家本草》)를 지었다. 이 책은 소실되었으나 후대의 본초서에서 그 흔적을 찾을 수 있다.
8   지금의 전라남도 신안군 흑산면 태도리에 있는 섬으로, 지금은 태도라 한다.

속에 꿴 구슬과 같은 알이 있는데, 뱀 알과 유사하다고 한 말을 들은 적이 있습니다"라고 했으니, 무슨 설이 옳은지 알지 못하겠다.

○ **청안**　조벽공趙辟公의《잡록雜錄》[9]에서 "만리어는 수컷만 있고 암컷은 없다. 그림자가 예어鱧魚(가물치)에 흩어지면(漫) 만리어 새끼들이 모두 예어의 가슴지느러미에 붙어 살기 때문에 만례鰻鱧라 한다"라고 했다. 그러나 민물에서 나는 놈은 여전히 이 말이 맞다 할 수 있지만, 바다에서 나는 놈은 바다에 예어가 없으니 어디에 흩어져 붙게 하겠는가. 이 또한 분명하지 못하다.

해세리海細鱺【속명 대광어臺光魚】　개소갱

길이는 1척 정도다. 몸통은 손가락처럼 가늘고, 머리는 손가락 끝과 같다. 색은 홍흑이고 가죽은 매끄럽다. 갯벌에 숨어 산다. 말리면 맛이 좋다.

해점어海鮎魚

해점어海鮎魚【속명 미역어迷役魚】　꼼치

큰 놈은 길이가 2척 남짓이다. 머리는 크고 꼬리는 점점 줄어들며, 눈이 작다. 등은 청색이고 배는 황색이며, 수염이 없다.【민물에서 나는 놈은 황색이면서 수염이 있다.】살은 매우 무르고 부드러우며 뼈도 무르다. 맛은 매우 싱겁다. 술병을 치료할 수 있다. 해점어는 삭히지 않은 채로 삶으면 살이 모두 흩어져 없어지기 때문에, 살을 씹어 먹으려는 자는 이것이 삭기를 기다린다.

9　조벽공의 저술로 알려진, 일실된《잡설雜說》의 오기다.

베도라치

홍점紅鮎【속명 홍달어紅達魚】 베도라치

큰 놈은 2척이 조금 못 된다. 머리는 짧고 꼬리는 점점 줄어들지 않는다. 몸통은 높으면서 좁고, 색은 홍색이다. 맛은 달고 좋다. 구이에 좋으며 해점어보다 낫다.

포도점葡萄鮎【속명을 그대로 따른다】 그물베도라치

큰 놈은 1척 남짓이다. 형상이 홍점과 비슷하며, 눈이 튀어나왔고, 색이 흑색이다. 알은 녹두처럼 생겼으며, 알이 많이 모여 한데 뭉친 모습은 마치 암탉이 품은 알과 같다. 암컷과 수컷이 함께 알을 품고서 돌 틈에 누워 있으면 알이 새끼로 변한다. 어린아이가 입에서 침을 흘릴 때 포도점을 구이로 먹이면 효과가 있다.

장점長鮎【속명 골망어骨望魚】 등가시치

큰 놈은 2척 남짓이고, 몸통은 야위고 길다. 입은 조금 크다. 맛은 매우 싱겁다.

돈어魨魚【속명 복전어服全魚】 복
검돈黔魨【속명 검복黔腹】 자주복

큰 놈은 2~3척이다. 몸통은 둥글고 짧다. 입이 작고 이빨은 나란히 늘어서 있으며 아주 단단하고 억세다. 성나면 배가 부풀어 커지며 이를 갈면서 바드득 소리를 낸다. 가죽은 단단해서 살림살이를 쌀 수도 있다. 맛은 달고 진하다. 모든 돈어 가운데 독이 적다. 푹 삶아서 기름과 섞어 먹는다. 삶을 때는 대로 불을 살라 그을음이 요리에 들어가지 않게 한다.

○ **청안**　본초서에서 하돈河豚은 일명 후이鯸鮧【어떤 판본에는 '후태鯸鮐'로 되어 있다.】고, 호이鰗鮧고, 규어䲅魚【어떤 판본에는 '규鮭'로 되어 있다.】고, 진어䐗魚고, 취두어吹肚魚며, 기포어氣包魚라고 했다. 마지馬志는 "하돈은 양자강·회수·황하·바다에 모두 있다"라고 했다. 진장기는 "배가 희고, 등에는 도장처럼 적색 길이 있다. 눈은 뜨고 감을 수 있다. 어떤 것에 닿으면 바로 성을 내면서 배가 공처럼 부풀어 떠오른다"라고 했다. 이시진은 "형상은 올챙이와 같다. 등은 청백색이다. 배가 파리해서 미인 서시西施[10]의 젖가슴이라는 뜻의 '서시유西施乳'라 한다"라고 했다.【이상은 모두 《본초강목》에 나온다.】 모두 돈어에 대한 설명이다.

작돈鵲魨【속명 가치복加齒服】　까치복

몸통은 조금 작고 등에 얼룩무늬가 있다. 지독한 독이 있어서 먹을 수 없다.

○ **청안**　이시진은 "하돈 가운데 색이 염흑炎黑이면서 점무늬가 있는 놈을 반어라 하는데, 독이 가장 심하다. 어떤 이는 '3월 이후에 반어가 되니, 이때는 먹을 수 없다'고 했다"라고 했다.【《본초강목》에 나온다.】 이는 곧 지

10　?~?. 중국 춘추시대 월越나라 때 미녀. 중국의 4대 미녀 중 한 명으로 손꼽히며 오왕吳王 부차夫差에게 접근해 오나라를 멸망하게 했다.

까치복

금의 작돈을 가리킨 것이다. 일반적으로 돈어에는 모두 독이 있다. 진장기
는 "바다에 사는 놈은 지독한 독이 있고 강에 사는 놈은 그 다음이다"라고
했다. 구종석寇宗奭[11]은 "맛이 비록 아주 좋지만 손질에 제 방법을 잃었을
때, 이를 먹으면 사람을 죽인다"라고 했다. 또 돈어의 간과 알에는 모두 지
독한 독이 있으니 진장기가 말한 "입에 들어가면 혀를 문드러지게 하고,
배에 들어가면 장을 문드러지게 하지만 해독해 줄 약이 없다"라는 언급을
조심해야 할 것이다.

활돈滑魨【속명 밀복蜜服】 밀복 또는 매리복[12]

몸통은 작고 회색이며, 흑색 무늬를 띤다. 매끄럽다(膩滑).

삽돈澁魨【속명 가칠복加七服】 까치복

색은 황색이고, 배에는 잔가시가 있다.

---

11 ?~?. 중국 송나라 때 약물학자.《본초연의本草衍義》를 지었다.
12 다른 종일 가능성도 있다.

소돈小魨【속명 졸복拙服】 복섬

활돈과 비슷하지만 몸통이 그보다 매우 작다. 큰 놈은 0.7~0.8척을 넘지 않는다.

○ 일반적으로 돈어 가운데 육지 근처에서 나는 놈은 곡우 뒤에 냇물을 따라 몇십, 몇백 리를 거슬러 가서 산란한다. 이에 비해 먼 바다에 있는 놈은 매번 바닷가에서 산란한다. 또 부레에 공기가 가득 차서 수면에 떠다니기도 한다.

복섬

위돈蝟魨　가시복

형상은 돈어와 유사하다. 온몸이 모두 가시여서 마치 고슴도치(蝟鼠)와 같다. 장창대는 "해안으로 떠밀려 온 놈을 한 번 보았는데, 크기는 1척을 넘지 않습니다. 이 물고기를 쓸 곳에 대해서는 들은 적이 없습니다"라고 했다.

백돈白魨 [13]

큰 놈은 1척 정도다. 몸통은 가늘면서 길다. 색은 순백이나, 이 가운데

13　결론을 내리기 어렵다.

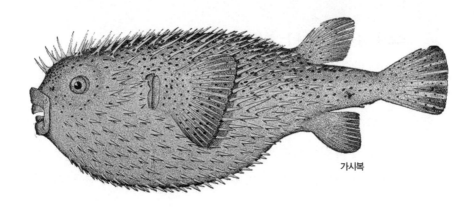

가시복

큰 놈은 홍색의 둥근 테가 있다. 맛은 달다. 더러는 어망으로 들어오고, 또 더러는 장마로 계곡이 불어날 때 물을 따라 상류로 거슬러 오면 광주리를 설치해 잡기도 한다.

오적어烏賊魚

오적어烏賊魚 **갑오징어**

큰 놈은 지름이 1척 정도다. 몸통은 타원형이고, 머리는 작고 둥글며, 머리 아래에 가는 목이 있다. 목 위에 눈이 있고, 머리끝에 입이 있다. 입 둘레에는 다리가 여덟 개 있는데, 낚싯줄처럼 가늘다. 다리 길이는 0.2~0.3 척을 넘지 않으며 모두 빨판(菊蹄)이 있다. 빨판은 가려고 할 때는 가고, 어떤 것이 있으면 잡는 역할을 하는 부분이다. 그 가운데 끈처럼 긴 다리 두 개가 따로 나와 있는데, 길이는 1.5척 정도다.

다리 끝에는 말발굽처럼 생긴 단화團花가 있으니【단화는 국화꽃같이 생긴 것이 두 줄로 마주하며 줄을 이루기 때문에 이렇게 부른 것이다.】 이는 다른 것에 달라붙기 위한 부분이다. 갈 때는 뒤로 가며 또 앞으로 갈 수도 있다. 등에

긴 뼈가 있는데, 이것 역시 타원형이다. 살은 매우 무르고 부드럽다. 알이 안에 있다.

주머니에는 먹물을 담고 있는데, 어떤 것이 오적어를 공격하면 자기 먹물을 뿜어서 시야를 흐릿하게 한다. 오적어 먹물을 가져다가 글씨를 쓰면 색이 지극히 번들번들해서 윤기가 난다. 다만 오래 지나면 글씨가 떨어져서 흔적이 없어진다. 그러나 종이에 바닷물을 적시면 먹 흔적이 다시 나타난다고 한다.

등에는 적흑색 얼룩무늬가 있다. 맛은 달고 좋다. 회나 어포에 좋다. 오적어 뼛가루는 부스럼을 아물게 해 살이나 뼈가 새로 돋게 할 수 있다. 또한 말의 부스럼이나 당나귀의 등창을 치료하는데, 이 뼛가루가 아니면 치료하지 못한다.

○ **청안**   본초서에서 오적어는 일명 오적烏鰂이고, 묵어墨魚고, 남어纜魚다. 뼈는 해표초海鰾鮹라 한다고 했다. 《정자통》에서 "즉鰂은 일명 흑어黑魚다. 형상이 산대(算囊)¹⁴ 같다"라고 했다. 소송이 "모양은 가죽 주머니 같다. 등 위에만 뼈가 하나 있다. 뼈의 형상은 작은 배와 같다. 뱃속의 피 및 담은 바로 먹과 같아서 글자를 쓸 수 있다. 다만 해를 넘기면 흔적이 없어진다. 먹을 품고서 예禮를 알기 때문에 민간에서 '해약백사소리海若白事小吏'¹⁵라 한다"라고 했다. 이 모두가 오적어를 말한다.

또 진장기는 "예전에 진秦나라 왕이 동쪽으로 유람할 때 바다에 산대算袋를 버렸더니, 이 물고기로 변했다. 이 때문에 모양이 산대와 비슷하고 먹

---

14   붓과 벼루 따위를 넣는 주머니.
15   바다 신의 장례식을 맡은 아전.

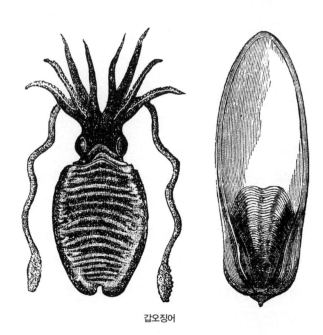

갑오징어

은 여전히 뱃속에 있다"라고 했다. 소식蘇軾[16]의 '어설魚說'[17]에서 "오적은 다른 것들이 자기를 몰래 보는 일을 두려워해서 물을 뿜어 스스로를 가리는데, 바다까마귀가 이를 보고 그것이 물고기인 줄 알고서 낚아챈다"라고 했다. 소송은 "도은거陶隱居[18]가 이는 오폭烏鸒[19]이 변한 것이라고 말했다. 지금 오적어에는 폭오의 입과 다리가 모두 있으며 아직도 상당히 서로 비슷하다. 배 안에는 먹이 있어 쓸 수 있기 때문에 '오즉烏鰂'이라 한다"라고 했다. 또 《남월지》에서 "오적어의 성질은 까마귀를 좋아한다. 매번 스스

---

16 1037~1101. 중국 북송 때 시인. 동파거사東坡居士, 소동파蘇東坡라고도 한다. 〈적벽부赤壁賦〉를 지었다.

17 《소식문집蘇軾文集》에 나오는 '이어설二魚說'. 세상 사람들의 잘못된 행동을 경계하고자 하는 내용을 담고 있다.

18 456~536. 도홍경陶弘景. 중국 남북조시대 송나라와 양나라에서 이름난 의약학자이자 도가道家다.

19 물새의 일종인 듯하다.

로 물 위로 뜨면, 날던 까마귀가 이를 보고서 죽었다고 여겨 오적어를 부리로 쫀다. 이때 오적어는 까마귀를 말아 잡고서 물에 들어가 먹는다. 이로 인해 이 물고기를 오적烏賊이라 이름 붙인 것이니, 이는 까마귀에게 피해를 주는 천적이라는 말이다"라고 했다. 이시진은 "나원羅願[20]의《이아익爾雅翼》에서 '9월에 차가워진 까마귀가 물에 들어가 이 물고기로 변한다. 서화에 쓰기 위한 먹이 있어 이를 법칙으로 삼기 때문에 오즉이라 이름 붙인 것이다'고 했다. 즉鰂은 칙則이다"라고 했다.

이 같은 여러 설에 근거하면, 오적어는 산대가 변한 것이라고도 하고, 물을 뿜어 까마귀에게 해가 되는 것이라고도 하고, 죽은 체했다가 까마귀를 낚아채서 먹는다고도 하고, 오폭이 변한 것이라고도 하고, 차가워진 까마귀가 변한 것이라고도 한다. 그러나 이 설은 모두 실제로 본 것을 토대로 하지 않아서 자세히 알 수는 없다.

내 생각에 오적이라는 말은 오히려 '흑한黑漢(검은 놈)'이라는 뜻으로, 오적어가 먹을 품고 있기 때문에 이렇게 이름 붙인 것이다. 나중에 이 뜻을 따라서 '어魚' 자를 더해 '鰞鰂오적'으로 된 것이다. 또 이를 줄여서 '鰂즉'으로 쓰기도 하고, '鯽적'으로 쓰기도 하고, 더러는 '鱡적'이라 잘못 쓰기도 했으니, 이런 글자들에 다른 뜻이 있는 것은 아니다.

유어鰇魚【속명 고록어高祿魚】 살오징어

큰 놈은 길이가 1척 정도다. 형상은 오적어와 유사하지만 몸통은 더 길

20　1136~1184. 중국 송나라 때 관리이자 학자.《이아익》,《신안지新安志》,《악주소집鄂州小集》등을 지었다.《이아익》은《이아》의 주석서다.

면서 좁다. 등에는 판이 없이 뼈가 있는데, 이 뼈는 종이처럼 얇으며 이를 등골로 삼는다. 색은 적색이며 먹이 약간 있다. 맛은 달면서 싱겁다. 나주 북쪽에서 매우 번성한다. 3~4월에 잡아서 젓갈을 담근다. 흑산에도 있다.

○ **청안** 《정자통》에서 "'유鰇'는 본래 '유柔'라고 썼다. 오적어와 비슷하지만 뼈가 없다. 바다에서 살며 월越 지역 사람들이 귀하게 여긴다"라고 했다.【《본초강목》에서도 이 내용을 언급했다.】 이는 바로 지금의 고록어다. 다만 산대(算囊)는 없고 잔뼈가 있으니, 뼈가 전혀 없는 것은 아니다.

장어章魚

장어章魚【속명 문어文魚】 문어

큰 놈은 길이가 7~8척이다.【동북해에서 나는 놈은 길이가 더러 20척 남짓 되기도 한다.】 머리는 둥글다. 머리 아래 어깨뼈처럼 생긴 곳에 여덟 개의 긴 다리가 나와 있다. 다리 아래 반쪽에는 국화꽃같이 생긴 빨판이 두 줄로 마주하며 줄을 이루고 있으니, 이는 곧 다른 것에 달라붙기 위한 부분이다. 한 번 달라붙으면 차라리 자기 몸이 끊어질지언정 결코 떨어져 풀리지 않는다. 항상 석굴에 숨어 있다가, 다닐 때는 그 빨판(菊蹄)을 이용한다. 다리 여덟 개는 둘러 있으며 그 가운데에 구멍이 하나 있으니 곧 장어 입이다. 입에는 매의 부리처럼 생긴 이빨이 두 개 있는데, 매우 단단하고 강하다. 물에서 나와도 죽지 않지만 이빨을 뽑으면 바로 죽는다. 배와 창자는 도리어 머리 안에 있으며 눈은 목에 있다. 색은 홍백이지만 껍질막을 벗기면 눈처럼 흰색이다. 빨판(국제)은 순홍색이다. 맛은 달아서 복어와 비슷하며 회나 어포에 좋다. 배 안에 어떤 것이 들어 있는데, 민간에서는 이를 온돌溫堗이라 부르니, 이는 부스럼의 뿌리를 삭일 수 있다. 온돌을 물에 갈아

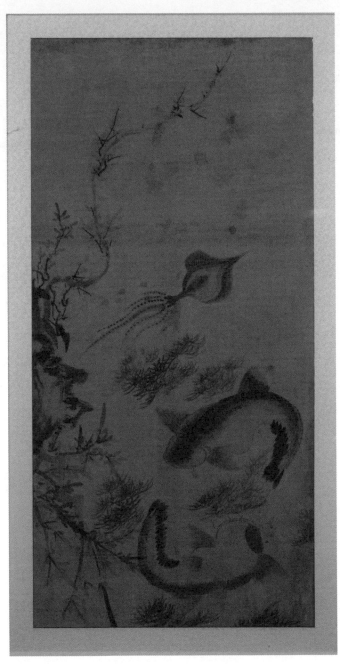

〈어해도〉
국립민속박물관 소장

서 단독丹毒[21]이 생긴 곳에 바르면 신통한 효과가 있다.

○ **청안** 《본초강목》에서 "장어는 일명 장거어章擧魚고, 길어佶𩵹魚다"라고 했다. 이시진은 "남해에서 산다. 모양은 오적어와 같지만 그보다 크며, 다리가 여덟 개고 몸 위에 살이 있다. 한유韓愈가 말한 '장거와 마갑주馬甲柱는 다투어 괴이함을 스스로 드러내네'라는 것이다"라고 했다. 이 모두가 지금의 문어다.

또 《영남지嶺南志》에서 "장화어章花魚는 조주潮州에서 난다. 다리가 여덟 개고 몸에는 눈처럼 흰 살이 있다"라고 했다. 《자휘보字彙補》[22]에선 "《민서閩書》[23]에서 장어鱆魚를 일명 망조어望潮魚라 했다"라고 했다. 이 내용도 모두 이 물고기다.

우리나라에서는 팔초어八梢魚라 부른다. 동월董越[24]의 《조선부朝鮮賦》에서 "물고기는 곧 금문錦紋·이항飴項·중순重脣·팔초八梢다"라고 했다. 이에 대한 저자 스스로의 주석에서 "팔초는 곧 강절江浙 지방의 망조望潮다. 맛은 그다지 좋지 않다. 큰 놈은 길이가 4~5척이다"라고 했다. 《동의보감》에서 "팔초어는 맛이 달고 독이 없다. 몸에는 여덟 개의 긴 다리가 있으며, 비늘도 없고 뼈도 없다. 팔대어八帶魚라고도 한다. 동북해에서 살며 속명은 문어다"라고 했다. 이 내용들이 곧 이것이다.

---

21 피부의 헌데나 다친 곳으로 세균이 들어가서 열이 오르고 얼굴이 붉어지며 부기浮氣, 동통을 일으키는 전염병.

22 중국 청나라 때 오임신吳任臣(1628~1689)이 지은 자서.

23 중국 명나라 때 하교원何喬遠(1558~1632)이 지은 책. 천문, 지리, 풍속, 호적 등 총 스물두 분야를 다루었다.

24 ?~?. 성종 19년(1488)에 중국 명나라에서 조선으로 왔던 사신. 조선 사행을 마친 뒤 조선의 산천과 풍속, 인정과 물정을 기록해 《조선부》를 지었다.

석거石距【속명 낙제어絡蹄魚】 낙지

큰 놈은 4~5척이다. 형상은 장어와 유사하지만 다리가 더 길다. 머리는 둥글고 길다. 갯벌 구멍으로 들어가기를 좋아한다. 9~10월에는 뱃속에 쌀밥알처럼 생긴 알이 있어서 먹을 수 있다. 겨울에 구멍 속에서 겨울잠을 자면서 새끼를 낳으면 새끼가 자기 어미를 먹는다. 색은 백색이다. 맛은 달고 좋다. 회 및 국이나 어포에 좋다. 사람의 원기를 돋운다.【소 중에 마르고 쇠약해진 놈에게 석거 네다섯 마리를 먹이면 바로 건실해진다.】

○ **청안** 소송은 "장어와 석거, 두 물고기는 오적어와 비슷하면서도 차이가 크지만 더 맛있고 좋다"라고 했다. 《영표록이기嶺表錄異記》에서 "석거는 몸은 작지만 다리가 길며, 소금을 쳐서 구워 먹으면 매우 맛있다"라고 했다. 이것이 곧 지금의 낙제어다. 《동의보감》에서 "소팔초어小八梢魚는 성질이 평이하고 맛이 달다. 속명은 낙제다"라고 한 것이 이것이다.【민간에서는 "낙제어는 뱀과 교미하기 때문에, 잘라 보아서 피가 나오는 놈은 버리고 먹지 않는다"라고 한다. 그러나 낙제어는 스스로 알이 있으니 모두가 뱀이 변한 것은 아니다.】

준어蹲魚【속명 죽금어竹金魚】 주꾸미

크기는 0.4~0.5척을 넘지 않는다. 형상은 장어와 유사하나, 다만 다리가 짧아 겨우 몸길이의 반을 차지한다.

해돈어海豚魚

해돈어海豚魚【속명 상광어尙光魚】 상괭이

큰 놈은 10척 남짓이다. 몸통은 둥글고 길다. 색은 큰 돼지처럼 흑색이다. 젖가슴과 성기가 여성의 그것과 비슷하다. 꼬리는 가로로 나 있다.【일반적으로 물고기 꼬리는 모두 배의 키와 같은 역할을 하는데, 세로로 난 다른 물고기와 달리 이 물고기만 가로로 난다.】내장은 개와 유사하다. 다닐 때는 반드시 무리가 따라다니며, 물에서 나올 때는 뻑뻑 소리를 낸다. 기름이 많아 한 마리에서 한 동이나 얻을 수 있다. 흑산에 가장 많지만 사람들은 잡는 방법을 모른다.

○ **청안** 진장기는 "해돈은 바다에서 사는데, 바람에 의한 조수를 따라서 나타났다 사라졌다 한다. 모양은 돼지와 같고, 코는 뇌 위에 있으며, 코로 소리를 낸다. 물을 곧게 올라가도록 내뿜고, 백 수십 마리가 무리를 이룬다. 몸속에는 기름이 있어서 이 기름으로 등에 불을 켜 노름판에 비추면 밝지만, 독서나 수공 작업하는 곳에 비추면 어둡다. 민간에서는 게으른 여자가 변한 것이라고들 한다"라고 했다. 이시진은 "해돈의 형상은 크기가 몇백 근 나가는 돼지처럼 생겼다. 형색은 점어鮎魚처럼 청흑색이며, 젖이 두 개 있고, 암수가 있어 사람과 유사하다. 몇 마리가 함께 다니면서 물 위로 떴다가 물속에 들어갔다 하므로, 배풍拜風[25]이라 한다. 뼈는 단단하고 살은 기름기가 많아 먹기에 적당하지 않다. 기름은 가장 많다"라고 했다.【《본초강목》에 나온다.】

해돈어의 형상은 지금의 상광어가 아니겠는가.《본초강목》에서 "해돈어는 일명 해희海豨고, 기어曁魚고, 참어饞魚고, 부패鯆魶다. 강에서 사는 놈은 강돈江豚이라 하고, 일명 강저江猪고, 수저水猪다"라고 했다.《옥편》에서 "포鯆는 부어鯆魚고【보어鱛魚라고도 한다.】, 일명 강돈이다. 바람이 불려 하면

---

25 바람에 절하는 물고기.

상괭이

물 밖으로 솟구친다"라고 했다. 지금은 상광어가 물 밖으로 나와 노니는 것을 보고 뱃사람들이 바람과 비를 예상하는데, 이것이 바로 이 물고기다.

또《설문해자》에서 "국鮹은 물고기 이름이다. 낙랑樂浪[26]이라는 번국藩國[27]에서 난다. 어떤 곳에서는 강동江東에서 난다고 한다. 젖이 두 개 있다"라고 했고,《유편》에서 "국鮹은 부鱝다"라고 했으니, 이 또한 해돈어다. 지

---

26 중국 한사군漢四郡의 하나. 요하강遼河江 주위라는 설도 있고, 평양 근처라는 설도 있다. 313년 고구려에 병합되었다.
27 중국의 번병藩屛이 되는 나라. 곧 제후諸侯가 다스리는 나라.

금 우리나라 서해와 남해에 모두 있다. 《설문》의 저자 허신許愼[28]이 말한 "낙랑에서 난다"는 것은 참으로 맞는 말이다.

또 《이아》 〈석어〉에서 "기鱀는 축鱁이다"라고 했고, 이에 대한 곽박의 주석에서 "기는 몸통이 심어鱏魚와 비슷하고 꼬리는 국어鞠魚와 같다. 배는 크고 부리는 조금 작은데 날카롭고 길며, 이빨이 죽 늘어 있어서 위아래가 서로 맞닿아 있다. 코는 머리 위에 있으며 코로 소리를 낼 수 있다. 살이 적고 기름이 많으며, 태생을 한다"라고 했다. 이 역시 해돈어에 대한 설명과 비슷하다.

인어人魚

인어人魚【속명 옥붕어玉朋魚】 상괭이 또는 잔점박이물범

모양이 사람과 비슷하다.

○ **청안** 인어에 대한 설에는 대개 다섯 개의 실마리가 있다.

첫째, 제어鯑魚다. 《산해경》에서 "휴수休水는 북쪽 낙雒 지역으로 흘러가는데, 그곳에는 제어가 많다. 제어의 형상은 겨울잠 자는 원숭이와 같고 다리가 길다"라고 했다. 본초서에서 제어는 일명 인어人魚고, 해아어孩兒魚라고 했다. 이시진은 "강이나 호수에서 산다. 형색은 모두 점어鮎魚나 외어鮠魚(회어鮰魚)와 같다. 아가미에서 바드득 소리를 내는데, 아이 울음소리와 같다"라고 했다. 이 때문에 인어라 한 것이다. 이 물고기는 강이나 호수에서 난다.

둘째, 예어鯢魚다. 《이아》 〈석어〉에서 "예는 큰 놈을 하鰕라 한다"라고

---

28 30~124. 중국 후한 때의 학자. 《설문해자》를 지었다.

했고, 이에 대한 곽박의 주석에서 "예어는 점어와 같지만, 다리가 네 개다. 앞모습은 원숭이와 비슷하고 뒷모습은 개와 비슷하다. 소리는 어린아이 울음소리와 같다. 큰 놈은 길이가 8~9척이다"라고 했다. 《산해경》에서 "결수決水²⁹에는 인어가 많다. 형상은 제어鯷魚

인어 《산해경》

와 같고, 발이 네 개며, 소리는 아이 소리와 같다"라고 했다. 《본초》에 대한 도홍경의 주석에서 "인어는 형주荊州³⁰ 임저臨沮의 청계靑溪에 많이 있다. 그 기름에 불을 붙이면 기름이 잘 없어지지 않는다. 여산驪山³¹에 있는 진시황 무덤에 쓰는 '인어 기름'이 이것이다"라고 했다.【《사기》〈시황본기始皇本紀〉에 "여산 무덤을 조성할 때 인어 기름을 등불로 삼았는데, 등불이 꺼지지 않은 지 오래되도록 꾀했다"라고 했다.】《본초강목》에서 "예어는 일명 인어고, 납어魶魚고, 탑어鰨魚다"라고 했다. 이시진은 "시내에서 산다. 모양과 소리는 모두 제어鯑魚와 같다. 다만 나무에 오를 수 있어야 예어다. 민간에서 '점어가 가운데 오른다'고 한 것이 이 물고기다. 바다의 경鯨(고래)과는 이름이 같다"라고 했다. 이 물고기는 시내에서 나는 놈이다. 대개 제어와 예어의 모양과 소리는 서로 같지만, 강에서 나거나, 시내에서 나거나, 나무에 오른다는 차이가 있기 때문에 《본초강목》에서 제어와 예어를 따로 나

---

29 중국 하남성 상성현商城縣의 우산牛山에서 시작해 회하淮河(화이허 강)로 흐르는 강.

30 중국의 고대 9주州 가운데 징산荊山 산 남쪽 지방에 있던 주. 지금의 후베이 성 남쪽 후난 성과 경계 지역에 위치한다.

31 리산 산. 중국 장안의 동북쪽, 현재의 시안 시에 있는 산.

누어 구별한 것이다. 이 두 가지가 모두 '무린부無鱗部'에 들어가 있으니 같은 류類다.

셋째, 역어鯬魚다. 《정자통》에서 "역鯬은 형상이 점어와 같고, 다리가 네 개고, 꼬리가 길고, 소리는 아이 소리와 같으며, 대나무를 잘 오른다"라고 했다. 또 "역어는 곧 바다의 인어다. 눈썹·귀·입·코·손·손톱·머리가 모두 갖춰졌고, 껍질과 살이 옥처럼 희며, 비늘이 없고, 잔털이 있다. 오색의 머리칼은 말총과 같고, 그 길이는 5~6척이며, 몸통도 길이가 5~6척이다. 바다 가까이에 사는 사람들이 잡아다가 못이나 늪에서 기른다. 암수가 성교하는 모습은 사람과 다름이 없다. 곽박의 책에 인어에 대한 찬贊이 있다.【인어라는 글자는 '魚' 자에 '人' 자를 더해서 '魜인' 자로 썼다.】"라고 했다. 대개 역어가 나무에 오르고 아이 울음소리를 내는 점이 비록 제어나 예어와 비슷하지만, 그 형색이 각각 달라서 인魜과 구별한 것이다.

넷째, 교인鮫人이다. 좌사의 《오도부》에서 "신령스런 기夔[32]를 교인鮫人에게서 찾았다"라고 했다. 《술이기》에서 "교인은 물고기처럼 물에서 살면서 비단 짜기를 그만두지 않았다. 눈에서는 눈물을 흘릴 수 있는데, 눈물을 흘리면 눈물은 구슬이 된다"라고 했다. 또 "교초鮫綃는 일명 용사龍紗로, 그 가격이 100여 금金이나 되며, 이것으로 옷을 만들면 물에 들어가도 젖지 않는다"라고 했다. 《박물지博物志》[33]에서 "교인은 물고기처럼 물에서 살고, 비단 짜기를 그만 두지 않았다. 가끔 물에서 나와 인가에 기거하면서 생사生絲를 팔았다. 떠날 때 주인집에서 그릇을 찾다가 눈물을 흘

---

32 외발을 가졌다고 하는 상상의 동물.
33 중국 서진西晉 때 학자 장화張華(232~300)가 지은 기문·전설집.

리면서 눈물로 구슬을 내었고, 이 구슬을 그릇에 가득 채워서 주인에게 주었다"라고 했다. 이는 아마도 물귀신일 것이다. 비단을 짜서 생사를 팔고 눈물로 구슬을 만들었다는 설은 매우 기이하다. 그러나 여전히 옛사람들이 전설의 내용을 바꾸어 자세히 이야기했다.《오도부》에서 "물속 방에서 남몰래 비단 짜 생사 말았더니, 연객淵客(교인)은 원통하고 슬퍼하여 눈물로 구슬 만들었네"라고 했다. 유효위劉孝威[34]는 시에서 "조개 기운은 멀리서 신기루蜃氣樓[35] 만들고, 교인은 가까이서 남몰래 비단 짜네"라고 했다.《동명기洞冥記》[36]에서 "미륵국味勒國 사람들이 코끼리를 타고 바다 밑으로 들어와 교인의 집에 묵고는 교인에게서 눈물 구슬을 얻었다"라고 했다. 이기李頎[37]는 〈교인가鮫人歌〉에서 "경초輕綃[38] 무늬 알 수 없고, 밤마다 맑은 파도 달빛 잇는구나"라고 했다. 고황의 〈송종형사신라시送從兄使新羅詩〉에서도 "황제 딸은 날면서 돌을 물고,[39] 교인은 눈물로 짠 생사를 팔지"라고 했다. 그러나 용왕의 궁에서 생사를 짜는 일을 본 이가 없으니, 교인이 눈물로 구슬을 만들었다는 설은 매우 허망한 말이다. 이 모두가 실제로 본 적이 없이 단지 전해 내려오는 이야기를 사용한 것일 뿐이다.

다섯째, 여인 물고기다. 서현徐鉉[40]은《계신록稽神錄》에서 "사중옥謝仲玉이라는 자가 여인이 물에서 나타났다 사라졌다 하는 모습을 보았는데, 여

---

34 490(?)~549. 중국 남조南朝 양나라 때 문학가.
35 조개가 기를 뿜어 생기는 공중의 누각樓閣.
36 중국 후한 때 곽헌郭憲이 지은 소설.《한무동명기漢武洞冥記》라고도 한다.
37 690(?)~751. 중국 당나라 때 시인.
38 생사生絲로 만든 가벼운 옷.
39 옛날 염제炎帝의 딸이 동해에서 놀다가 빠져 죽었는데, 정위精衛라는 사람으로 환생해서 늘 서산西山의 나무와 돌을 물어다가 동해를 메우려 했다고 한다.
40 917~992. 중국 오대십국 가운데 남당南唐의 학자.

인의 허리 이하는 모두 물고기였으니, 이는 곧 인어다"라고 했다. 《술이기》에서 "사도査道가 고려에 사신으로 가면서 바다에서 여인 하나를 보았는데, 홍색 치마를 입고 양쪽 옷소매를 걷어 올렸으며 비녀를 꽂은 모양이 어수선했다. 아가미 뒤에 홍색 가슴지느러미가 조금 나 있었다. 사도가 이 여인을 물속에 부축해서 놓아 주도록 명하자, 여인이 두 손을 모아 절하고서 차마 헤어지지 못해 하다가 사라졌으니, 이는 곧 인어다"[41]라고 했다.

대개 제어·예어·역어·교어 이 네 가지에는 여인과 비슷하다는 설이 따로 없었으니, 중옥과 사도가 본 물고기는 또 별도로 이들과는 다른 것이다. 지금 서남해에는 사람과 유사한 두 종의 물고기가 있다. 그중 하나는 상광어로, 형상이 사람과 비슷하면서 젖이 두 개 있으니, 이는 곧 본초서에서 말한 해돈어다.【자세한 내용은 앞의 '해돈어' 조에 보인다.】 또 다른 하나는 옥붕어로, 길이가 8척가량이고, 몸은 사람과 같고, 머리는 어린아이와 같으며, 수염과 머리털이 더부룩하게 늘어져 있다. 하체에는 암수의 구별이 있어서 사람 남녀의 그것과 매우 비슷하다. 뱃사람들은 이 물고기를 아주 꺼려해서 어쩌다 그물에 들어오기라도 하면 불길하다고 여겨 버린다. 이것이 틀림없이 사도가 본 물고기다.

---

41   이 구절은 본래 《본초강목》의 저자 이시진이 《계신록》을 인용한 뒤 자신의 견해를 추가한 내용인데, 이청은 《계신록》의 일부로 파악한 것 같다.

사방어四方魚

사방어四方魚【속명이 없음】 육각복

크기는 0.4~0.5척이다. 몸통이 사각형이다. 길이·너비·높이는 대략 서로 같지만 길이가 너비보다 조금 크다. 입은 손톱 흔적과 같고, 눈은 녹두와 같다. 양 지느러미 및 꼬리는 겨우 파리 날개만 하고, 항문은 녹두가 들어갈 만하다. 온몸이 모두 산사鏾鯊처럼 날카로운 침이다. 몸통은 쇠나 돌처럼 단단하다.

장창대는 "예전에 세찬 바람과 험한 파도가 인 뒤에 표류하다 해안으로 밀려 왔기 때문에 한 번 본 적이 있습니다"라고 했다.

우어牛魚

우어牛魚【속명 화절육花折肉】 새치류

길이는 20~30척이다. 아래 주둥이는 길이가 3~4척이고, 허리는 소처럼 크며, 꼬리는 점점 뾰족하게 줄어든다. 비늘이 없고, 온몸이 모두 살이어서 눈처럼 희다. 맛은 지극히 무르고 부드러우며, 달고 맛있다. 어쩌다 조수를 따라 항구에 들어온다. 주둥이가 갯벌에 박히면 뺄 수가 없어서 죽는다.【원문에는 빠져 있어서 지금 보충한다.】

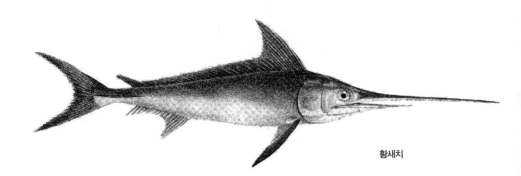

황새치

○ **안** 《명일통지》〈여진편女眞篇〉에서 "우어는 혼동강混同江⁴²에서 난 다. 큰놈은 길이가 15척이고, 무게는 300근이다. 비늘과 뼈가 없으며, 기름과 살이 서로 사이에 들어 있어서 먹으면 맛이 뛰어나다"라고 했 다. 《이물지》에서 "남쪽 지방에 우어가 있는데, 일명 인어引魚며, 무게가 300~400근이다. 형상은 예어와 같지만, 비늘과 뼈가 없다. 등에는 얼룩 무늬가 있고, 배 아래는 청색이다. 고기 맛은 상당히 뛰어나다"라고 했 다. 《정자통》에서 "《통아通雅》⁴³를 보니 '우어는 북쪽 지방의 유어鮪魚 무 리다'고 했고, 왕이王易⁴⁴는 《연북록燕北錄》에서 '우어는 주둥이가 길고, 비 늘은 단단하고, 머리에는 무른 뼈가 있다. 무게는 100근이니, 이는 곧 남 쪽 지방의 심어鱘魚다'"라고 했다. 이에 근거하면 우어는 곧 지금의 화절 육이다. 심어는 곧 유어고, 심어鱏魚라고도 한다. 코의 길이는 몸의 길이와 같고, 색은 백색이며, 비늘이 없다. 이시진도 우어를 심어의 무리라고 했 는데, 바로 이것이다.

회잔어鱠殘魚

회잔어鱠殘魚 【속명 백어白魚】　뱅어

형상은 젓가락과 같다. 칠산 바다에 많이 있다. 【역시 지금 보충한다.】

○ **안** 《박물지》에서 "오왕吳王 합려闔廬⁴⁵가 다니다가 물고기 회(魚鱠) 를 먹은 뒤에 남은 물고기(殘餘)를 물에 버렸더니, 이것이 물고기로 변했기

42　중국 길림성과 흑룡강성을 흐르는 송화강松花江의 이칭.
43　중국 명나라 때 학자 방이지方以智(1611~1671)가 1639년 편찬한 책.
44　중국 송나라 때 서화가. 요나라에 사신으로 갔다 돌아서 《연북록》을 지었다.
45　중국 춘추전국시대 오나라의 제24대 왕(?~기원전 496). 기원전 515년에 오나라 왕 요僚를 죽이고 즉위했 으며, 초나라를 쳐서 중원까지 위세를 떨쳤으나 뒤에 월나라 왕에게 패해서 죽었다.

에 '회잔鱠殘'이라 했다"라고 했다. 이것은 바로 지금의 은어銀魚다.《본초
강목》에서 일명 '왕여어王餘魚'라 했다.《역어유해》에서는 '면조어麫條魚'라
했는데, 그 모양이 면발(麫條)과 비슷하기 때문이다. 이시진은 "더러는 또
오왕을 '월왕'으로 쓰고,《박물지》를《승보지僧寶誌》라 쓴 기록은 더욱 나
가서 견강부회가 되었으니, 변론하기에 부족하다"라고 했다. 또 "큰 놈은
길이가 0.4~0.5척이다. 몸은 젓가락처럼 둥글고 은처럼 깨끗하고 희며, 비
늘이 없어서 이미 회처럼 생긴 물고기다. 다만 눈에 흑점이 두 개 있다"라
고 했다. 지금 말한 백어가 곧 이 물고기다.

침어鱵魚

침어鱵魚【속명 공치어孔峙魚】 학공치

큰 놈은 길이가 2척 정도다. 몸통은 가늘면서 뱀처럼 길다. 아래 주둥
이가 의료 침처럼 가늘어서, 길이가 0.3~0.4척이다. 위 주둥이는 제비 주
둥이 같다. 색은 백색에 청색 기운을 띠고 있으며, 맛은 달면서 개운하다.
8~9월에 포구에 들어왔다가 바로 물러간다.

○ **청안** 《정자통》에서 "침어는 민간에서 침취어針嘴魚라 부른다"라고
했다.《본초강목》에서 "침어는 일명 강공어姜公魚고, 동설어銅吮魚다"라고
했다. 이시진은 "이 물고기는 주둥이에 침이 하나 있다. 민간에서는 강태
공姜太公의 낚시 침이라고 하는데, 역시 견강부회다"라고 했다. 또 "형상이
모두 회잔어와 같지만, 다만 주둥이가 뾰족하고 침처럼 가늘고 검은 뼈가
하나 있다는 점이 다르다. 〈동산경東山經〉에서 '지수泜水는 북쪽 호湖 지역
으로 흘러가는데, 그곳에는 침어箴魚가 많다. 형상은 조어儵魚와 같고, 주둥
이는 침과 같다'고 했는데, 바로 이 물고기다"라고 했다. 이 모두가 지금의

공치어를 가리킨 것이다.【몸통에 비늘처럼 흰 부분
이 있지만, 이는 진짜 비늘이 아니다.】

군대어裙帶魚【속명 갈치어葛峙魚】 갈치

형상은 긴 칼과 같다. 큰 놈은 길이가 8~9척
이다. 이빨이 단단하면서 촘촘하다. 맛은 달다.
물리면 독이 있다. 곧 침어의 무리지만 몸이 조
금 납작할 뿐이다.

관자어鸛觜魚【속명 한새치閑璽峙】 동갈치

큰 놈은 10척 정도다. 머리가 황새 부리와 같
고, 이빨은 바늘과 같으면서 즐비하게 늘어서 있
다. 색은 청백이고, 살도 청색이다. 몸통은 뱀과
같으며, 역시 침어의 무리다.

천족섬千足蟾
천족섬千足蟾【속명 삼천족三千足 또는 사면발四面發】
삼천발이

몸통은 완전히 둥글다. 큰 놈은 지름이 1.5척
정도다. 온 몸통 주위에 무수한 다리(股)가 있는
데, 그 형상은 닭 다리(脛) 같다. 다리에 또 다리
(脚)가 나왔고 그 다리에 또 작은 다리(枝)가 나왔
으며, 작은 다리에 또 더 작은 가지(條)가 나왔고,

동갈치

삼천발이

더 작은 가지에 또 잎이 나와서 1000개, 1000개의 단서와 우듬지가 꿈틀거려서 사람이 보면 징그러워 떨게 된다. 입은 배에 있으니 역시 장어章魚(문어)의 무리다. 말렸다가 약에 넣으면 양기를 돕는 효과가 있다고 한다.

　○ **청안**　곽박의 《강부》에서 "토육土肉과 석화石華"라 했고, 이에 대한 이선李善의 주석에서 《임해수토이물지臨海水土異物志》를 인용해 "토육은 순흑색으로, 어린아이의 팔꿈치 크기만 하며 길이가 0.5척이다. 몸 가운데에 배가 있고 입은 없으며, 배에 다리가 30개 있다. 구이로 먹는다"라고 했다. 이것이 지금 부르는 천족섬과 비슷하다.[46]

해타海鮀

해타海鮀【속명 해팔어】 해파리

큰 놈은 길이가 5~6척이고 너비도 이와 같다. 머리와 꼬리가 없으며 얼굴과 눈도 없다. 몸통은 연유처럼 덩어리져서 부드럽고, 형상은 중이 삿갓을 쓴 모양과 같다. 허리에는 여자의 치마 모양을 붙이고 다리를 늘어뜨리고 물에서 논다. 삿갓의 챙 안에는 짧은 털이 무수히 많다.【털은 녹두가루로 빚어 만든, 매우 가는 칼국수처럼 생겼다. 그러나 실제로 진짜 털은 아니다.】그 아래는 목과 같이 생겼으며 어깨와 팔처럼 우뚝 솟아 풍부하다. 팔 아래에는 다리 네 개로 나뉘어 있으나 다닐 때는 다리가 붙어서 합쳐진다. 다리는 몸의 반을 차지하며, 다리의 위아래와 안팎에는 헤아릴 수 없을 만큼 많은 긴 털이 총생하고 있다. 털 중에 긴 놈은 몇 장 정도고 색은 흑색이며, 짧은 놈은 0.7~0.8척이고, 다음으로 긴 것과 다음으로 짧은 것은 길거나 짧아지는 정도가 일정하지 않다. 또 털 중에 큰 놈은 끈처럼 생겼고, 가는 놈은 머리털처럼 생겼다. 다닐 때는 다리가 우산처럼 성대하면서 부드럽게 펄럭이며, 밖에서 노닐 때는 삿갓 같은 그 바탕을 펼친다. 색은 해동海凍【우모초牛毛草(우뭇가사리)를 삶아 우무묵을 낸 뒤 밝게 덩어리진 것을 '해동'이라 한다.】과 거의 비슷하다.

강항어(참돔)가 해파리를 만나면 두부 먹듯이 먹어 버린다. 조수를 따라 항구에 들어왔다가 조수가 물러가면 모래에 박혀 있다가 움직일 수 없어서 죽는다. 육지에 사는 사람들은 모두 삶아서 먹거나 회로 먹는다.【삶으면 연유처럼 부드럽던 것이 단단하고 질겨지며, 거칠고 큰 것이 줄어서 작아진다.】장

---

46   토육은 해삼을 가리킨다. 천족섬으로 고증한 것은 오류다.

창대는 "예전에 해파리의 배를 갈라 보았더니 호박의 썩은 속과 같이 생겼다"라고 했다.

○ **청안** 타鮀는 '타鮀'라고도 쓴다.《이아익》에서 "'타鮀'는 동해에서 나고, 순백색이며, 모양이 거품이 인 것처럼 자욱하고 또 엉긴 피 같기도 하다. 가로와 세로로 길이가 몇 척이다. 지각 능력은 있으나 머리와 눈이 있을 곳이 없기 때문에 사람을 피할 줄 모른다. 새우 떼가 해파리에 붙어서 해파리가 가는 대로 따라 다닌다"라고 했다.《옥편》에서 "모양은 엎어 놓은 삿갓과 같고 넘실넘실 항상 떠다니면서 물의 흐름을 따른다"라고 했다. 곽박의 《강부》에서 "수모水母는 새우를 눈으로 삼는다"라고 한 곳의 주석에서 "수모는 민간에서 해설海舌이라 부른다"라고 했다.《박물지》에서 "동해에 동물이 있는데 형상이 엉긴 피와 같고 이름은 자어鮓魚라 한다"라고 했다.

《본초강목》에서 해타海鮀는 일명 수모水母라 하고 저포어樗蒲魚라고도 했다. 이시진은 "남쪽 지방 사람들이 해절海折이라고 와전되어 쓰거나 사자蜡鮓라고 쓰는 것은 모두 잘못이다. 복건 사람들은 타鮀라 하고 광동 사람들은 수모水母라 하며,《이원異苑》[47]에서는 석경石鏡이라 부른다"라고 했다.《강희자전》에서 "타鮀는 수모水母다. 일명 분蕡이라 하고, 형태는 양의 밥통과 같다"라고 했다. 이상은 모두 지금의 해파리를 이른다. 이시진이 "수모는 형태가 혼연히 응어리져 있고, 색은 홍자紅紫다. 배 아래에[48] 매달

---

47 중국 육조시대 송나라 때 유경숙劉敬叔이 편찬한 책으로, 신기하고 괴이한 일을 기술했다.
48 원문의 '腹下'를 옮긴 것이다.《본초강목》에는 이 부분이 "입과 눈과 배가 없으며(無口眼腹)"라고 되어 있는데, 이 부분을 이청이 편집하는 과정에서 '腹'을 쓰지 않았어야 했는데, 잘못 쓴 것으로 보인다.

린 풀솜[49] 같은 것이 있고 여기에 새우 떼가 붙어 있어서 해파리가 분비하는 끈끈한 거품을 빨아들인다. 사람들이 잡아서 그 피를 제거하면 먹을 만하다"【《본초강목》에 나온다.】라고 했다.

대개 이 놈 속에는 피가 있다. 바닷사람들이 "해파리의 뱃속에는 피를 저장하는 주머니가 있어 때로 큰 물고기를 만나면 피를 뿜어 교란시키는데, 이는 오징어가 먹물을 뿜는 것과 같다"라고 했다.

경어鯨魚

경어鯨魚【속명 고래어】 고래

고래는 철흑鐵黑색에 비늘이 없다. 길이는 100척 남짓이며 간혹 200~300척도 있다. 흑산 바다에도 있다.【원문에는 빠져 있어서 지금 보충한다.】

○ **안** 《옥편》에 "고래는 물고기의 왕이다"라고 했다.《고금주古今註》[50]에서 "고래는 큰 놈은 길이가 1000리고 작은 놈은 수십 장이다. 그중에 암컷을 예鯢라 하고 큰 놈도 길이가 1000리며 눈은 명월주明月珠[51]와 같다"라고 했다. 지금 우리나라 서남해에도 있으나 길이 1000리나 되는 고래가 있다는 말은 들어본 적이 없다.《고금주》의 최표崔豹 설은 과장이다.

지금 일본인들은 경회鯨鱠(고래회)를 가장 귀중하게 여겨서 화살에 약을 바른 뒤에 쏘아서 잡는다. 지금 간혹 고래가 죽어서 표류해 오는데 아직 화살이 꽂힌 경우가 있다. 이는 화살을 맞고 달아났기 때문이다. 또 간혹 고래 두 마리가 싸우다가 한 마리가 죽어서 해안에 표류해 온 경우도 있

---

49 실을 켤 수 없는 허드레 고치를 삶아서 늘여 만든 솜. 빛깔이 하얗고 광택이 나며 가볍고 따뜻하다.
50 중국 진晉나라 때 최표崔豹가 지은, 고대 중국의 제도와 명물에 관한 해설서.
51 대합에서 나오는 진주 비슷한 구슬로, 밤에도 환히 비친다.

다. 고기를 삶으면 기름이 나오는데, 열 항아리 남짓을 얻을 수 있다. 고래 눈으로는 잔을 만들 수 있고, 수염으로는 자를 만들 수 있고, 척추뼈로는 한 마디만 끊어도 절구를 만들 수 있는데도 고금의 본초서에서 이런 내용은 모두 수록하지 않았으니 이상할 만하다.

해하海鰕

대하大鰕

대하는 길이가 1척 남짓이며, 색은 백색이면서 홍색이다. 등은 굽었고 몸에는 껍데기가 있으며, 꼬리는 넓적하고 머리는 석해(닭새우)와 비슷해서 눈이 튀어나왔다. 긴 수염이 둘 있는데 길이는 그 몸의 세 배고 적색이다. 머리 위에는 뿔이 둘 있는데 가늘고 단단하면서 뾰족하다. 다리는 여섯 개가 있고 가슴 앞에 두 개가 더 있는데, 선위蟬緌[52]와 같다. 배 아래에는 쌍판이 위로 붙어 있고 가슴의 다리와 배의 쌍판 사이에 알을 품으며 헤엄도 치고 걸을 수도 있다. 맛은 가장 감미롭다.

중간 크기의 새우는 길이가 0.3~0.4척이고, 흰 새우는 크기가 0.2척 정도고, 자줏빛 새우는 크기가 0.5~0.6척이며, 자잘한 놈은 개미만 하다.

○ **청안** 《이아》〈석어〉에서는 "호鰝는 대하다"라고 했다. 진장기가 "바다 속의 홍색 새우는 길이가 1척으로, 그 수염으로 비녀를 만들 수 있다"라고 했는데, 바로 이것이다.

---

52 관冠에다 대모(바다거북껍데기)로 매미 형상을 만들어 꽂은 선관蟬冠의 갓끈이 아래로 드리워진 부분.

해삼海蔘

해삼海蔘

해삼은 큰 놈이 2척 정도고, 몸통의 크기는 노각과 같다. 온 몸에 자잘한 젖이 있는데, 이것도 노각과 같다. 양쪽 끝으로 가면서 크기가 조금 줄어들며, 한쪽 끝에는 입이 있고 다른 한쪽 끝은 항문과 통한다. 배 가운데에는 밤송이 같은 것이 있고 내장은 닭의 내장과 같으나 껍질은 매우 연해서 집어 올리면 끊긴다. 배 아래에는 수많은 발이 있어 걸을 수는 있지만 헤엄을 칠 수는 없어서 움직임이 매우 둔하다. 색은 진한 흑색이고, 살은 청흑색이다.

○ **청안**   우리나라 바다에는 모두 해삼이 난다. 해삼을 채취해서 말린 뒤 사방에 내다 판다. 전복·홍합과 더불어 3대 상품(三貨)에 든다. 그러나 고금의 본초서들을 조사해 봐도 모두 수록되어 있지 않다. 근세에 섭계葉桂[53]의 《임증지남》[54]에 이르러서야 약 처방에 많이 쓰였다. 해삼은 대개 우리나라에서 사용하면서 다른 곳에서도 사용되기 시작한 것이다.

굴명충屈明蟲

굴명충屈明蟲【속명을 그대로 따른다.】 군소

군소는 큰 놈이 길이가 1.5척 정도고 지름도 이와 같다. 형상은 알을 품은 닭과 같으나 꼬리가 없다. 머리와 목이 약간 높으며 고양이 귀와 같은 귀가 있다. 배 아래는 해삼의 발과 같으며 역시 헤엄을 칠 수 없다. 색은 짙

---

53   1667~1746. 중국 청나라 때 의사.
54   《임증지남의안臨證指南醫案》의 줄임말. 섭계가 짓고 섭계의 제자인 화수 등이 집록·정리해 1766년에 펴낸 의학서.

은 흑색이며 적색 무늬가 있다. 온몸에 피가 있으며 맛은 싱겁다. 영남 사람들이 먹는데 여러 번 아주 깨끗이 씻어 피를 제거하지 않으면 먹을 수 없다.

음충淫蟲

음충淫蟲【속명 오만동】 오만둥이

형상은 남자의 성기와 비슷하다. 입이 없고 구멍도 없으며, 물에서 나와도 죽지 않는다. 볕에 말리면 빈 주머니처럼 우그러지고 쭈그러든다. 손으로 쓰다듬으면 잠시 뒤에 몸이 부풀어 올라 땀구멍에서 땀이 나오듯 즙을 내는데, 실이나 머리카락처럼 가늘면서 좌우로 날리면서 쏜다. 머리는 크고 꼬리는 줄어들어 꼬리로 바위 위에 들러붙는다. 회색이면서 누렇다. 전복을 채취할 때 간혹 얻게 된다. 양기를 보하는 효과가 크므로 음란한 이들이 말려서 약에 넣는다.

○ 또 호두와 비슷한 종이 있은데 어떤 이는 오만둥이 암컷이라고도 한다.

○ **청안** 《본초강목》에는 '낭군자郎君子'가 있는데 그 형태가 여기서 말하는 음충과 대강 비슷하나 명확하지는 않다.

개류介類(껍데기가 있는 어류)

해귀海龜 바다거북

해귀海龜 바다거북

바다거북의 형상은 남생이(水龜)와 비슷하다. 배와 등에는 대모瑇瑁[55]의 문양이 있다. 때로는 수면에 떠오르기도 한다. 타고난 성질이 매우 둔감하고 느긋해서 사람이 가까이 다가가도 놀라지 않는다. 등에는 굴 껍데기가 들러붙었다가 조각조각 벗겨져 떨어진다. 【굴은 딱딱한 물체를 만나면 틀림없이 그 껍데기를 물체에 붙인다.】 그런데 이곳에는 간혹 대모가 있더라도 민간의 풍속에서는 재앙을 일으킬까 두려워 보고서도 잡지 않으니, 애석하도다![56]

---

55 바다거북과에 속하는 거북의 일종이다. 등딱지가 값진 장식품이나 약재로 사용되기 때문에 등딱지를 대모 또는 대모갑瑇瑁甲이라 부르기도 한다.
56 우리나라에서는 바다거북을 장수의 상징이자 용궁의 사신으로 여겨 신성시했다.

대모 《삼재도회》

해蟹 게

○ **청안** 《주례》〈고공기〉 주석에 "옆으로 기어 다니는 것은 게의 무리다"라고 했고, 이에 대한 소疏에서는 "요즘 사람들은 '방해旁蟹'라 부르는데, 게가 옆으로 기어 다니기 때문이다"라고 했다. 부굉傅肱[57]의 《해보蟹譜》에는 '방해螃蟹'라 하고, 또 '횡행개사橫行介士'라 하니, 이는 겉으로 드러난 모습 때문이다. 《양자방언揚子方言》[58]에는 "곽삭郭索"[59]이라 하니, 이는

57　?~?. 중국 송나라 때 사람. 그가 지은 《해보》에는 게와 관련된 다양한 내용과 고사가 실려 있다.
58　중국 한나라 때 학자 양웅揚雄(기원전 53~기원후 18)이 여러 지역의 방언을 모아 엮은 책.
59　게가 옆으로 기어 다니는 모습과 그 소리를 뜻한다.

그 행동과 소리 때문이다. 《포박자抱朴子》[60]에는 '무복공자無腹公子'라 하니, 이는 게의 뱃속이 비었기 때문이다.

《광아》에는 "수컷을 '낭예蜋蠏'라 하고 암컷을 '박대博帶'라 한다"라고 했다. 대개 암수를 구별할 때는 배꼽이 뾰족하게 생긴 놈이 수컷이고, 둥글게 생긴 놈이 암컷이다. 또 집게발이 큰 놈이 수컷이고, 작은 놈이 암컷이니, 이것이 게를 구별하는 방법이다. 《이아익》에는 "게는 다리가 여덟 개고, 집게발이 두 개다. 다리 여덟 개를 굽히면서 얼굴을 숙이기 때문에 무릎을 꿇는다는 뜻인 '궤跪'라 하고, 집게발 두 개로 거드름 부리며 얼굴을 치켜들기 때문에 오만하다는 뜻이 들어간 '오螯'라 한다"라고 했다. 지금 민간에서 게를 '궤跪'라 부르는 명칭은 대개 여기에 뿌리를 둔다. 《순자》〈권학〉편에서 "게는 다리 여섯 개에 집게발이 두 개다"라 했는데, 이는 잘못이다. 게의 다리는 여덟 개다.

무해舞蟹【속명 벌덕궤伐德跪】 민꽃게

큰 놈은 타원형이고, 길이와 지름이 0.7~0.8척이다. 색은 적흑이다. 등딱지 가까이에 집게발이 양쪽으로 뿔처럼 나와 있는데, 왼쪽 집게발은 매우 힘이 세며 크기는 엄지손가락만 하다【일반적으로 집게발은 모두 왼쪽이 크고 오른쪽이 작다】.[61] 마치 춤을 추듯이 집게발을 펼치고 일어서기를 즐겨한다. 맛은 달고 좋다. 항상 돌 틈에 있기 때문에 조수가 물러가면 잡는다.

○ **청안** 소송은 "게 껍데기가 넓적하면서 누런색을 많이 띤 게를 '직蟙'

---

60 중국 동진東晉 때 학자 갈홍葛洪(283~343)이 지은, 신선방약과 불로장수의 비법을 서술한 도교서적.
61 무해(민꽃게)는 설명과 달리 실제로는 크기가 같다.

이라 하는데, 남해에서 산다. 집게발은 가장 날카로워 낫으로 풀을 베듯이 물체를 잘라 낸다"라고 했다. 이 게가 바로 무해다.

시해矢蟹【속명 살궤殺跪】 꽃게

큰 놈은 지름이 2척 정도다. 뒷다리의 끝부분이 부채처럼 넓적하다. 양쪽 눈가에 0.1척 남짓한 송곳 모양이 있어서 이 이름을 얻은 것이다. 색은 적흑이다. 일반적으로 게는 모두 잘 달리지만 헤엄을 치지 못하는데, 유독 이 게만은 헤엄을 칠 수 있다.【부채 모양의 다리 때문이다.】 시해가 헤엄을 치면 큰 바람이 불어올 징후다. 맛은 달고 좋다. 흑산에서는 희귀하지만 언제나 바닷속에 있으며, 때로는 낚싯줄에 걸려 올라오기도 한다. 칠산 바다에서는 그물로 잡는다.

○ **청안** 이것은 곧 유모蝤蛑[62]의 무리다. 소송은 "납작하면서 가장 크고, 뒷발이 넓적한 게를 '유모'라 한다. 남쪽 사람들은 이를 '발도자撥棹子'라 하니, 뒷다리가 마치 노(棹)와 같기 때문이다. 일명 '심蟳'이라고도 한다. 조수를 따라 껍데기를 벗는데, 껍데기를 벗을 때마다 커진다. 큰 놈은 됫박만 하고, 작은 놈은 술잔이나 접시만 하다. 두 집게발은 사람 손과 같은 모양으로, 이것이 다른 게들과 다른 점이다. 힘이 매우 강해 8월에는 호랑이와도 겨룰 만한데, 호랑이가 당하지 못한다"라고 했다. 《박물지》에서 "유모는 힘이 매우 세서 호랑이와도 겨룰 만하니, 집게발로 사람을 잘라 죽일 수도 있다"라고 했다. 지금 부르는 시해라는 놈이 그와 같은 모양의 게 중에서 가장 크니, 이것이 유모다.

---

62 꽃겟과에 속하는 게를 총칭하는 말.

농해籠蟹【속명을 그대로 따른다.】 농게

큰 놈은 지름이 0.3척 정도다. 색깔은 검푸르면서 선명하고 윤이 나며, 다리는 적색이다. 몸통이 둥글어 바구니와 비슷하다. 모래진흙을 파내 굴을 만드는데, 모래가 없으면 돌 틈에 숨는다.

○ **청안** 이시진은 "팽기蟛蜞와 비슷하지만 바다에서 산다. 조수(潮)가 밀려올 때 굴에서 나와 바라보는(望) 모습 때문에 '망조望潮'라고도 한다"라고 했다. 그러나 지금 바다에 서식하는 작은 게는 모두 조수가 밀려올 때 굴에서 나오므로, 따로 바다를 바라보는 게의 일종이 있는 것은 아니다.

팽활蟛蛒【속명 돌장궤옺長跪】 무늬발게

농해보다 작다. 팽활의 색은 검푸르면서 두 집게발은 약간 적색이다. 다리에는 대모瑇瑁와 비슷한 반점이 있다.

○ **청안** 《이아》〈석충〉 편에 "활택蠘蜴[63] 중에 작은 놈이 노蟧다"라고 했고, 이에 대한 소疏에서는 "바로 팽활이다"라고 했다. 소송은 "가장 작고 털이 없는 게를 '팽활'이라 하는데, 오나라 사람들이 와전해서 팽월彭越이 되었다"라고 했다. 지금 민간에서 부르는 '돌장궤'라는 놈이 바로 게의 무리인데, 이들이 모두 팽활이다.

소팽小蟛【속명 참궤參跪】 납작게 또는 풀게

색은 검고, 몸통은 작으면서 약간 납작하며, 집게발 끝이 약간 하얗다. 항상 돌 틈에 있다. 젓갈을 담글 수 있다.

---

63 갑각류 중 조개나 소라 껍데기 등에 몸을 숨기고 사는 동물.

무늬발게

황소팽黃小蟛【속명 노랑궤老郎跪】 납작게 또는 풀게

곧 소팽의 무리다. 다만 등이 누런 특징이 다르다.

백해白蟹【속명 천상궤天上跪】 달랑게

팽활보다 작고 색은 희다. 등에는 검푸른 무늬가 있다. 집게발은 아주
강해서 사람이 물리면 매우 아프다. 민첩하고 잘 달리며, 항상 모래에 살
면서 굴을 만든다.

○ **청안** 이시진은 "팽기蟛蜞와 비슷하면서도 모래 굴속에서 살고, 사람
을 보면 금방 달아나는 게는 사구沙狗다"라고 했다. 지금 말하는 백해가 바
로 사구다.

화랑해花郎蟹【속명을 그대로 따른다.】 칠게

크기는 농해와 같고, 몸통이 누렇고 짧으며, 눈은 가늘면서 길다. 왼쪽

집게발이 유달리 크지만 무뎌서 사람을 물 수 없다.[64] 기어 다닐 때면 집게발을 펼쳐서 형상이 마치 춤을 추는 듯하기 때문에 이와 같이 이름 지었다.【민간에서는 춤추는 남자를 화랑花郎이라 한다.】

주복해蛛腹蟹[65]【속명 몸살궤毛音殺跪】 두드러기어리게

크기는 팽활과 같고 껍데기는 종이처럼 무르다. 두 눈 사이에 송곳 같은 집게발이 달렸는데, 또한 사람을 다치게 할 수 있다. 몸통 전체는 부어오른 듯하고, 배는 거미처럼 부풀어 있어서 멀리까지 달릴 수 없으며, 바위 틈에서 서식한다.

천해川蟹[66]【속명 진궤眞跪】 참게

큰 놈은 사방이 0.3~0.4척이며, 색은 검푸르다. 수컷은 다리에 털이 있다.[67] 맛이 가장 좋다. 이 섬의 시냇가에도 간혹 서식한다. 나의 본가인 열수洌水[68] 가에서도 이 게가 보인다. 봄에 강물을 거슬러 올라가 밭두렁 사이에서 새끼를 낳고, 가을에 강물을 따라 내려온다. 어부들은 얕은 개울에 돌을 쌓아서 담장을 만든 뒤 새끼줄을 걸치고 나서 여기에 벼 이삭을 달아 놓았다가[69] 밤마다 횃불을 들고 손으로 잡는다.

---

64 칠게 수컷의 특징이다.
65 거미의 배와 같은 게라는 뜻이다.
66 《자산어보》에서 표제어로 소개한 생물 중 유일한 민물 생물이다.
67 실제로는 암수 모두 집게발에 털이 있다.
68 지금 팔당호가 있는, 북한강과 남한강이 만나는 한강 유역.
69 참게가 이삭을 먹기 위해 올라오도록 하는 미끼를 설치하기 위해서다.

도둑게

사해蛇蟹【속명을 그대로 따른다.】 도둑게

크기는 농해와 같고, 색은 푸르다. 두 집게발은 짙은 적색이고, 땅 위를 잘 기어 다닌다. 항상 바다 근처 인가에서 노닐며 뱀처럼 기와와 자갈 틈에 굴을 잘 파기 때문에 이러한 이름을 얻었다. 사람이 먹지는 않고, 간혹 낚시 미끼로 삼는다.

○ **청안** 바닷가에서 나는 게 가운데 오직 사해만 먹을 수 없고, 나머지 게는 모두 먹을 수 있다. 반면 밭두렁의 진흙이나 시내에서 나는 게 가운데 오직 천해(참게)만 먹을 수 있고, 나머지 게는 먹을 수 없다. 채 모는 팽기蟛蜞를 먹고 거의 죽을 뻔했는데, 탄식하며 《이아》를 제대로 읽지 못했다"라고 했다. 팽기는 곧 밭두렁의 진흙에 서식하는 작은 게다.

두해蚪蟹【속명을 그대로 따른다.】 엽낭게

크기는 메주콩과 같고, 색은 팥과 같다. 맛이 좋다. 섬사람들은 간혹 날로 먹는다.

화해花蟹【속명을 그대로 따른다.】 농게[70]

크기는 농해와 같고, 등이 바구니처럼 높다. 왼쪽 집게발은 유달리 크면서 적색이고, 오른쪽 집게발은 아주 작으면서 검다. 몸통 전체에 화려한 무늬가 있어 흡사 대모와 같다. 맛은 싱겁다. 갯벌에 서식한다.

○ **청안** 소송은 "집게발 한쪽이 크고, 다른 한쪽이 작은 게는 '옹검擁劍'이라 하며, 일명 '걸보桀步'다. 항상 큰 집게발로는 싸우고, 작은 집게발로는 먹이를 먹는다. 또 '집화執火'[71]라고도 하는데, 이는 집게발이 적색이기 때문이다"라고 했다. 이 게는 지금의 화해다.

율해栗蟹【속명을 그대로 따른다.】 뿔물맞이게

크기는 복숭아씨만 하다. 형상은 복숭아씨를 반으로 자른 듯하며, 뾰족한 곳이 뒤쪽이고 넓적한 곳이 머리다. 색은 검다. 등은 두꺼비와 같고 다리는 모두 가늘면서 길이는 1척 정도다. 두 집게발의 길이는 2척 정도고, 입은 거미와 같다. 뒤로 가거나 옆으로 가지 못하고, 앞으로만 다닌다. 항상 깊은 물에 있다. 맛이 밤처럼 달기 때문에 이러한 이름을 얻었다.

고해鼓蟹【속명 동동궤鼕鼕跪】 칠게 또는 길게

크기는 화해와 같지만 몸통은 더 짧다. 색은 약간 희다.【원문에는 빠져 있어서 지금 보충한다.】

---

70 앞에서 나온 농해와 이 화해가 모두 농게의 특성을 반영하고 있다. 한 종을 두 가지로 나누어 설명했다고 보기도 한다(이, 5-23).

71 '불을 잡고 있다'는 뜻이다.

닭새우

석해石蟹【속명 가재可才】 닭새우

큰 놈은 길이가 2~3척이다. 집게발 두 개와 다리 여덟 개는 모두 게와 같지만, 다리 끝이 모두 갈래지어 집게처럼 생겼다.

뿔의 길이는 몸의 배가 되며 뿔에는 대팻날 같은 가시들이 달려 있다. 허리 위로는 껍데기로 덮여 있고, 허리 아래로는 껍데기가 새우처럼 비늘 모양으로 덮여 있다. 꼬리도 새우와 비슷하다. 색은 검고 광택이 있으며, 뿔은 붉다. 뒤로 갈 때는 꼬리를 구부려 아래에서 감아올린다. 앞으로도 잘 갈 수 있다. 알 뭉치는 배 밑에 붙어 있다. 대개 육지에서 나는 가재와 크게 차이가 없다. 삶아서 먹으면 맛이 매우 좋다.

백석해白石蟹 갯가재

백석해는 석해와 비슷하지만 크기가 0.5~0.6척에 불과하다. 허리 아래가 조금 길고 색은 희다.

복鰒 전복

복어鰒魚 전복

큰 놈은 길이가 0.7~0.8척이다. 등에는 껍데기가 있는데, 등이 마치 두 꺼비 등과 같다. 등 안쪽은 미끄럽고 광택이 있지만 평평하지는 않으며, 다섯 광채가 현란하게 빛난다. 왼쪽에는 구멍이 있는데, 대여섯 개나 여덟아홉 개의 구멍이 머리에서부터 줄을 이룬다. 구멍이 없는 곳에도 구멍 난 줄을 따라 일정한 간격으로 밖으로 돌출되거나 안으로 함몰된 부분이 꼬리 부분의 봉긋한 봉우리까지 이어진다.【구멍이 끝나는 곳의 돌기가 나선 모양 골의 시작이다.】꼬리 부분의 봉우리부터 나선 모양 골이 한 바퀴 돈다.【이곳의 껍데기 안에도 나선으로 돈다.】

껍데기 속에는 살이 있는데, 살의 바깥 면은 타원형이면서 평평해서 돌에 붙어 움직이는 용도다. 살의 안쪽 한가운데에는 봉우리 하나가 돋아 있고, 살의 앞쪽 왼편에 입이 있어서【입에는 자잘한 가시가 달려 있고 꺼끌꺼끌하다.】내장까지 이어진다. 구멍을 따라 내려가다 보면 주머니가 하나 있는데, 주머니 왼쪽은 껍데기에 붙어 있고, 오른쪽은 살에 붙어 있으면서 꼬리 부분 봉우리의 바깥쪽에까지 이른다. 전복의 살은 맛이 달고 깊다. 날로 먹어도 좋고 익혀 먹어도 좋지만 가장 좋은 방법은 포로 먹는 것이다. 내장은 익혀 먹어도 좋고 젓갈을 담가 먹어도 좋으며, 창근瘡根[72]을 해소시킬 수 있다. 봄이나 여름에는 독이 많아서, 여기에 중독되면 종기가 부풀어 오르고 살갗이 터진다. 가을이나 겨울에는 독이 없다. 전복을 기르는 방법은 아직 듣지 못했다.

---

[72] 헌데에 퍼런 멍울이 생기는 병증.

○ 들쥐가 전복을 잡아먹으려고 엿보면서 가만히 엎드려 있다가, 전복이 쥐의 꼬리를 타고 등 위로 올라가면 쥐가 전복을 업은 채로 달린다.【쥐가 움직이면 전복이 더욱 달라붙기 때문에 쥐가 달려도 떨어지지 않는다.】 만약 전복이 먼저 눈치를 채고 들쥐 꼬리에 달라붙었을 때【쥐가 놀라서 움직이기 때문에 더욱 단단히 눌러 붙는다.】 조수가 밀려오면 쥐는 죽게 된다. 이는 사람을 해치는 도적들에게 경계가 될 만하다.

○ 진주를 품었을 때 전복의 등껍데기는 벗겨질 듯이 더욱 험한데, 이는 진주가 뱃속에 있기 때문이다.

○ **청안** 《본초강목》에서 "'석결명石決明'은 일명 '구공라九孔螺', '천리광千里光'이다"라고 했다. 소공蘇恭[73]은 "이는 '복어갑鰒魚甲'이다. 돌에 붙어살며, 형상은 조개와 같지만, 껍데기가 오직 한쪽에만 있고 그 짝은 없다"라고 했다. 소송은 "구멍이 일곱 개나 아홉 개 뚫린 것이 좋고, 구멍이 열 개 뚫린 것은 좋지 않다"라고 했다. 이는 모두 전복을 가리킨다.

그러나 중국산 전복은 매우 드물고 귀하다. 그러므로 왕망王莽[74]이 안석에 기대어 전복을 먹고 있자 복륭伏隆[75]이 대궐에 나아가 전복을 바친 것이다【후한서》】. 또 "전복 잡이는 왜인들의 색다른 풍속이다"【《위지魏志》〈왜인전倭人傳〉】, "전복회는 동해 지역의 맛이 뛰어난 음식이다"【육운陸雲[76]의 〈답차무안서答車茂安書〉】, "조조가 전복을 좋아했는데, 한 주州에서 바친 전복이

---

73 599~674. 중국 당나라 때 본초학자. 소경蘇敬이라고도 한다. 이세적李世勣·공지약孔志約 등 20여 명과 함께 《신수본초(新修本草)》를 찬술했다.

74 기원전 45~기원후 23. 중국 전한前漢 때 정치가이자 신신新 왕조(8~24)의 창건자.

75 ?~27. 중국 후한 때 정치가로, 초대 황제인 광무제光武帝의 총애를 받아 광록대부光祿大夫에 봉해졌다.

76 262~303. 중국 서진 때 학자이자 정치가. 〈답차무안서答車茂安書〉는 그가 무현鄮縣 등을 여행하며 쓴 유람기다.

겨우 100마리뿐이었다"【조식曹植[77]의 〈제선왕표祭先王表〉】, "저연褚淵[78]이 전복 30마리를 진상받자, '이를 팔면 10만 전을 얻을 수 있다'"[79]【《남사南史》[80] 〈저언회전褚彦回傳〉】라고 했으니, 이러한 점에서 보면 중국은 대개 우리나라의 생산량보다 못 하다.

흑립복黑笠鰒【속명 비말比末】　진주배말 또는 큰배말

모양이 삿갓과 유사하고, 큰 놈은 지름이 0.2척이다. 삿갓이 껍데기다. 색은 검고 매끄러우며 속은 광택이 있으면서 평평하다. 살은 전복과 비슷하지만 둥글고, 역시 전복처럼 납작해서 돌에 붙는다.

백립복白笠鰒　흰삿갓조개

오직 껍데기 색이 희다는 점만 흑립복과 다르다.

오립복烏笠鰒　두드럭배말

큰 놈은 지름이 0.1척이다. 삿갓이 뾰족하고 더 높으며 가파르다. 껍데기 색은 검다.

77　192~232. 조조의 다섯째 아들. 〈제선왕표祭先王表〉는 그가 큰 형인 조비曹丕에게 아버지 조조의 제사를 청하고 필요한 물품을 내려주길 요청하는 글이다.

78　435~482. 중국 남북조시대 유송劉宋 왕조 송명제宋明帝의 신임을 받은 재상.

79　저연이 강남江南에서 경제적으로 궁핍한 생활을 이어 가며 후학을 가르치던 때에 어떤 사람이 전복 30마리를 진상했다. 그러자 옆에 있던 문생門生이 '이를 팔면 10만 전을 얻을 수 있습니다'라며 저연에게 전복을 팔자고 말한 일화의 일부다.

80　중국 당나라 때 역사가 이연수李延壽(?~?)가 남조南朝의 송宋·제齊·양梁·진陳, 네 나라의 역사를 기록한 역사책.

편립복扁笠鰒 배무래기 또는 애기삿갓조개

삿갓의 뾰족한 부분이 낮고 완만하며 뾰족하지 않다. 껍데기 색은 약간 희고, 살은 더 부드럽다.

대립복大笠鰒 장수삿갓조개

큰 놈은 지름이 0.2척 남짓이다. 껍데기는 편립복과 비슷하지만 살이 껍데기에서 0.2~0.3척 아래로 나와 있다. 맛이 써서 먹을 수 없고, 매우 희귀하다.[81] 일반적으로 껍데기가 한쪽만 덮인 것이 전복류다. 전복·조개·굴 따위는 모두 진주를 잘 만들어 낼 수 있다.

○ **청안** 진주를 만들어 내는 것으로 전복과 조개가 가장 성하다. 이순李珣은 "진주는 남해에서 나는데, 전복이 만든 것이다. 중국 촉중蜀中의 서로西路[82]에서 난 진주는 조개가 만든 것이다"라고 했다. 육전陸佃[83]은 "용의 구슬은 턱에 있고, 뱀의 구슬은 입에 있고, 물고기의 구슬은 눈에 있고, 상어의 구슬은 가죽에 있고, 자라의 구슬은 발에 있고, 거미의 구슬은 배에 있는데, 이는 모두 조개의 진주보다 못하다"라고 했으니, 구슬을 만들어 내는 것들도 많다.

합蛤 조개

○ **청안** 조개의 무리는 매우 번성하다. 그중 모양이 긴 놈을 보통 '방

---

81 지금은 더 희귀해져서 '보호 야생 동식물'로 지정되어 있다.
82 '촉중'은 지금의 중국 사천성泗川省 중부 지역 일대다. '서로'는 이 일대에서 서쪽으로 향하는 길목에 위치한 지역으로 보인다.
83 1042~1102. 중국 송나라 때 학자이자 정치가. 저서로 《비아埤雅》, 《예상禮象》, 《춘추후전春秋後傳》 등이 있다.

蚌'이나 '함장含漿'이라고 한다. 모양이 둥근 놈은 보통 '합蛤'이라 하고, 모양이 좁으면서 길고, 양 끝이 뾰족하고 작은 놈을 '비蠯'나 '마도馬刀'라고 한다. 색이 검고 가장 작은 놈을 '현蜆'이나 '편라扁螺'라고 한다. 이들은 모두 강·호수·시내·여울에서 난다.

바다에서 나는 놈은 본초서를 살펴보면 "문합文蛤은 한쪽 끝은 작고 다른 한쪽 끝은 크며 껍데기에 꽃무늬가 있다"라고 했고, "합리蛤蜊는 껍데기가 희고 입술이 자줏빛이며 크기는 0.2~0.3척이다"라고 했고, "함진(蚶蜃)은 모양이 납작하고 털이 나 있다"라고 했고, "차오車螯는 모양이 가장 크고 입김을 잘 토해 내 누대를 만든다"라고 했는데, 이것이 곧 바닷속 큰 조개다.[84] 또 "담라擔羅는 신라에서 사는 조개다"라고 했다. 그러나 지금은 흑산 바다에 보이는 조개만을 근거로 해서 속명을 따라 기록했을 뿐이다.

누문합縷文蛤【속명 대롱조개帶籠雕開】 가무락조개

큰 놈은 지름이 0.3~0.4척이다. 껍데기는 두껍고 가로무늬가 있는데, 비단의 올처럼 자잘하며 전체에 빽빽하게 펼쳐져 있다. 맛은 달지만 약간 비리다.

과피합瓜皮蛤【속명 누비조개縷飛雕開】 피조개

큰 놈은 지름이 4척[85] 남짓이다. 껍데기는 두껍고 세로로 고랑이 패여 있는데, 그 골과 언덕에는 노각의 젖처럼 생긴 자잘한 젖들이 돋아 있다. 누문합에 비해 조금 자잘하다. 이 조개가 변하면 청익작青羽雀[86]이 된다고 한다.

---

84 큰 조개(蜃)가 뱉어 낸 기운(氣)으로 만들어진 누대(樓)가 신기루蜃氣樓다.
85 조개의 크기로 볼 때 촌을 잘못 쓴 것으로 보인다(이, 5-174~175).
86 날개 파란 참새.

포문합布紋蛤【속명 반질악盤質岳】 바지락

큰 놈은 지름이 0.2척 정도다. 껍데기가 매우 얇고 가로세로로 가는 베
(細布)와 같은 자잘한 무늬가 있다. 조개의 양쪽 볼이 다른 조개에 비해 높게
튀어나와 있기 때문에 살도 알차서 크다. 색은 희거나 검푸르고, 맛이 좋다.

공작합孔雀蛤【속명을 그대로 따른다.】[87] 개조개

큰 놈은 지름이 0.4~0.5척이며 껍데기가 두껍다. 앞쪽에 가로무늬가 있
고 뒤쪽에 세로무늬가 있는데, 상당히 거칠다. 몸통은 기울어짐이 없으며
색은 황백이다. 속은 매끄럽고 광택이 있으며, 홍적색의 광채가 돈다.

세합細蛤[88]【속명 나박합羅朴蛤, 북쪽 사람들은 모시합이라 한다.】

큰 놈은 지름이 0.3~0.4척이다. 껍데기는 얇고, 자잘한 가로무늬가 빽빽
하게 펼쳐져 있다. 색은 검푸르지만, 색이 변하면 희게 된다.

비합枇蛤【속명 대합大蛤】 백합

큰 놈은 지름이 2척 남짓이다. 앞이 넓고 뒤는 좁아지며, 껍데기는 나무
주걱(木杙)과 비슷하다. 색은 황백이다. 가로무늬가 거칠다. 껍데기를 주걱
으로도 사용한다.

---

87 지금의 개조개를 가리킨 듯하지만 앞뒤가 가로와 세로무늬라는 점에서는 이와 다르다.
88 떡조개일 가능성이 크지만, 껍데기가 얇고 빛깔이 청흑색이라는 점에서 단정 지을 수가 없다. 가무락조개
    나 동죽과 같은 종류일 수도 있다(이. 5-125).

흑비합黑枇蛤[89]

형상은 비합과 같지만 색이 검붉은 점이 다르다.

작합雀蛤【속명 새조개璽雕開】 새조개

큰 놈은 지름이 0.4~0.5척이다. 껍데기가 두껍고 매끄러우며, 참새 빛깔에 무늬까지 참새 털과 비슷해 참새가 변한 듯하다. 북쪽 지방에는 매우 흔하지만 남쪽 지방에서는 희귀하다.

일반적으로 껍데기가 두 개 합쳐진 조개를 '합蛤'이라 한다. 이들은 모두 속에 묻혀 있으며 알로 낳는다.

○ **청안** 《예기禮記》〈월령月令〉편에 "늦가을(9월)에 참새가 큰물에 들어가 조개로 변하며, 초겨울(10월)에는 꿩이 큰물에 들어가 큰 조개로 변한다"라고 했다. 육전은 "방합蚌蛤(조개)은 암수의 구분이 없으니, 틀림없이 참새가 조개로 변한 것이다. 그러므로 진주를 만들 수 있는 것이다"라고 했다. 그러나 모든 조개가 반드시 다른 생물이 변화한 것이라고는 할 수 없다.

해복합蟹腹蛤[90]

형상은 비합과 비슷하고 색은 검거나 누렇다. 작은 게가 그 껍데기 속에 산다. 바닷가에 많이 산다.【원문에는 빠져 있어서 지금 보충한다.】

○ **안** 이시진은 "게 중에서 조개 뱃속에 사는 놈은 '여노蠣奴', 또는 '기거해寄居蟹'라 한다"라고 했는데, 곧 이것이다.

---

89 백합 중에서 빛깔이 짙은 변이종을 따로 부르던 이름으로 보인다(이, 5-167).
90 해복합이라는 종류의 조개가 따로 있는 것이 아니라, 속살이게가 들어 있는 백합을 말한 듯하다(이, 5-168~169).

포자합匏子蛤【속명 함박조개咸朴雕開】 할미조개 또는 우럭(조개의 일종)

모양이 박(匏子)처럼 크다. 갯벌 속에 깊이 묻혀 산다.【또한 지금 보충한다.】

감蚶【원문에는 빠져 있어서 지금 보충한다.】

감蚶【속명 고막합庫莫蛤】 꼬막

크기는 밤만 하고 껍데기는 조개와 비슷하며 둥글다. 색은 희고 세로무늬가 나란히 늘어서서 기와지붕처럼 골을 이룬다. 두 개의 반쪽 껍데기가 들쑥날쑥 엇갈려 서로 맞물려 있다. 고깃살은 누렇고 맛이 달다.

○ **안** 《이아》〈석어〉편의 '괴륙魁陸'에 대한 주에, "이것이 곧 지금의 감蚶이다"라고 했다. 《옥편》에서는 "감은 조개와 비슷하며, 기와지붕과 같은 무늬가 있다"라고 했고, 《본초강목》에서는 괴합魁蛤을 일명 '괴륙魁陸', '감蚶【다른 곳에는 '魽'으로 쓴다.】', '와옥자瓦屋子', '와롱자瓦壟子', '복로伏老'라 했다. 이시진은 "남쪽 사람들은 이를 '공자자空慈子'라 한다. 상서尙書라는 관직에 있던 노균盧鈞[91]은 그 모양이 기와지붕의 골(壟)과 비슷하다며 와롱瓦壟이라 고쳤다. 광동廣東 사람들은 괴합의 살을 소중히 여겨 '천련天臠'이라 부른다. '밀정蜜丁'이라고도 한다"라고 했다. 《설문》에 "늙은 박쥐(伏翼)가 괴합으로 변한다.【복익伏翼은 박쥐다.】 그러므로 '복로伏老'라 했다"라고 했고, 또 "등 위의 골 무늬는 기와지붕과 비슷하다. 지금의 절강성 동쪽 인근의 펄 밭에서는 감을 기르는데, 이를 '감전蚶田'이라 한다"라고 했다. 여기에서 말하는 '고막합'이 곧 이것이다.

---

91 778~864. 중국 당나라 때 정치가.

작감雀蚶【속명 새고막黌庫莫】 새꼬막

감과 비슷하지만 기왓고랑 무늬가 더욱
자잘하고 윤이 난다. 민간에서는 "이는 참새
가 물속에 들어가서 변한 것이다"라고 한다.

맛조개

정蟶

정蟶【속명 마麻】 맛조개

크기는 엄지손가락만 하고, 길이는
0.6~0.7척이다. 껍데기는 무르고 연하며 색
은 희다. 맛이 좋다. 갯벌 속에 숨어 있다.

○ **청안** 《정자통》에 "민閩·오吳 지역 사
람들이 펄 밭에서 양식한 곳을 '정전蟶田'이
라 한다"라고 했다. 진장기는 "정은 바다 갯
벌 속에서 난다. 길이는 0.2~0.3척이고, 크기는 엄지손가락만 하며, 양쪽
머리를 벌린다"라고 했는데, 곧 이것이다.

담채淡菜 홍합류

담채淡菜【속명 홍합紅蛤】 홍합

몸통은 앞이 둥글고 뒤는 날카롭다. 큰 놈은 길이가 1척 정도며 너비
는 그 절반이다. 뾰족한 봉우리 아래에는 털[92]이 더부룩해서 이것으로 바
위 표면에 들러붙어 수백, 수천이 무더기를 이룬다. 조수가 들어오면 입

---

92   담채 털을 족사足絲라 하는데, 여기서 족사선이라는 접착성 물질이 분비된다(이, 1-273).

을 벌렸다가 조수가 물러나면 입을 닫는다. 껍데기는 짙은 흑색이고 속은 매끄럽고 푸르면서 밝다. 살의 색은 붉은 것도 있고 흰 것도 있다. 맛은 달고 좋으며, 국이나 젓갈에 좋다. 그중에 말린 것이 사람에게 가장 보탬이 된다.

○ 코털을 뽑다가 피가 나서 어떤 약으로도 지혈이 안 될 경우, 담채 털을 태워서 바르면 신묘한 효과를 본다. 또 무절제한 성생활로 상한傷寒[93]에 걸렸을 때는 담채 털을 불에 데워 머리 뒤에 붙이면 좋다.

○ **청안** 《본초강목》에선 담채를 일명 각채殼菜, 해폐海蜌, 동해부인東海夫人이라 했다. 진장기는 "한쪽 끝은 뾰족하고 가운데에는 적은 털을 머금고 있다"라고 했다. 일화자는 "비록 형상은 단아하지 않지만 사람에게 매우 보탬이 된다"라고 했다. 여기서 말하는 홍합이 이것이다.

소담채小淡菜【속명 봉안합鳳安蛤】 격판담치

길이는 0.3척에 불과하고 담채와 비슷하나 담채보다 더 길다. 가운데가 상당히 넓기 때문에 살이 크고 맛은 더 낫다.

적담채赤淡菜【속명 담초합淡椒蛤】[94]

크기는 담채와 같고 껍데기의 안팎이 모두 붉다.

기폐箕蜌【속명 기홍합箕紅蛤】 키조개 또는 비단가리비

---

93 과도한 성행위나 성욕 억제로 생기는 병.
94 홍합의 변이종으로 보기도 한다(이, 1-276).

큰 놈은 지름이 0.5~0.6척이고 형상은 키와 같아 넓적하지만 두텁지는 않다. 명주실과 비슷한 세로무늬가 있다. 색이 붉고 털이 있어서 이것으로 바위에 붙어 있다. 또 바위를 떠나 헤엄쳐 다닐 수도 있다. 맛은 달면서 개운하다.

호蠔   굴류

모려牡蠣【속명 굴掘】 굴

큰 놈은 지름이 1척 남짓이다. 양쪽이 조개처럼 합쳐 있다. 몸통은 정해진 법식이 없이 조각구름 같기도 하다. 껍데기는 매우 두터운데 종이를 겹쳐서 바른 것처럼 첩첩이 붙어 있다. 밖은 거칠고 속은 매끄럽다. 색은 눈같이 희다. 껍데기 하나는 바위에 붙어 있고 다른 하나는 그 위를 덮고 있다. 갯벌에 있는 놈은 붙어 있지 않고 펄 속을 표류해 돌아다닌다. 맛은 달고 좋다. 껍데기는 갈아서 바둑돌을 만든다.

○ **청안**   본초서에서 모려는 일명 '여합蠣蛤'이라 했고,《명의별록名醫別錄》[95]에서는 모합牡蛤이라 했으며,《이물지》에서는 '고분古賁'이라 칭했는데, 이들이 바로 모두 호蠔다.

소려小蠣   가시굴

지름은 0.6~0.7척이다. 형상은 모려와 비슷하지만 껍데기는 모려보다 얇다. 위 껍데기의 등은 거친 까끄라기가 열을 이룬다. 모려는 큰 바다의

---

95 중국 한나라 때 본초서.《신농본초경神本草經》을 기초로 해서 약성과 효과를 보충하고 새로운 약재를 더해 완성했다.

물살 급한 곳에서 나는데 비해, 소려는 포구의 매끌매끌한 바위에서 난다. 이것이 둘이 구별되는 점이다.

홍려紅蠣[96]

큰 놈은 0.3~0.4척이다. 껍데기가 얇고 색은 홍색이다.

석화石華【속명을 그대로 따른다】

큰 놈도 불과 0.1척 정도다. 껍데기가 튀어나왔고 얇으며 색은 검다. 속은 매끄럽고 희다. 바위에 붙어 있어 쇠송곳으로 채취한다.

○ **청안** 곽박의《강부》에서 "토육과 석화"라고 했다. 이에 대한 이선李善의 강부 주에서《임해수토물지臨海水土物志》를 인용해 "석화는 바위에 붙어 살을 기른다"라고 한 말이 바로 이것이다. 또 한보승韓保昇[97]이 "운려螻蠣는 모양이 짧아서 약에는 들어가지 않는다"라고 했는데, 이 역시 석화를 가리키는 듯하다.

통호桶蠔【속명 굴통호屈桶蠔】 검은큰따개비

큰 놈은 껍데기 지름이 0.1척 남짓이다. 입은 통처럼 둥글고 뼈처럼 단단하다. 높이는 0.2~0.3척이고 두께는 0.03~0.04척이다. 아래에는 바닥이 없고 위는 조금씩 줄어들다가 정수리에 구멍이 있다. 뿌리에 난 빽빽한 구멍은 겨우 침이 들어갈 정도에 벌집처럼 생겼으며, 뿌리는 바위 벽에 붙어

---

96 홍려와 다음에 나오는 석화를 모두 모려(굴)의 개체변이로 보기도 한다(이, 4-258~259).
97 ?~?. 중국 오대五代의 후촉後蜀에서 10세기에 활동한 의학자.

있다. 속에는 엉기지 않은 두부처럼 생긴 살을 감추고 있고, 위로는 승려의 첨건尖巾【방언으로 고깔(曲葛)이라고 한다.】을 이고 있는 듯하다. 여기에는 두 개의 판이 있는데, 조수가 이르면 이를 열어서 조수를 받아들인다. 이때 채취하는 이가 쇠송곳으로 재빨리 치면 통은 떨어져 나가고 살이 드러나는데, 칼로 그 살을 잘라 낸다. 만약 재빨리 치지 못해 통호가 먼저 알아차리면 차라리 가루로 부수어질지언정 통은 떨어져 나가지 않는다.[98]

오봉호五峯蠔【속명 보찰굴寶刹掘】　거북손

큰 놈은 너비가 0.3척 정도다. 다섯 봉우리(五峯)가 평평하게 배열되어 있는데, 이 중 양쪽 밖의 두 봉우리는 낮고 작으며 그 다음 두 봉우리를 감싸고 있다. 이다음 두 봉우리가 가장 크며 가운데 봉우리를 감싸고 있다. 가운데 봉우리와 양쪽 밖의 작은 봉우리들은 모두 두 개가 합쳐져서 껍데기를 이룬다. 색은 황흑이다.

봉우리의 뿌리는 껍질로 주위가 싸여 있다. 그 껍질은 유자 같아 촉촉하고 윤기가 흐른다. 바위틈의 좁고 더러운 곳에 뿌리를 내려 바람과 파도를 막는다. 속에는 살이 있는데 살에도 붉은 뿌리와 검은 털[99]이 있다.【털은 물고기의 아가

거북손

98　이는 따개비류가 아니라 앞의 전복류 조에 나온 삿갓조개류(흑립복·백립복·오립복·편립복·대립복 등)의 특성이다. 정약전의 오해다(이, 2-89).

99　'만각蔓脚'을 말한다. 이것으로 먹이를 흡수한다.

미와 같다.】 조수가 이르면 그중 큰 봉우리를 열어 털로 이를 받아들인다. 맛은 달다.

○ **청안** 소송이 "모려는 모두 바위에 붙어서 사는데, 높고 험한 모양으로 방처럼 서로 이어져 있어서 '여방蠣房'이라 부른다. 진안晉安 사람들은 '호포蠔蒲'라 부른다. 처음에 나서는 겨우 주먹돌만 하다가 사면이 점점 자라서 10~20척에 이르러 산처럼 깎아지르기 때문에 민간에서는 '호산蠔山'이라 부른다. 방마다 안에는 살 한 덩어리가 있는데 큰 방은 말발굽만 하고 작은 방은 사람 손가락 면만 하다. 조수가 올 때마다 여러 방을 모두 열어 작은 벌레가 들어오면 닫아서 배를 채운다"라고 했다. 여기서 말한 오봉호가 바로 여산蠣山이다.[100]

석항호石肛蠔【속명 홍미주알[101]】 말미잘

형상은 오래 설사한 사람의 삐져나온 항문과 같다. 색은 청흑이다. 바위 틈의 조수가 미치는 곳에 뿌리내리고 있다. 둥글고 길쭉하며 바위에 따라 형태를 달리하다가 이물질이 침범하면 움츠러들어 작아진다. 배의 내장은 호박의 속과 같다. 뭍사람들은 국을 끓여 먹는다고 한다.

석사石蛇 큰뱀고둥

크기는 작은 뱀만 하고 서려 있는 모양도 뱀과 같다. 몸통은 모려(굴)와 비슷하며 껍데기 가운데는 대나무처럼 비어 있고 콧물과 같거나 가래 같

---

100 이 설명은 잘못이다. 여산은 모려(굴)다. 오봉호는 《본초강목》에서 '석겁石蛄' 조에 소개되어 있다.
101 미주알은 창자 끝 부분, 즉 항문을 가리킨다.

은 것이 있다. 색은 약간 홍색이다. 바위 벽의 물 깊은 곳에 붙어 있다. 쓰이는 곳은 아직 듣지 못했다.

일반적으로 바위에 붙어서 움직이지 않는 놈을 호蠔라고 하는데, 알에서 난다.

○ **청안**   도홍경의 《신농본초경주神農本草經注》[102]에서 "모려는 100살이 된 수리새[103]가 변화한 것이다"라고 했고, 또 "도가의 술법에서는 왼쪽으로 돌아보는 놈이 수컷이기 때문에 수컷이라는 뜻을 지닌 모려牡蠣라고 이름 지었고 오른쪽으로 돌아보는 놈은 암컷이라는 뜻을 지닌 빈려牝蠣다. 혹은 머리가 뾰족한 놈을 왼쪽으로 돌아본다고 하는데, 어느 것이 맞는지 자세하지 않다"라고 했다. 구종석은 "모牡는 수컷을 말하는 것이 아니다. 또 모란牡丹과 같은 경우만 봐도 어디에 암컷의 뜻을 지닌 빈란牝丹이 있는가? 이놈에게는 눈이 없는데, 어찌 다시 돌아볼 수 있겠는가?"라고 했다. 이시진은 "방합(조개)의 무리는 모두 태생과 난생이 있는데, 오직 이 모려만 화생化生해서 수컷만 있고 암컷은 없기 때문에 모牡라는 이름을 얻은 것이다"라고 했다. 그러나 지금 호蠔 무리에 알에서 나는 법이 있어서 민간에서는 산란기에는 굴의 살이 여윈다고 한다. 그러니 반드시 모두가 화생하는 것은 아니다.[104]

---

102 《신농본초경》과 《명의별록》을 합하고 새로운 약물을 더해 총 730종으로 분류하고 주석을 달아 편찬한 본초서. 《본초경집주本草經集注》라고도 한다.
103 수릿과의 독수리 등을 말한 것으로 추정한다.
104 굴은 암수한몸이다.

라螺 고둥류

일반적으로 라사螺螄(고둥)의 무리는 모두 껍데기가 돌처럼 단단하며, 밖은 거칠고 속은 매끄럽다. 꼬리의 봉우리【봉우리는 비록 위에 있지만 라의 경우에는 꼬리다.】에서 왼쪽으로 돌아 서너 바퀴의 골을 만드는데, 크기가 줄어든 골이 돌아 나가면서 점점 더 커진다. 꼬리의 봉우리는 뾰족하게 튀어나왔지만 머리의 기슭은 넉넉하고 크다.【기슭은 아래에 있는데도 머리라고 하니, 고둥류의 경우에는 바로 머리다.】골이 끝나는 곳에 둥근 문이 있다.

문에서 봉우리에 이르기까지는 빙빙 돌면서 동굴이 되는데, 이가 바로 고둥류의 방이다. 고둥류의 몸통은 그 방의 모양과 같아서 머리는 풍성하고 꼬리는 점점 줄어드는데, 새끼를 꼰 것처럼 굽이돌아 감겨서 촘촘하게 무리를 이루어 방 안에 가득 찬다. 다닐 때는 문밖으로 삐져나와 몸은 그대로 두고 등에는 자기 껍데기를 지고 다닌다. 멈춰 있을 때는 몸을 움츠리고 둥근 뚜껑을 머리에 이어서 문을 닫는다.【둥근 뚜껑은 자흑색이고, 두께는 얇은 개가죽만 하다.】파도에 따라 표류해 굴러다니고, 헤엄쳐 다니지는 못한다. 꼬리는 장과 위인데, 청흑색이거나 황백색이다.

해라海螺 피뿔고둥

큰 놈은 껍데기의 높이와 너비가 각각 0.4~0.5척이다. 그 표면에는 노각 껍질처럼 자잘한 젖이 있는데, 이 젖은 골과 언덕이 있는 곳에 꼬리부터 머리까지 나란히 줄을 이룬다. 색은 황흑이다. 속은 매끄럽고 윤이 나며, 적황색이다. 맛은 전복처럼 달며, 데칠 수도 있고 구울 수도 있다.

피뿔고둥

○ **청안** 《본초도경本草圖經》에 "해라海螺는 바로 유라流螺며, 그 껍데기를 '갑향甲香'이라 한다"라고 했고,《교주기交州記》[105]에서 가저라假豬螺라 한 것이 바로 이것이다.

검성라劍城羸【속명 구죽仇竹】 소라

큰 놈은 껍데기의 높이와 너비가 0.5~0.6척이다. 문밖의 나선형 골이 끝나는 곳에서 가장자리 쪽 경계를 감아서 성城을 만드는데, 그 성이 칼날처럼 예리하다.[106] 문에서 바로 도랑 하나가 나와서 안쪽 골과 언덕【골과 언덕에도 안팎이 있다.】은 점점 줄어들면서 뾰족해져 뿔이 되는데, 뿔끝도 예리하다. 바깥쪽 골과 언덕도 모두 높게 튀어나왔다. 이를 갈고 다듬어서 술잔이나 등잔을 만든다.

소검라小劍螺【속명 다사리多士里】 대수리

검성라 가운데 작은 놈이다. 검성라보다 몸통이 조금 더 길고 뿔은 조금 더 짧으며 오이젖[107]이 조금 더 튀어나왔다. 큰 놈은 높이가 0.3척 정도다. 색은 백색이거나 흑색이고 속은 황적색이다. 맛은 달면서 매운 기가 있다.

양첨라兩尖螺 어깨뿔고둥 또는 맵사리

소검라의 무리다. 양쪽의 꼬리와 뿔은 소검라보다 더 뾰족하고 바깥문은 조금 더 좁

맵사리

---

105 중국 진晉나라 때 유흔기劉欣期가 지은 소설. 중국 고대 신화 등의 내용을 담고 있다.
106 이와 같은 형태 때문에 이름에 '검성劍城'이 들어가 있다.
107 오이 껍질처럼 우둘투둘 튀어나온 돌기.

다.【바깥문이라는 것은 안쪽 문과 바깥쪽 성 둘레 가운데 초입의 큰 구멍이다.】골과 언덕은 모두 예리하고 모났다.

평봉라꾸峯螺　큰구슬우렁이[108]

큰 놈은 지름이 0.2~0.3척이고 높이도 이와 같다. 꼬리와 봉우리는 평평해서[109] 나선형 골은 세 바퀴에 불과하고 넉넉한 형세가 매우 급하다. 그러므로 머리와 기슭이 상당히 크고 골과 언덕이 매끄럽고 넓다. 오이젖이 없으며, 밖은 황청색이고 안은 청백색이다. 얕은 물에 있으면서 모래를 파고 몸을 숨긴다.

우각라牛角螺【속명 타래라他來螺】　나팔고동 또는 털탑고동

큰 놈은 높이가 0.2~0.3척[110]이다. 형상은 쇠뿔과 비슷하고 나선형 골은 예닐곱 바퀴다. 오이젖이 없고, 가죽과 종이를 비벼서 생긴 무늬 같은 문양이 있으며, 속은 희다.

○ 장창대가 "산속에도 이것이 있는데, 큰 놈은 높이가 2~3척이고 때때로 소리를 내면 2~3리 밖에서도 들을 수 있습니다. 소리를 찾아 가 보면 소리가 또 다른 곳에서 나 아무도 정확히 그곳을 잡아낼 수 없습니다"라고 했다. 내가 예전에 수색해 보았으나 찾을 수 없었다. 지금 군대에서 쓰는 취라吹螺[111]가 바로 이것이다.

108　우리가 흔히 먹는 골뱅이다.
109　'평봉'이라는 이름이 붙은 이유다.
110　나팔을 부는 고동치고는 크기가 너무 작아 원문의 '寸'은 '尺'의 오기로 추정된다(이, 4-111).
111　소라 따위로 만든 나팔.

○ **청안** 《도경본초圖經本草(본초도경)》[112]에 "사미라梭尾螺는 형태가 베틀의 부속품인 북처럼 생겼다. 요즘 승려들이 부는 악기다"라고 했다. 여기서 말하는 우각라가 바로 이것이다. 취라는 본래 남만南蠻[113] 지방 사람들의 풍속이나 우리나라에서는 군대의 진중에서 사용한다.

추포라麤布螺【속명 참라參螺】 보말고둥

높이가 0.1척 남짓이고, 지름은 0.2척이 못 된다. 꼬리의 봉우리는 그다지 뾰족하게 줄어들지 않고, 머리와 기슭은 넉넉하고 크다. 골과 언덕은 거친 베(麤布) 무늬를 이루고, 회색 바탕에 자색을 띠고 있으며, 속은 청백색이다.

명주라明紬螺【속명을 그대로 따른다.】 명주고둥

추포라의 무리지만 골과 언덕에 명주 무늬를 이루고, 청흑색이다. 살은 추포라가 연한 데 반해 명주라는 질기니, 이것이 둘이 구별되는 점이다.

거라炬螺(횃고둥)【속명을 그대로 따른다.】 밤고둥[114]

거라도 추포라의 무리지만 꼬리의 봉우리가 추포라보다 조금 더 뾰족하고, 머리와 기슭은 이보다 조금 더 작기 때문에 높이가 조금 더 높다. 바깥쪽은 색이 자색이다. 살은 꼬리에 모래흙이 있는데, 이것이 둘이 구별되

---

112 중국 송나라 때 소송蘇頌 등이 편찬한 의서. 중국 각 군현의 약초도를 수집하고 여러 학자의 학설을 참고해서 편찬했다.
113 남쪽의 오랑캐라는 뜻으로, 중국에서 남쪽 지방에 사는 민족을 낮잡아 이르던 말.
114 밤에 주로 활동한다는 의미가 들어 있다.

보말고둥   눈알고둥

는 점이다. 일반적으로 고둥류를 채취할 때는 밤에 횃불을 밝히면 낮보다
잡기가 낫다. 그중에서도 이놈이 가장 많은데, 횃불을 사르면(爇炬) 채취량
이 더 많기 때문에 거라炬螺라는 이름을 얻은 것이다.

백장라白章螺【속명 감상라甘甞螺】 개울타리고둥

　백장라는 거라의 무리지만 꼬리의 봉우리가 거라보다 뾰족하고, 머리와
기슭은 이보다 작아 크기가 0.1척에 불과하다. 회색에 흰 무늬(白章)가 있다.
골과 언덕 위에는 실처럼 자잘한 골이 있으니, 이것이 둘이 구별되는 점이
다. 이놈도 밤에 가장 많다. 명주라와 함께 모두 물이 얕은 곳에 산다.

철호라鐵戶螺【속명 닥지라多億之螺[115]】 눈알고둥

　명주라의 무리지만 껍데기의 무늬가 명주라보다 조금 더 거칠다. 색은
황홍이다. 일반적으로 고둥류의 둥근 뚜껑은 모두 백지처럼 얇고 마른 잎
처럼 부드럽다. 그런데 유독 이놈의 뚜껑은 반으로 쪼개진 콩처럼 가운데
는 불룩하고 가장자리도 두터워 쇠처럼 단단하니, 이것이 둘이 구별되는

115　딱지고둥. 뚜껑이 딱지처럼 두껍다는 의미가 들어 있다.

점이다.

행핵라杏核螺 비단고둥

크기는 살구씨(杏核)에 불과하고 형상도 비슷하다. 꼬리의 봉우리는 조금 튀어나왔고, 색은 백색이면서 홍색이다.

예봉라銳峯螺 댕가리 또는 갯비틀이고둥

크기는 0.07~0.08척에 불과하다. 꼬리의 봉우리는 뾰족하게(尖銳) 툭 튀어나왔고 머리의 기슭은 좁고 작다. 색은 자색이거나 회색이다.

일반적으로 고둥류 중에는 게가 자기 집으로 삼고 사는 경우가 더러 있다. 이런 경우에 오른쪽 다리와 집게발은 다른 게와 같다. 다만 왼쪽에는 다리가 없이 고둥의 꼬리로 이어져서 다닐 때도 껍데기를 지고 다니며 멈춰서는 집으로 들어간다. 다만 둥근 문이 없으며 맛 또한 게의 맛이지만 꼬리는 소라의 맛이다. 어떤 이들은 고둥류 가운데는 이 한 무리가 있다고 한다. 그러나 고둥류의 여러 무리는 모두 때에 따라 게에게 의탁할 수 있으니 반드시 이 무리가 따로 있는 것은 아니다. 장창대가 "게가 고둥을 먹고 고둥으로 변화한 뒤 그 가운데 들어가서 살면 고둥의 기운이 이미 없어지기 때문에 마르고 속이 문드러진 껍데기를 지고 다니는 놈들이 더러 있습니다. 만약 본래부터 껍데기 속에 있던 놈이라면 자기 몸이 죽지 않았는데 껍데기가 먼저 상하는 경우는 없을 것입니다"라고 했다. 그 말도 일리가 있는 듯하지만 역시 반드시 믿을 만하

댕가리

지는 않아서 의심나는 내용을 잠시 적어 둔다.

○ **청안**　게라는 놈은 본래 다른 바다 생물에게 빌붙어 사는 경우가 있기 때문에 조개의 뱃속에 살기도 한다. 이는 이시진이 "여노蠣奴는 일명 기거해寄居蟹다"라고 말한 것이다.【위의 조개 조목에 보인다.】쇄길璅蛣의 뱃속에 사는 놈이 있는데, 곽박의《강부》에서는 이를 "쇄길복해璅蛣腹蟹"라 했고,《송릉집松陵集》[116]의 주에서는 "쇄길은 조개와 비슷하며 뱃속에 사는 작은 게가 쇄길을 위해 나가서 먹이를 구해 온다. 게가 어쩌다 오지 않으면 굶어 죽기 때문에 쇄길을 해노蟹奴라고 부른다"라고 했다.《한서》〈지리지〉'회계군會稽郡' 조에 나오는 "길기정鮚埼亭"에 대한 주에서, 안사고顏師古[117]가 "길鮚은 조개로,[118] 길이가 0.1척이고 너비가 0.02척이며, 작은 게 한 마리가 그 뱃속에 있다"라고 한 것이 이것이다. 쇄길은 해경海鏡이라고도 한다.《영표록이》에 "해경은 두 조각이 합쳐서 모양을 이루는데, 껍데기가 둥글고 속은 밝고 매끄러우며 안에는 조갯살 같은 살이 약간 있다. 뱃속에는 붉은 새끼 게가 있는데 메주콩처럼 작지만 집게발을 갖췄다. 해경이 주리면 게가 나가서 먹이를 구한다. 게가 배가 불러서 뱃속으로 돌아오면 해경도 배불리 먹는다"라고 했다.《본초강목》에서 "해경은 일명 경어鏡魚, 쇄길璅蛣, 고약반膏藥盤이다. 껍데기가 거울처럼 둥글어 햇볕을 비추면 운모처럼 빛난다. 속에는 빌붙어 사는 게가 있다"라고 한 것이 이것이다. 또《박물지》에 "남해에 수충水蟲이 있는데, 이름은 괴蒯라 하고 조개 무

116　중국 당나라 때 시인 육구몽陸龜蒙(?~881)과 피일휴皮日休(?~883)가 주고받은 시문집.
117　581~645. 중국 당나라 때 학자. 태종의 칙명으로《오경정의》편찬에 참여했으며, 태자 승건承乾을 위해《한서》에 주를 달았다.
118　안사고의 주석("結, 蚌也.")을 반영해 옮긴 것이다.

리다. 그 속에 작은 게가 있는데 크기는 느릅나무 꼬투리와 같다. 괴가 껍데기를 열고 먹으면 게도 나가서 먹고, 괴가 껍데기를 닫으면 게도 돌아들어오는데 괴를 위해 먹이를 가지고 돌아오는 것이다"라고 했다. 이것도 아마 해경일 것이다. 고둥이라는 놈 중에는 간혹 껍데기를 벗어 놓았다가 다시 돌아 들어오는 놈이 있다. 그러므로《습유기》에서는 "함명含明이라는 나라에 이름이 '나보蜾步'인 큰 고둥이 있었는데, 그 껍데기를 지고 맨몸으로 다니다가 차가우면 다시 그 껍데기로 들어간다"라고 했는데, 바로 이것이다. 그 고둥의 껍데기 안에도 빌붙어 사는 놈이 있다.《이원》에 "앵무(鸚鵡螺)는 형태가 새와 비슷하고 늘 껍데기를 벗고 노닌다. 아침에 나가면 거미 같은 벌레가 그 껍데기 가운데로 들어온다. 고둥이 저녁에 돌아오면 이 벌레는 나간다. 유천庾闡이 말한 '앵무는 안에서 노닐고, 기거해는 껍데기를 진다'는 것이다"라고 했다.《본초습유》에 "기거충奇居蟲은 고둥 껍데기 속에 있지만 고둥은 아니다. 고둥이나 조개가 열리면 스스로 나가서 먹고 닫히려고 하면 이미 껍데기 속으로 돌아와 있다. 바다생물이 그곳에 많이 빌붙는다. 또 남해에는 거미와 비슷한 종류가 하나 있는데, 고둥 껍데기 가운데 들어가서 껍데기를 지고 내달린다. 건들면 바로 고둥처럼 움츠러들었다가 불에 구우면 그제야 나온다. 일명 정蟷이라고 한다"라고 했다. 정은 곧 고둥의 텅 빈 방이니, 바다생물이 많이 빌붙어 사는 곳이다. 대개 게는 본시 잘 빌붙고 고둥은 이를 수용할 수 있으니, 이놈의 집에 저놈이 빌붙는 현상을 이치상으로는 의심할 일이 없다. 다만 게 몸통에 고둥의 꼬리는 또 다른 하나의 특별한 사례다.

율구합栗毬蛤   성게

율구합栗毬蛤【속명을 그대로 따른다.】 보라성게

큰 놈은 지름이 0.3~0.4척이다. 털은 고슴도치와 같고 가운데는 밤송이 (栗房) 같은 껍데기가 있으며, 그 안에 다섯 개의 판이 원을 이룬다. 다닐 때 는 온몸의 털이 모두 움직이면서 흔들어 꿈틀댄다. 정수리에는 입이 있어 손가락이 들어갈 만하다. 방 가운데 쇠기름(우지)과 같은 알이 있는데, 엉기 지 않았으면서 누렇다.[119] 또한 다섯 개의 판 사이사이에 털을 품고 있으며 껍데기는 모두 검다. 껍데기는 무르고 부드러워 쉽게 부서진다. 맛은 달 다. 날로 먹거나 국을 끓여 먹는다.

승률구僧栗毬 말똥성게

털이 짧고 가늘며, 색은 황색인 점에서 율구합과 구별된다.

○ 장창대가 "일찍이 한 마리의 율구합 입에서 새가 나오는 모습을 본 적이 있는데, 새는 머리와 부리가 이미 이뤄졌고 머리에 이끼 같은 털이 나려고 했습니다. 새가 이미 죽은 것 같아서 만졌더니 평소처럼 움직일 수 있었습니다. 비록 그 껍데기 속 형상을 보지는 못했지만 청작青雀(푸른 참새) 으로 변화할 것입니다. 사람들은 이놈이 새로 변화한다고 말하니, 민간에 서 말하는 율구조栗毬鳥(밤송이새)가 이것입니다. 이제 제가 확인해 보니 정 말로 그렇습니다"라고 했다.[120]

---

119 성계의 생식소를 묘사한 것이다.
120 성계는 강한 이빨이 있는데, 이를 보고 새의 부리로 착각했을 수도 있다(이, 3-220~221).

귀배충龜背蟲

귀배충龜背蟲【속명 굼법九音法】 군부(딱지조개)

형상은 거북의 등(龜背)과 유사하고 색도 비
슷하다. 다만 등딱지가 비늘로 되어 있다. 크
기는 거머리만 하고, 발이 없이 전복처럼 배로
다닌다. 돌 사이에서 나는 놈은 쇠똥구리처럼
작다. 삶아서 비늘을 제거하고 먹는다.

군부

풍엽어楓葉魚　불가사리

풍엽어楓葉魚【속명 개부전開夫殿】 별불가사리

큰 놈은 지름이 1척이다. 껍질은 유자 껍질처럼 생겼다. 귀퉁이의 뿔은
정형이 없어서 셋이 나오기도 하고 넷이 나오기도 하며, 더러는 단풍나무
잎(楓葉)처럼 예닐곱 개까지 나오기도 한다. 두께는 사람의 손만 하다. 색은
청벽靑碧(푸른색)으로 매우 선명하다. 가운데는 붉은 실과 같은 무늬가 있고
역시 지극히 선명하다. 배는 누렇고, 입은 그 한가운데 있다. 뿔끝에는 모
두 문어 빨판과 같은 자잘한 좁쌀 모양의 빨판이 있는데, 바위에 들러붙기
위한 것이다. 뱃속에 내장이 없고 호박의 속과 같다.[121] 바위에 들러붙기를
좋아한다. 비가 내리려다가 실제로는 비가 내리지 않으면 한 개의 뿔만 바
위에 붙어서 몸을 뒤집은 뒤에 아래로 늘어뜨린다. 바닷가 사람들은 이것
으로 비를 예측한다. 쓰이는 곳은 아직 듣지 못했다.

121　내장이 없다고 했지만 내장은 있다. 호박의 속과 같은 부분은 호흡기관, 수관계, 장관의 모습을 묘사한 것
　　이다(이, 2-169).

○ 뿔이 셋인 놈은 물 바닥을 떠나지 않는다. 지름은 간혹 3~4척이나 되고, 그 뿔이 길게 나와서 몸통은 매우 작다. 등은 두꺼비 등짝과 비슷해서 콩알 같은 것이 어지러이 펼쳐져 있고, 진황색과 진흑색이 서로 섞여 무늬를 이룬다.

○ **청안** 이것이 바로 '해연海燕'이다. 《본초강목》에서 '해연'은 〈개부〉에 실려 있다. 이시진이 "형상은 납작하고 면이 둥글다. 등 위는 청흑색이고, 배 아래는 희고 무르며 버섯과 같은 무늬가 있다. 입은 배 아래에 있고 입 주위에는 다섯 갈래로 된 바른 마디가 있는데, 이것이 바로 그 발이다. 《임해수토기》에 '양수족陽邃足은 바다에서 난다. 색은 청흑이고, 발은 다섯 개며, 머리와 꼬리는 어디 있는지 모른다'고 했다"라고 한 것이 바로 이것이다.

雜類

海蟲

海蚤 大如粒能跳躍似蝦無鬚常在水底遇死魚則

蟬頭蟲 俗名鬼개 開

長二寸許頭目似蟬有二長鬚背甲似蝦

尾歧歧末又歧有八足腹中又出二枝如蟬然以懷其

卵能走能游故水陸無不捷色淡黑有光澤常在鹵地

石間天將大風則四散而浮养主人以此ㅏ

잡류雜類(기타 해양생물류)

해충海蟲 바다벌레

해조海蚤【바다벼룩】 어리모래무지벌레

크기는 밥알만 하고 뛰어오를 수 있다. 새우와 비슷하지만 수염은 없다. 항상 물 바닥에 있으면서 죽은 물고기를 만나면 그 뱃속으로 들어가 떼를 지어 먹는다.

선두충蟬頭蟲【속명 개강귀開江鬼】 갯강구

길이는 0.2척 정도다. 머리와 눈은 매미와 비슷하고 두 개의 긴 수염이 있으며 등딱지는 새우와 비슷하다. 꼬리는 갈라져 있는데, 갈라진 꼬리의 끝이 또 갈라져 있다. 다리는 여덟 개고, 배 가운데에 또 선위蟬緌처럼 생긴 두 개의 다리가 나와서 알을 품는다. 달릴 수도 있고 헤엄칠 수도 있어서 물과 육지 어디에서든 빠르다. 색은 옅은 흑색이고 광택이 난다. 항상 갯벌의 돌 사이에 있는데 날씨가 태풍이 오려 하면 사방으로 흩어져 떠다니기 때문에 토박이들은 이것으로 바람을 예측한다.

해인海蚓　갯지렁이

길이는 0.2척 정도다. 몸통은 둥글지 않고 납작해서 지네와 비슷하다. 다리는 가늘고 작으며 이빨로는 물 수 있다. 갯벌의 모래와 돌 사이에서 나는데 잡아서 미끼로 만들면 지극히 좋다.

해추제海蝤蠐【속명 소素】　배좀벌레조개

머리는 콩과 같고 머리 아래로는 겨우 형태만 갖춰서 형상이 콧물과 거의 비슷하다. 머리는 무척 단단하고 주둥이는 칼과 같아서 벌렸다, 오므렸다 하면서 나무굼벵이(蝤蠐)처럼 배의 널빤지를 파먹는다. 민물을 만나면 죽는다. 조수가 매우 급한 곳에서는 감히 나아가지 못해서 대부분 웅덩이의 고인 물에 머물기 때문에 동해의 뱃사람들이 이들을 매우 두려워한다. 큰 바다에서는 더러 벌이나 개미 떼처럼 무리를 이루기 때문에, 배가 어쩌다 이 떼를 만나면 매우 급하게 돛을 돌려 피한다. 또 배의 널빤지를 자주 연기로 훈증해 주면 해추제가 침입할 수 없다.

해금海禽　바다새

노자鸕鷀【속명 오지烏知】　가마우지

크기는 기러기만 하고 색은 까마귀와 같다. 털은 아주 빽빽하면서 짧으며, 머리와 꼬리 및 다리도 모두 까마귀와 같다. 뺨에는 닭처럼 흰 털이 동그랗게 있다. 윗부리는 길면서 작살처럼 굽었으며 그 끝이 매우 날카로워서 물고기를 잡으면, 잡은 물고기의 살을 윗부리로 뚫어서 부리에 끼운다.

가마우지

이빨은 칼과 같고 발은 오리와 같으며, 잠수해서 물고기를 잡을 때 수십 번 숨 쉴 동안 나오지 않을 수 있다. 또 힘이 몹시 세다. 참으로 물고기 잡는 매다. 밤에는 절벽에서 자고 사람의 발길이 닿지 않는 곳에서 알을 품는다. 맛은 달지만 누린내가 약간 나며 온몸에 기름이 많다.

○ 작은 놈은 머리가 조금 작고 부리는 더 뾰족하며, 뺨에는 동그란 흰

털이 없다. 물고기를 움켜잡을 때의 사나운 용기는 작은 놈이 큰 놈에 뒤떨어진다.

○ **청안** 《이아》〈석조釋鳥〉에서 "자鷀는 일鷧이다"라고 했다. 이에 대한 곽박의 주석에서 "가마우지(鸕鷀)다"라고 했다. 《정자통》에서 "민간에서는 '자노慈老'라 부른다"라고 했다. 《본초강목》에서 일명 '수노아水老鴉'라 했다. 이시진은 "거위와 비슷하지만 그보다 작고 색은 검다. 또한 갈까마귀와 같으면서도 긴 부리가 약간 굽어 잠수해서 물고기를 잘 잡는다. 두보의 시에서 '집집마다 오귀烏鬼를 기르고'[1]라 했는데, 오귀는 가마우지를 말한다고도 한다"라고 했다.【가마우지의 똥을 '촉수화蜀水花'라 한다.】 또 어떤 이들이 가마우지는 태생으로 새끼를 토해 낳는다고 말한 데 대해 구종석이 가마우지가 난생한다는 사실을 밝혔다.【모두 《본초강목》에 나온다.】 여기서 말하는 오지가 노자鸕鷀임이 분명하다.

수조水鵰[2]

물에서 사는 수조는 육지에서 사는 독수리와 차이가 없지만 육지에서 사는 독수리는 발이 매와 비슷하고, 물에서 사는 독수리는 발이 오리와 비슷하다.

해구海鷗　갈매기

흰 놈은 형색이 강에 있는 놈이나 바다에 있는 놈이나 모두 같다.[3]

1　〈장난삼아 익살체를 지어 근심을 없애며 이수·그중 일수(俳諧體 戲作俳諧體遣悶二首·其一)〉에 나온다.
2　물수리나 흰꼬리수리로 추정된다(이, 5-330~337).
3　붉은부리갈매기에 대한 묘사다.

○ 누런 놈은 조금 크고, 색이 희면서 누런 윤기가 난다.[4]

○ 검은 놈【속명 걸구乞句】[5]은 등 위가 옅은 검은색이다. 밤에는 바닷가 바위 위에서 자고 닭이 울면 따라서 소리를 내어 우는데, 노랫소리와 비슷하다. 해 뜰 무렵까지 쉬지 않고 울다가 해가 뜨면 물 위를 달린다.[6]

작연鵲燕【속명 존지락存之樂】[7]　바다쇠오리

크기는 메추라기만 하고 형상은 제비(燕)와 비슷하지만 꽁지와 날개가 모두 짧다. 등은 검고 배는 하얀 특성이 까치(鵲)와 비슷하다. 알의 크기는 계란만 해서 때로 난산으로 죽기도 한다. 큰 바다의 수심 깊은 곳에서 잠수를 잘해【일반적으로 물새들은 모두 얕은 물에 있다.】새우를 잡아먹을 수 있다. 평소에는 무인도의 바위 사이에서 서식하다가 해가 뜨기 전에 바다로 나간다. 만약 조금이라도 늦게 나가면 사나운 새가 무서워서 하루 종일 엎드려 숨어 있다. 작연의 알은 먹을 수 있고, 고기는 기름이 많아서 맛이 달고 좋다.

합작蛤雀【속명을 그대로 따른다.】　바다오리류

크기는 제비만 하다. 등은 푸르고, 배는 희며, 부리는 붉다. 큰 바다에서 잠수해서 물고기를 잡을 수 있다. 바닷사람들이 이 새의 많고 적음으로 물고기 잡이의 풍흉을 예측한다.

4　재갈매기일 가능성이 있으나 확신할 수는 없다.
5　닥치는 대로 게걸스럽게 먹는다는 뜻이 담겨 있다.
6　괭이갈매기에 대한 묘사로 보인다.
7　쫀찌래기, 쫀찌래이라는 말로 남아 있다.

해수海獸 　 바다짐승

올눌수膃肭獸【속명 옥복수玉服獸】[8] 　 잔점박이물범

개와 유사하지만 몸은 그보다 크다. 털이 짧으면서도 단단하고, 검푸른 색과 황백색이 점점이 무늬를 이룬다. 눈은 고양이와 비슷하고, 꼬리는 당나귀와 비슷하며, 다리는 개와 비슷하다. 발가락은 물오리처럼 나란히 붙어 있고, 발톱은 매처럼 날카롭다. 물에서 나오면 다리가 말리고 펼 수 없기 때문에 걸을 수 없어서 다닐 때는 누워서 뒤뚱거린다. 평소에는 물에서 수영하다가 잠 잘 때에는 반드시 해안에 있기에 사냥꾼은 올눌수가 잘 때를 틈타서 잡는다. 수컷의 생식기는 남자의 정력을 크게 보하고, 가죽으로는 신발·안장·주머니 따위를 만들 수 있다.

○ **청안** 본초서에서 올눌은 일명 '골눌'이고, '해구'며, 생식기는 일명 '해구신'이라 했다. 구종석이 "올눌의 형상은 개도 아니고 짐승도 아니며, 또한 물고기도 아니다. 다만 앞다리는 짐승과 비슷하지만 꼬리는 물고기다. 배와 옆구리 아래로는 전부 흰색이다. 몸에는 옅은 청백색 털이 짧고 빽빽하게 있고, 털 위에는 진한 청흑색 점이 있다. 가죽은 소가죽처럼 두껍고 질겨서 변방의 장수들이 많이 가져다가 말안장이나 안장 밑 방석을 꾸민다"라고 했으니, 곧 이것이다. 우리나라에서는 올눌수를 해표海豹(바다 표범)라 부르는데, 이는 그 가죽에 표범가죽과 같은 얼룩무늬가 있기 때문이다. 견권甄權[9]은 "올눌제는 신라의 바다에 사는 물개의 고환으로 불알과 연결해 채취한다"라고 했다.《당서唐書》〈신라전新羅傳〉에서 "개원開元 연

8 　 지금도 '옥보기', '옥복이'라는 이름으로 남아 있다.
9 　 540(?)~643(?). 중국 당나라 때 이름난 의사. 특히 침구술鍼灸術에 뛰어났으며《맥경脈經》,《맥결부脈訣賦》등의 저서가 있다.

잔점박이물범

간[10] 신라에서 과하마果下馬[11]·어아주魚牙紬[12]·해표가죽(海豹皮)을 바쳤다"
라고 했다.《삼국사기三國史記》〈신라본기新羅本紀〉에도 또한 이 일이 실려
있다. 고황의 〈송종형사신라시〉에서 "물범은 물결 들이마시고"라 한 점이
모두 신라에 올눌수가 있었다는 근거가 될 만하다. 그러나 우리나라 사람
들은 올눌수를 가리켜 물소라고 하니, 이는 잘못이 크다.

해초海草 바다풀

해조海藻【속명 말秣】 모자반

길이는 20~30척이다. 줄기는 크기가 힘줄만 하다. 줄기에서 가지가 생
기고, 가지에서 곁가지가 생기며, 곁가지에서 또 무수한 잔가지가 생긴다.
곁가지 끝에서 잎이 생기는데, 천 가닥·만 가닥으로 하늘하늘 가냘프다.

---

10   당나라 현종 때의 연호. 712~756년.
11   사람을 태우고서 과실나무 가지 밑으로 지나갈 수 있는 말이라는 뜻으로, 키가 몹시 작은 말을 이르는 말.
　　 고구려와 동예에서 났다고 한다.
12   삼국시대에 제작된 고급 비단 가운데 하나.

그 뿌리를 뽑아 거꾸로 매달면 수많은 가지의 버드나무와 흡사하다. 조수가 오면 파도를 따라 흘러 움직이는데, 그 모습이 춤추는 듯, 술 취한 듯하다. 반면 조수가 나가면 흩어 쓰러져 너저분하고 색이 검다.

모자반

세 종이 있다. 가지 끝에 밀알만 하면서 속이 빈 종을 '기름조其廩藻'라 하고, 그 끝이 녹두알만 하면서 속이 빈 종을 '고동조高動藻'라 한다. 이 두 종류의 해조는 데쳐 먹을 수 있고 국을 끓여 먹을 수 있다. 줄기가 좀 더 억세고, 잎이 좀 더 크며, 색이 좀 더 자색이고, 가지 끝의 것이 메주콩만 하면서 속이 빈 종을 '대양조大陽藻'라 하는데, 이는 먹을 수 없다. 10월에 묵은 뿌리에서 났다가 6~7월에 시드는데, 그것을 채취하고 말려 보리밭에 거름으로 준다. 이들은 모두 성질이 매우 차가워, 깔아서 자리로 삼으면 오래 지날수록 더 차가워진다.

○ 일반적으로 해조는 모두 바위에 뿌리를 박는데, 뿌리박는 곳은 다 층이 지도록 높고 낮은 차이가 있어서 서로 섞이지 않는다. 조수가 나가면 분포대(帶)가 보이는데, 분포대는 죽 늘어선 줄을 이룬다. 그중에서 해조는

제일 아래의 분포대에 있다.

○ **청안**   본초서에서 해조는 일명 담^薅이고, 낙수_{落首}고, 해라_{海蘿}라 했다. 도홍경은 "헝클어진 머리털처럼 검은색이다"라고 했고, 손사막_{孫思邈}[13]이 "일반적으로 천하의 지극히 냉한 성질을 가진 것들 중에 조채_{藻菜}보다 더한 것이 없다"라고 한 것이 바로 이것이다. 다만 진장기는 "잎이 큰 해조는 깊은 바닷속과 신라에 서식하는데, 잎이 수조_{水藻}처럼 생겼지만 그보다 더 크다. 바닷사람들이 끈으로 허리를 묶고 잠수해서 채취한다. 5월 이후에는 대형 어류가 사람을 해치므로 채취할 수 없다"라고 했으니, 잎이 큰 해조는 우리나라산이다. 그러나 지금은 들어 본 적이 없다.

해대_{海帶}【속명 감곽_{甘藿}】 미역

길이는 10척 정도다. 뿌리 하나에서 잎이 생기는데, 그 뿌리 속에 줄기 하나가 서 있고 줄기에서 날개 두 개가 나온다. 날개는 안이 촘촘하고 바깥은 느슨해 인전_{印篆}[14]과 같은 주름치마 모양이다. 잎은 옥수수잎과 비슷하다. 1~2월에 뿌리에서 생기며, 6~7월에 채취해서 말린다. 뿌리의 맛은 달고, 잎의 맛은 담백하다. 해산한 여성의 여러 병을 치료하는 데 이를 뛰어 넘는 약이 없다. 서식지는 해조와 분포대가 같다.

○ **청안**   《본초강목》에서 "해대는 해조와 비슷하지만 그보다 더 거칠고, 부드럽고 탄력 있으면서 길다. 주로 분만을 촉진하고, 부인의 병을 치료한다"라고 한 것이 바로 이것이다.

---

13   581~682. 중국의 북주北周, 수당隋唐 때 유명한 의학자이자 도교학자.
14   도장에 새긴 전서체篆書體 글자.

해대를 가리켜 '감곽甘藿'이라고 한 까닭은 감곽이 해산한 여성에게 가장 좋은데, 해대 조항의 주된 치료 효능에 "분만을 촉진하고 부인의 병을 치료한다"라는 구절이 있기 때문일 뿐이다. 본초서를 살펴보면 거기에서 "해대는 해조와 비슷하지만 그보다 더 거칠고, 부드럽고 탄력 있으면서 길다. 이를 말려서 살림살이에 쓰는 기물들을 묶는다"라고 했다. 이에 근거하면 해대는 감곽이 아님을 분별할 수 있다. 감곽은 얇고 물러서 쉽게 끊기는데 어떻게 동여매기를 감당하겠는가? 민간에서 다사마多士麻(다시마)라고 부르는 것은 부드럽고 탄력이 있으면서 길다. 더러는 이를 사용해서 기물을 돌려 묶기도 하는데, 허리띠처럼 길다. 해대海帶의 '대帶' 자는 모양이 비슷한 점을 취한 것이다. 따라서 해대를 다사마로 구별하는 일은 의심할 것 없이 분명하지만 민간에서 말하는 감곽을 본초서에서 무엇이라 이름하는지는 모르겠다. '곤포'라는 한 종은 성질이나 맛, 형상이 상당히 비슷해 지금의 감곽을 가리키는 듯하지만 여기에도 분명한 증거가 없다. 그리고 《동의보감》에서 자채紫菜를 감곽이라고 설명한 것은 오류다.[15]

가해대假海帶 【속명 감곽아자비甘藿阿子比】   쇠미역, 넓곽 또는 넓미역

매우 무르고 얇다. 국을 끓이면 매우 미끌미끌해진다.

흑대초黑帶草[16]

그중 한 종은 해대처럼 검고, 또 다른 한 종은 적색이며, 모두 뿌리를 내

---

15   해대는 일반적으로 다시마로 알려져 있으나 정약전이 미역이라고 명명한 데 대한 논증이다.
16   지금 명칭을 고증하기 어려우나 미역 또는 다시마류일 수도 있다.

리는 데 매우 미약하다. 뿌리와 잎에 모두 줄기가 없어 형상이 검은 비단 띠와 같고 길이는 몇 척 정도다.

○ 그중 한 종은 길이가 20~30척으로 허리띠 모양이고, 색이 검다. 서식지는 모두 해조와 분포대가 같다.【쓰임새는 들어본 적이 없다.】[17]

적발초赤髮草　개지누아리 [18]

바위에 의지해 뿌리가 생기고 줄기가 생긴다. 줄기에서 가지가 생기고, 가지에서 곁가지가 다시 생긴다. 지금 민간에서 쓰는 말 장식 가운데 상모 象毛[19]처럼 색이 적색이고 천 가닥, 만 가닥이다. 서식지는 모두 해조와 분포대가 같다. 쓰임새는 들어 본 적이 없다.

지종地騣【속명을 그대로 따른다.】　지충이

길이는 8~9척이다. 한 뿌리에 한 줄기인데, 줄기가 실처럼 가늘고 거친 털이 있다. 줄기마다 짧은 털이 붙어 있는데, 8~9척 길이로 위아래에 빽빽하게 붙어 있어 빈틈이 없다. 조수가 나갈 때마다 멀리 바라보면 한 분포대에 무리를 이루면서 헝클어지고 널브러져 말갈기와 흡사하다. 색은 황흑이고 서식지는 해조 분포대의 위층에 있다. 보리밭에 거름으로 쓴다.

토의채土衣菜【속명을 그대로 따른다.】[20]　톳

17　길이가 길고 허리띠 모양이라는 점에서 '끈말'을 가리킬 가능성이 높다.
18　개지누아리와 유사한 종일 가능성도 있다.
19　기旗나 창槍 따위의 머리에 술이나 이삭 모양으로 만들어 다는 붉은 빛깔의 가는 털.
20　이 기사는《임원경제지林園經濟志》〈관휴지灌畦志〉권2 "(부록)바닷가와 바다의 푸성귀[(附)浦海菜品]" '톳(土衣菜)'에 재인용되었다. 지금까지 밝혀진 바로는《자산어보》를 조선시대에 재인용한 책은《임원경

길이는 8~9척이다. 한 뿌리에 한 줄기인데, 줄기의 크기는 노끈만 하다. 잎은 인동꽃 봉오리와 비슷해서 처음은 가늘고 끝으로 갈수록 도톰하지만 끝은 다시 뾰족하며 잎의 속은 비어 있다. 서식지는 지종과 분포대가 같다. 맛이 담백하고 개운해서 데쳐 먹을 만하다.

해태海苔　파래

뿌리가 바위에 붙지만 줄기와 가지는 없어서 바위 위에 넓게 깔린다. 색은 푸르다.

○ **청안**　본초서에 '건태乾苔'라는 항목이 있는데, 이시진이 장발張勃[21]의 《오록吳錄》을 인용해 "강리江蘺(꼬시래기)는 바닷물 속에 사는데, 순청색에 헝클어진 머리털과 비슷하다"라고 했으니, 모두 해태다.

해추태海秋苔　갈파래

잎은 크기가 상추만 하고 가장자리가 주름져 있다. 맛은 싱겁고 씹으면 불어나서 입안에 그득하다. 5~6월에 처음 나고, 8~9월에 시들기 시작하기 때문에 '추태秋苔'라 이름 붙인 것이다. 서식지는 지종의 위층에 있다.

맥태麥苔[22]

잎이 매우 길고 가장자리가 넓게 주름져 추태와 비슷하다. 3~4월에 처음 나고 보리를 수확하는 5~6월에 다 자라기 때문에 이렇게 이름 붙였다.

　　제지》가 유일하다. 이후 다섯 종이 더 인용되었다.
21　중국 진晉나라 때 역사가. 《오록》은 그가 저술한 역사서다.
22　해추태와 마찬가지로 갈파래의 일종으로 보이나 결론을 내리기 어렵다(이, 4-234).

추태와 분포대가 같다.

상사태常思苔[23]　가시파래 또는 납작파래

잎은 길이가 1척을 넘는데 부추 잎처럼 좁고 대껍질처럼 얇아 투명하고 미끌미끌하면서 윤이 난다. 색은 짙푸르다. 맛은 달고 좋아서 태류苔類 중에서 제일이다. 2월에 처음 나고 4월에 시든다. 서식지는 맥태의 위층에 있다.

갱태羹苔　홑파래

잎이 둥글게 모여서 꽃송이 같고 가장자리가 주름져 있다. 연하고 미끌미끌해서 국을 끓여 먹기에 좋기 때문에 이렇게 이름 붙였다. 상사태와 같은 시기에 생장하고, 분포대도 같다.

매산태苺山苔　매생이

누에고치 실보다 가늘고 소털보다 빽빽하며 길이는 몇 척 정도다. 색은 검푸르다. 국을 끓이면 부드럽고 미끌미끌하며, 서로 뒤엉켜서 결코 풀어지지 않는다. 맛은 매우 달고 향기롭다. 생장 시기는 갱태보다 조금 이르고 분포대는 자채의 위층에 있다.

신경태信經苔[24]

매산태와 대략 비슷하지만 그보다 조금 거칠고 짧다. 몸통은 매산태보

23　상사태부터 매산태까지, 세 종은 《임원경제지》 〈관휴지〉 권2 "(부록)바닷가와 바다의 푸성귀"에 인용되었다.
24　창자파래, 가는잎파래, 초록실 등일 가능성이 있으나 결론을 내리기 어렵다.

다 까끌까끌해서 맛이 싱겁다. 분포대와 생장 시기는 매산태와 같다.

적태赤苔[25]

형상은 말의 털과 유사하지만 그보다 조금 길다. 색은 적색이고 몸통은
조금 까끌까끌해서 맛이 싱겁다. 생장 시기는 상사태와 같다. 분포대는 태
류苔類 중에 제일 위다. 푸른색도 있다.

저태菹苔 잎파래

형상은 맥태와 유사하다. 초겨울
에 처음 나며 돌 웅덩이나 조수가
빠져도 바닷물이 마르지 않는 곳에
서 난다.

감태甘苔 가시파래

산태와 비슷하지만 그보다 조금
거칠고, 길이는 2~3척이다. 맛은 달
다. 초겨울에 처음 나서 갯벌에서
자란다.

○ 이상에서 말한 여러 종의 태류
는 모두 바위에 붙어서 살아서 바위
위에 펼쳐 있으며, 색이 푸르다.

잎파래

---

25 아직 정확한 동정이 안 되어 있다.

자채紫菜【속명 짐朕】 김

뿌리가 돌에 달라붙지만 가지는 없어서 바위 위에 넓게 퍼져 있다. 색은 자흑이며 맛은 달고 좋다.

○ **청안** 본초서에서 "자채는 일명 '자연紫葖'이다. 바닷속 바위에 붙어 산다. 색은 순청색인데 채취해서 말리면 자색이 된다"라고 한 것이 이것 이다.

엽자채葉紫菜【속명 입짐立朕】[26]

길이와 너비가 맥문동 잎과 비슷하지만 두께는 대껍질처럼 얇아서 투 명하고 미끌미끌하면서 윤이 난다. 2월에 처음 난다. 분포대는 상사태가 사는 곳보다 위층이다.

가자채假紫菜 방사무늬돌김

갱태와 모양이 같다. 다만 가자채는 자잘하게 산재한 돌에서 나지만 절 벽에서 나지 않는다.

세자채細紫菜[27]

길이는 1척 정도면서 침鍼처럼 좁고 가늘다. 조수의 흐름이 빠른 곳에서 는 나지 않고 고인 물의 자잘하게 산재한 돌에서 난다. 맛은 싱겁고 쉽게 썩는다.

---

26 바위섭짐(흑산도 방언)일 가능성이 있으나 결론을 내리기 어렵다.
27 정확한 동정이 안 되어 있다. 김이 아닌 다른 종일 수도 있다. 조자채, 취자채도 이와 같다.

조자채早紫菜【속명 삼짐參朕】

엽자채의 무리로, 9~10월에 난다. 분포대는 엽자채가 사는 곳보다 위층에 있다.

취자채脆紫菜【속명 물개짐勿開朕】

형상은 엽자채와 같고 토의채(莙) 사이에서 산다. 성질이 잘 썩는다. 햇볕에 말리면 점점 시간이 지날수록 색이 변해 붉어진다. 맛 또한 싱겁다.

○ 이상의 여러 자채류를 가공하는 방법은 물에 씻고 짜서 물기를 제거한 후 억새로 만든 발에다 두툼하게 펼쳐 놓고서 햇볕에 말린다. 말린 자채는 민간에서 '앙자채秧紫菜'라 하는데, 모내기하는(移秧) 시기에 공급된다는 뜻이다. 그러나 이 중 유독 조자채만 네모진 나무틀을 만들어 거기에 발을 깔고 물에 담가서, 종이를 뜨는 방법처럼 낱장을 만드는데, 민간에서 '해의海衣'라 한다. 해태海苔를 가공하는 방법도 이와 같다.

○ **청안** 이시진은 "자채는 민월閩越[28]의 바닷가 어디든 있다. 잎은 크고 얇다. 그곳 사람들은 자채를 햇볕에 말렸다가 손으로 주물러 떡 모양을 만든 뒤 판매한다"라고 했다. 이것이 지금 민간에서 말하는 해의다.

석기생石寄生【속명 둠북斗흡北】[29] 뜸부기

크기는 0.3~0.4척이다. 뿌리에서 줄기가 많이 나고, 그 줄기가 또 갈라져 가지가 되고 잎이 된다. 처음 날 때는 잎과 가지가 모두 납작하고 넓었다가 다 자라서는 납작한 곳이 둥글어져서 마치 안이 비어 있는 듯해서 얼

---

28 지금의 중국 복건성福建省 지역 일대.

핏 보면 기생寄生[30]과 비슷하다. 색은 황흑이다. 맛은 담백해서 국을 끓일 수 있다. 서식 분포대는 자채가 사는 곳보다 위층이다.

종가채鬷加菜【속명 종가사리鬷加士里[31]】 불등풀가사리

크기는 0.7~0.8척이다. 뿌리에서 네다섯 개의 잎이 나는데 잎끝은 갈라져 있기도 하고 그렇지 않기도 하며, 잎의 형상은 금은화의 봉오리와 유사하다. 안이 비어 있고 부드럽고 미끌미끌해 국을 끓일 수 있다. 분포대는 석기생이 사는 곳보다 위층이다.

섬가채蟾加菜【속명 섬이가사리蟾伊加士里】 풀가사리

뿌리와 가지는 생장 방법이 석기생과 비슷하지만, 둘 모두 석기생보다 더 가늘면서도 까끌까끌해서 소리가 난다. 색은 적색이지만 햇볕에 오랫동안 말리면 누런색으로 변한다. 매우 끈적끈적하고 미끌미끌해서 이것으로 풀을 만들면 밀가루 풀과 다름이 없다. 분포대는 종가채와 같다. 일본 사람들이 종가채와 이것을 구무求貿[32]하려고 상선이 사방에서 나온다. 어떤 사람은 면직물과 견직물을 풀칠하는 데 이것을 사용한다고도 한다.

○ **청안** 이시진은 "녹각채鹿角菜는 바닷속 절벽 사이에서 산다. 길이는 0.3~0.4척이고 크기는 철사만 한데, 사슴뿔(鹿角) 형상처럼 Y 자로 갈라졌으며 자황색이다. 물에 오랫동안 담가 놓으면 아교처럼 끈기가 있는 상태

---

29 지금도 남아 있는 이름이다.
30 다른 나무에 기생하는 겨우살잇과의 상록 관목.
31 지금도 완도에서는 '중가사리'라 부른다.
32 일본에서 필요한 물품을 조선이 유상有償으로 지급하는 무역 방식.

로 변한다. 여인들이 이것으로 머리를 빗는 데 사용하면 끈적끈적한 성질로 인해 머리가 흐트러지지 않는다"라고 했다.《남월지》에서 "후규猴葵는 일명 녹각이다"라고 했다. 여기서 말한 종가채와 섬가채 두 가지가 녹각채다.

조족초鳥足草【속명을 그대로 따른다】 새발

석기생의 무리인데 줄기와 가지가 마르고 야위었다. 해대海帶가 사는 곳보다 아래층의 깊은 곳에서 난다.

해동초海凍草【속명 우모초牛毛草】[33] 우뭇가사리

형상은 섬가채와 유사한데 다만 몸통이 납작하고 가지 사이에 가느다란 잎이 있으며 색이 자색인 점이 다르다. 여름철에 끓여서 우무묵을 만드는데, 부드럽게 응고되어 투명하고 미끌미끌해서 먹을 만한 음식이다.

만모초蔓毛草【속명 나출우모초那出牛毛草】[34]

머리카락처럼 가늘고, 가지는 흐트러지고 얽혀 있어서 쇠갈고리로 건져 올리면 뒤섞여 덩어리를 이룬다. 만모초도 우무묵을 만들 수 있지만 바위에서 나는 해동초만큼 단단하게 응고되지 않는다. 색은 자색이다. 녹조대綠條帶(거머리말) 사이에서 사는데, 땅에 달라붙지 않고 다른 해초에 의지해서 산다.

---

33 이 기사는《임원경제지》〈관휴지〉권2 "(부록) 바닷가와 바다의 푸성귀"에 인용되었다.
34 갈고리가시우무, 갈고리서실, 털비단풀, 바늘비단풀 등일 가능성이 있으나 결론을 내리기 어렵다.

가해동초假海凍草　개우무

형상은 소의 털과 유사하지만 그보다 더 거칠고 길다. 소의 털보다 빽빽하게 바위 위에서 총생한다. 색은 황흑이다. 또 가해동초보다 조금 더 긴 다른 종이 있는데, 1척 정도 되는 것도 있다. 자채(김) 사이에서 살아서 자채와 섞여 있다.

녹조대綠絛帶【속명 진질眞叱[35]】　거머리말

뿌리는 대나무와 같아서, 뿌리에서 줄기 하나가 뻗어나는데 줄기에 마디가 있다. 겨울철에 찬 기운이 이르기 시작하면 마디에서 잎이 두 개 나는데, 너비는 0.08~0.09척으로 잎의 처음과 끝 너비가 고르다. 봄이 되면 시들기 시작했다가 가을이 되면 완전히 시든 뒤 다음 마디에서 또 두 개의 잎이 난다. 매년 이와 같이 자라다가 잎이 수면에 이를 만큼 자라면 더 이상 자라지 않는다. 더 자라지 않을 정도로 시간이 오래 되어서는 줄기에서 조대條帶[36]처럼 하나의 가지가 나되, 약간 납작하며 아래로는 두툼하지 않고 위로는 점점 줄어들지 않는다. 마디는 오돌토돌하거나 모나지 않았으며, 여기에서 잎이 나오게 된다. 마지막 마디는 두툼하고 큰 것이 1척 정도 된다. 그 마디 위에서는 창포와 같은 잎이 나와서 줄기가 중간에 있고 줄기의 끝 쪽 가까이에 이삭이 달리는데, 열매는 쌀알과 같다.

줄기 색은 청백이고 잎 색은 청록인데, 모두 선명하고 윤기가 돌아 사랑스럽다. 녹조대의 길이는 한정이 없어서 물의 깊이에 따라 달라진다. 모래

35　지금도 전하는 이름이다.
36　도포나 전복戰服 허리에 매는 띠.

와 진흙이 섞여 있는 곳에서 난다. 잎 사이에 난 줄기는 맛이 달다. 풍랑이
칠 때마다 떨어져 나온 잎이 떠다니다 해안가에 이르면 이것으로 밭에 거
름을 한다. 태워서 재를 모으고 바닷물을 흥건하게 뿌려 주어서 소금을 만
들 수도 있다. 잎이 말라서 시들면 한 조각 백지처럼 되는데, 선명하고 깨
끗해서 사랑스럽다. 내 생각에는 풀과 닥나무를 섞어 종이를 만들면 좋을
것 같지만 아직 시험해 보지는 않았다.

단록대短綠帶【속명 포진질暴眞呌】 애기거머리말

녹조대와 비슷하지만 줄기가 없다. 그중에 간혹 줄기가 있는 것도 있지
만 베올(布纓)처럼 가늘다. 길이는 1척 정도를 넘지 않는다. 잎은 조금 좁고
단단하며, 열매는 열리지 않는다. 얕은 물에서 난다.

석조대石條帶【속명 고진질古眞呌】 개바다말

잎은 부추처럼 가늘고, 길이는 4~5척이며, 열매는 열리지 않는다. 해대
海帶 사이에서 난다. 말려서 엮으면 부드럽고 질겨서 지붕을 이을 수 있다.

청각채靑角菜[37] 청각

뿌리 · 줄기 · 가지 · 곁가지가 토의채(莏)와 상당히 비슷하지만 그보다 더
둥글다. 성질은 미끌미끌하고, 색은 청흑이다. 맛이 담백해서 김치 맛을
돋운다. 5~6월에 나서 8~9월이면 다 자란다.

---

[37] 이 기사는《임원경제지》〈관휴지〉권2 "(부록) 바닷가와 바다의 푸성귀"에 인용되었다.

가산호假珊瑚[38]　뿔산호류

형상은 말라 죽은 나무처럼 생겼는데, 가지와 곁가지가 있으며 모두 끝이 갈라져 있다. 머리는 꺾여 있고, 몸통은 돌과 비슷해 두드리면 쟁쟁거리는 소리가 난다. 열매는 물러서 손가락으로 튕기면 부서질 수 있다. 조그마한 종기 같은 것이 말려 구부러져 있어서 기이하고 고풍스러워 감상할 만하다. 껍질의 색은 진홍색이고 속은 백색이다. 바닷속 가장 깊은 곳에서 나는데, 때때로 낚싯대에 걸려 올라온다.

38　수많은 산호 중 해양류海楊類 산호를 가리킨 것으로 보인다. 산호는 동물인데 당시에는 식물로 이해했음을 알 수 있다. 유럽에서도 18세기까지는 산호를 식물로 분류했다(이, 4-406~413).

부　록

《교감본 자산어보》

해설

茲山者, 黑山也. 余謫黑山, 黑山之名, 幽晦可怖, 家人書牘, 輒稱茲山. 茲亦黑也.

茲山海中魚族極繁, 而知名者鮮, 博物者所宜察也. 余乃博訪於島人, 意欲成譜, 而人各異言, 莫可適從.

島中有張德順昌大者, 杜門謝客, 篤好古書. 顧家貧少書, 手不釋卷, 而所見者不能博. 然性恬靜精密, 凡草‧木‧鳥‧魚接於耳目者, 皆細察而沈思, 得其性理, 故其言爲可信. 余遂邀而館之, 與之講究, 序次成編, 名之曰"茲山魚譜".

旁及於海禽‧海菜, 以資後人之考驗. 顧余固陋, 或已見本草, 而不聞其名, 或舊無其名而無所可考者, 太半也. 只憑俗呼俚, 不堪讀者, 輒敢創立其名.

後之君子, 因是而修潤之, 則是書也‧於治病‧利用, 理財數家, 固應有資, 而亦以補詩人博依之所不及云爾.

嘉慶甲戌, 洌水 丁銓書.

鱗類

石首魚【有大小數種】

大鮸【俗名艾羽叱】

大者長丈餘. 腰大數抱. 狀類鮸, 色黃黑. 味亦似鮸, 而益醲厚. 三四月間, 浮出水面【凡魚之浮水而不能游潛者多, 在春夏間者, 皆鰾中氣溢也.】, 漁者徒手而捕.

六七月間, 捕鯊者設釣鉤于水底. 鯊魚吞之而倒懸【鯊甚强, 故吞釣, 則揮其尾, 使釣綸纏其身, 用力則綸或絶, 故勢必倒懸.】, 則大鮸又吞其鯊. 鯊之鰭骨【鯊有骨如錐】逆刺其腸, 是成釣鐵, 鮸不能拔. 擧釣而隨上, 漁者力不能制. 或以索作套子而句出, 或以手納其口而搰其閤顋以出.【閤顋者, 魚之喉旁勁毛也. 傍各數重, 勢若密篦, 俗呼"句纖". 凡魚鼻之用, 只在嗅香, 水之出納, 閤顋司之.

○ 石首魚小者齒堅, 中者有齒而不堅. 大鮸則齒僅如鯊皮, 故入手不刺.】

肝有大毒食之, 瞑眩而發癖疥, 能消瘡根【凡大魚之膽[1] 皆消瘡毒】. 其膽治胸

---

1   膽 : 肝의 오기로 보인다.

痛、腹痛云.

○ 睛案　石首有大小諸種, 而皆腦中有石二枚, 腹中白鰾可以爲膠.《正字通》云：“石首魚, 一名鯼, 生東南海中. 形如白魚, 扁身弱骨細鱗.”《嶺表錄》謂之石頭魚,《浙志》謂之江魚, 又《臨海志》謂之黃花魚. 然今此大鯼之形, 諸書所未及也.

鮸魚【俗名民魚】

大者長四五尺【以周尺言之, 下皆倣此.】. 體稍圓, 色黃白, 背青黑, 鱗大口巨. 味淡甘, 鯹、熟俱宜, 乾者尤益人. 鰾可作膠.

黑山海中稀貴, 或浮出水面, 或釣得. 羅州諸島以北, 五六月網捕, 六七月釣捕. 其卵胞長數尺, 醃鱐俱美. 幼者俗呼“巖峙魚”.

又有一種, 俗呼“富世魚”. 長不過二尺餘.

○ 睛案　鮸音免. 東音, 免、民相近, 民魚卽鮸魚也.《說文》云：“鮸, 魚名, 出薉邪國.” 薉者, 我國嶺東地也. 然今嶺東之海, 未聞產鮸. 西南之海, 皆有之耳.

《本草綱目》：“石首魚, 乾者名‘鯗魚’, 能養人, 故字從養. 羅願云：‘諸魚薧乾皆爲鯗, 其美不及石首, 故獨得專稱. 以白者爲佳, 故呼「白鯗」. 若露風, 則變紅色失味.’” 我國亦以民魚爲佳鯗, 民魚卽鮸也.

○ 又按　《東醫寶鑑》以鮰魚 爲民魚. 然鮰卽鮠也. 生於江湖而無鱗, 陳藏器誤以鮠爲鮸. 李時珍辨之, 鮰與鮸不可混也.

踏水魚【俗名曹機】

大者一尺餘. 狀類鮸而體稍狹. 味亦似鮸而尤淡. 用如鮸, 卵宜醢. 興陽外島, 春分後網捕；七山海中, 寒食後網捕；海州前洋, 小滿後網捕；黑山海中, 六七月始夜釣【水淸故晝不吞釣】. 已盡產卵, 故味不及春魚者, 腊之不能耐久, 至秋稍勝.

○ 稍大者【俗呼甫九峙】, 體大而短, 頭小而俯, 故腦後高. 味羶惟堪作鱐. 産於七山者, 稍勝而亦不佳.

○ 稍小者【俗呼盤厓】, 頭稍尖, 色微白.

○ 最小者【俗呼黃石魚】長四五寸, 尾甚尖. 味甚佳. 時入於漁網中.

○ 晴案 《臨海異物志》: "石水魚小者名踏水, 其次名春來." 田汝[2]成《遊覽志》: "每歲四月, 來自海洋, 綿亘數里. 海人乃下網, 截流取之. 初水來者甚佳, 二水‧三水來者, 魚漸小而味漸減."【出《本草綱目》】

蓋此魚隨時趨水而來, 故名"踏水"也. 今人網捕之時, 遇其群來, 得魚如山, 舟不勝載. 而海州‧興陽網捕異時者, 以其隨時踏水也.

○ 又按 《博雅》"石首, 鯼也", 《江賦》注"鯼魚, 一名石首魚", 而《正字通》明辨石首之非鯼. 《本草綱目》亦別載爲二魚, 可按而知也.

鯔魚【有數種】

鯔魚【俗名秀魚】

大者長五六尺. 體圓而黑. 目小而黃, 頭扁腹白.

性多疑而敏於避禍. 又善游善躍, 見人影輒跳避, 水不至濁, 未嘗含釣. 水清則網在十步, 已能色舉, 雖入網中, 亦能跳出. 網在於後, 則寧出岸而伏於泥, 不肯向水. 而罥於網, 其伏於泥也, 全身埋土, 而惟以一目伺動靜.

味甘而醲厚, 爲魚族第一. 漁無定時, 而三四月産卵, 故此時網捕者多. 非鹵泥濁水, 不可襲取. 故黑山海中亦或有之, 而不可得.

○ 其小者, 俗呼"登其里"; 最幼者, 俗呼"毛峙".【亦呼"毛當", 又呼"毛將".】

2　汝 : 저본·《본초강목》에는 "九". 《西湖遊覽志餘·委巷叢談》에 근거해 수정.

假鯔魚【俗名斯陵】

狀同眞鯔, 但頭稍大, 目黑而大, 尤驍捷. <u>黑山</u>所産只此種. 其幼者名"夢魚".

○ 晴案　本草"鯔魚似鯉, 身圓頭扁骨軟. 生江海[3]淺水中",《馬志》云"性善食泥", <u>李時珍</u>云 "鯔魚色緇[4]黑故名. <u>粤</u>人訛爲子魚. 生東海. 有黃脂味美". 今人所稱 "秀魚"卽此也.【《三國志》注云: "<u>介象</u>與<u>孫權</u>論鱠. 象曰 '鯔魚爲上', 權曰'此出海中, 安可得?'. 象令汲水滿坮垂綸, 須臾釣得鯔魚."】

鱸魚

鱸魚

大者長丈. 體圓而長. 肥者頭小巨口細鱗. 鰓有二重而薄脆, 鉤貫易裂. 色白而有黑暈, 背靑黑. 味甘而淸. 四五月始生, 冬至後絶蹤. 性喜淡水, 每霖雨水盛, 釣者尋鹹淡水交會之際, 投釣卽擧, 則鱸隨而呑釣. 産於<u>黑山</u>者, 瘦細而小, 味亦不如近陸之産. 其幼者, 俗呼"甫鱸魚"【又呼"乞德魚"】.

○ 晴案　《正字通》: "鱸似鱖, 巨口細鱗, 長數寸. 有四腮, 俗呼'四腮魚'." <u>李時珍</u>云: "鱸出<u>吳</u>中, <u>淞江</u>尤盛, 四五月方出. 長僅數寸, 狀微似鱖, 而色白有黑點."【出《本草綱目》】蓋<u>吳</u>中之鱸短小, 與我國異也.

强項魚

强項魚【俗名道尾魚】

大者長三四尺. 形似鱸, 體短而高, 高居長之半. 背赤尾廣目大. 鱗似鮸而最剛. 頭項硬甚, 觸物皆碎. 齒最强能齧鰒·螺之甲, 含鉤而能伸能折. 肌肉

3　海:《本草綱目·鱗部·鯔魚》에는 '河'.
4　緇: 저본에는 없음.《本草綱目·鱗部·鯔魚》에 근거해 보충.

頗硬, 味甘而醲. <u>湖西</u>·<u>海西</u>, 四五月網捕；<u>黑山</u>, 四五月始生, 入冬絶蹤.

黑魚【俗名甘相魚】

色黑而稍小.

瘤魚【俗名癰伊魚】

狀類强項, 而體稍長, 目稍小, 色紫赤. 腦後有瘤, 大者如拳. 頷下亦有瘤, 而煮之成膏. 味似强項而劣, 頭多肉甚醲厚.

骨道魚【俗名多億道魚】

大四五寸. 狀類强項魚. 色白, 骨甚硬. 味薄.

北道魚【仍俗名】

大者七八寸. 狀類强項魚. 色白, 味亦如之, 稍淡薄.

赤魚【俗名剛性魚】

狀如强項魚而小. 色赤. <u>康津縣</u>之<u>靑山島</u>海中多有之. 八九月始出.【原編闕, 今補之.】

○ 晴案　《譯語類解》以道尾魚爲家雞魚.

鱒魚

鱒魚【俗名蠢峙魚】

大二三尺. 體狹而高. 鱗大而多鯁, 背靑. 味甘而淸. 穀雨後, 始漁於<u>牛耳島</u>. 自此以漸北, 六月間始至於<u>海西</u>. 漁者追而捕之, 然晚不如早.

○ 小者大三四寸, 而味甚薄.

○ 晴案 《爾雅》〈釋魚〉云“鮤，當魱”，郭注云“海魚也．似鯿而大鱗，肥美多鯁．今江東呼其最大長三尺者，爲當魱”．《類篇》云：“鮤出有時，即今鮣魚．”《集韻》與鮂同．李時珍云：“鮂，形秀而扁，微似魴而長，白色如銀．肉中多細刺如毛．大者不過三尺，腹下有三角硬鱗如甲，其肪亦在鱗甲中．”【出《本草綱目》】此即今俗所稱“蠢峙魚”也．

○ 又按 《譯語類解》以蠢峙魚爲肋魚，一名鑞刀魚．《本草綱目》別有勒魚，似鮂小首，只於腹下有硬刺，非今俗之蠢峙魚也．

碧紋魚

碧紋魚【俗名皐登魚】

長二尺許．體圓，鱗極細，背碧有紋．味甘酸而濁．可羹可醢，而不可鱠鱐．楸子諸島，五月始釣，七月絶蹤，八九月復出．黑山海中，六月始釣，九月絶蹤．是魚，晝則游行倏忽往來，人不可追．性又喜明，故爇燎而夜釣．又喜游清水，故網不得施云．島人之言曰：“是魚，乾隆庚午始盛，至嘉慶乙丑，雖有豐歉，無歲無之．丙寅以後，歲歲減損，今幾絶蹤．近聞嶺南海中，新有是魚．”其理不可知．

○ 稍小者【俗呼“道塗音發”】，頭稍縮，形稍高，色稍淡．

假碧魚【俗名假古刀魚】

體稍小，色尤淡，口小脣薄．尾旁有細刺，成行至翼而止．味甘釅，勝於碧紋．

海碧魚【俗名拜學魚】

狀同碧紋，色亦碧而無紋．體肥肉脆．游行大海，不近洲渚．

青魚

青魚

長尺餘. 體狹色青. 離水久則煩赤. 味淡薄, 宜羹炙, 宜醢鱐. 正月入浦, 循岸而行, 以産其卵, 萬億爲隊至則蔽海. 三月間旣産則退, 伊後其子長三四寸者入網. 乾隆庚午後十餘年極盛, 其後中衰, 嘉慶壬戌極盛, 乙丑後又衰盛. 是魚冬至前始出於嶺南左道, 遵海而西而北, 三月出於海西, 海西者倍大於南海者. 嶺南、湖南迭相衰盛云.

　○ 昌大曰:"嶺南之産脊骨七十四節, 湖南之産脊骨五十三節."

　○ 晴案　青魚亦作"鯖魚". 《本草綱目》"青魚生江湖間. 頭中枕骨, 狀如琥珀. 取無時", 則非今之青魚也. 今以其色青, 故假以名之也.

食鯖【俗名墨乙蟲. 墨乙者, 食也. 言不知産卵, 但知求食也.】

目稍大, 體稍長. 四五月漁之, 不見腹中有卵.

假鯖【俗名禹束筆】

體稍圓而肥. 味微酸而甘醲, 優於青魚. 與青魚同時入網.

貫目鯖

狀如青魚. 兩目貫通無礙. 味優於青魚, 腊之尤美. 故凡青魚之腊, 皆稱貫目, 非其實也. 産於嶺南海中, 最希貴.【原篇缺, 今補之.】

鯊魚

凡魚之卵生者無牝牡之交, 而牡者先瀉其白液, 牝者産卵于液, 以化成其子. 獨鯊者胎生而胎無定時, 水蟲之特例也. 牡者外有二腎, 牝者腹有二胞. 胞中各成四五胎, 胎成而産.【句】兒鯊胸下, 各抱一卵, 大如絲瓜. 卵消則

產.【卵者卽人之臍也. 故兒鯊腹中之物, 卽卵之汁也.】

○ 晴案 《正字通》:“海鯊, 青目赤頰, 背上有鬣, 腹下有翅.”《六書故》曰:“鯊, 海中所産, 以其皮如沙得名. 哆口無鱗胎生.”《本草綱目》:“鮫魚, 一名沙魚, 一名䱜魚, 一名鰒魚, 一名溜魚.” 李時珍云:“古曰鮫, 今曰沙, 是一類而有數種也. 皮皆有沙.” 陳藏器云:“其皮上有沙, 堪揩木如木賊.”【亦出《本草》】

皆指此海鯊也. 其子皆胎生而出入於母腹. 沈懷遠《南越志》云:“環雷魚, 䱜魚也. 長丈許. 腹內[5]有兩洞, 貯水養子, 一腹容二[6]子. 子朝從口中出, 暮還入腹.”《類篇》及《本草綱目》皆言之, 可按而知也.【䱜魚卽海鯊】

膏鯊【俗名其廩鯊】

大者七八尺. 體長而圓. 色如灰【凡鯊色盡然】. 鰭上尾上, 各有一骨如錐. 皮硬如沙. 肝油特多, 而全身皆膏脂也. 肉雪白. 或炙或羹而味醲, 不宜於鱠腊.

○ 凡治鯊之法, 以熱湯沃而摩之, 則沙鱗自脫. 熬其肝取油, 以資燈燭.

眞鯊【俗名參鯊】

狀類膏鯊, 而體稍短. 頭廣目稍大. 肉色微紅. 味稍淡, 宜於鱠腊.

○ 大者名“禿鯊”【俗名“民童鯊”】, 中者名“檝杓鯊”【俗名“朴竹鯊”】, 小者名“道音發鯊”.

○ 昌大曰:“檝杓鯊別有一種. 頭如海鷂魚, 狀類檝杓故名. 又名‘鏵鯊’.”【鏵亦似檝杓】非眞鯊之中者也.

---

5 內 : 저본에는 없음.《太平御覽·䱜魚》·《本草綱目·鱗部·鮫魚》에 근거해 보충.
6 二 : 저본에는 “三”.《太平御覽·䱜魚》·《本草綱目·鱗部·鮫魚》에 근거해 수정.

蟹鯊【俗名揭鯊】

好食蟛蟹故名. 狀類膏鯊, 而無骨錐. 脅旁有白點, 成行至尾. 其用同眞鯊. 肝無膏.

竹鯊【仍俗名】

與膏鯊同, 而大者一丈許. 頭稍大而廣, 脣口稍區廣【他鯊脣口如匕首】. 兩脅有黑點, 成行至尾. 用如眞鯊.

○ 晴案　蘇頌曰: "鮫, 大而長, 喙如鋸者, 曰'胡沙', 性善而肉美; 小而皮粗者, 曰'白沙', 肉彊而有小毒." 李時珍曰: "背有珠文如鹿而堅彊者, 曰'鹿沙', 亦曰'白沙'; 背有斑文如虎而堅彊者, 曰'虎沙', 亦曰'胡沙'."【出《本草綱目》】今蟹鯊、竹鯊、駢齒鯊、矮鯊之類, 皆有斑點如虎如鹿. 蘇、李所言, 卽指此也.

癡鯊【俗名非勤鯊】

大者五六尺. 體廣而短, 腹大而黃【他魚皆腹白】, 背紫黑. 口廣目陷. 性甚緩愚, 出水一日不死. 宜於鱠聶, 他不堪用. 肝膏特盛.

矮鯊【俗名全淡鯊】

長不數尺. 狀、色、性、味皆類癡鯊, 但體小爲異.

○ 晴案　島人呼"矮鯊", 曰"趙全淡鯊", 又呼"濟州兒". 未知何義也.

駢齒鯊【俗名愛樂鯊】

大者一丈有半. 狀類癡鯊, 紫黑, 駢齒灾色, 兩脅有白點成行, 尾稍細. 齒如曲刀, 而甚堅利, 能齧他鯊. 他鯊含鉤, 則駢齒切而啗之, 誤吞其鉤, 爲人所得. 骨柔脆可生食.

鐵剉鯊【俗名苩鯊】

與膏鯊大同. 背稍廣, 尾上鰭稍陷如溝. 口上有一角, 其長居全體三分之一. 狀如戈劒, 兩邊有倒刺如鋸, 甚堅利. 人或誤觸, 甚於兵刀. 故曰"鐵剉", 指礧鋸如刀之鐵剉子也. 角底有兩鬚, 長尺許, 其用如眞鯊.

○ 晴案　《本草綱目》"鮫鼻前有骨如斧斤, 能擊物壞舟者曰'鋸沙', 又曰'挺額魚'. 亦曰'鱕䱜', 謂鼻骨如鐇斧也."【時珍說】左思《吳[7]都賦》云"鯽・䱡・鱕䱜", 注云"鱕䱜有橫骨在鼻前, 如斤斧形". 《南越志》云: "鱕魚鼻有橫骨如鐇, 海船逢之必斷." 此皆今俗之鐵剉鯊也. 今鐵剉鯊有大二丈者, 而戟[8]齒鯊・箕尾鯊之屬皆能吞人覆舟也.

驍鯊【俗名毛突鯊】

與他鯊大同, 而大丈許. 其絶大者長或三四丈, 而不可捕得. 齒甚硬, 驍勇絶倫, 漁者以三枝鐵錐刺之. 繫索於錐, 任其怒逸, 待力盡然後收索. 或釣時, 不意而含鉤逸走. 綸繫於指, 則指折; 綸繫於腰, 則全身仍隨以入水, 鯊乃曳而走焉. 用如他鯊, 而味稍苦.

鏟鯊【俗名諸子鯊】

大者二丈許. 體似蝌蚪, 前翼大如扇. 皮沙尖利如刺, 以之爲鏟, 利於鐵鏟. 磨其皮以餙器物, 堅滑而有文星星可愛. 味薄猶可膾食.

○ 晴案　《荀子》〈議兵〉篇云: "楚人, 鮫革・犀兕以爲甲." 《史記》〈禮書〉"鮫韇" 注, "徐廣云: '鮫魚皮可以飾服器.'" 《說文》云: "鮫, 海魚. 皮可飾刀." 此皆指今之鏟鯊也.

7　吳 : 저본에는 "蜀". 《文選註·京都下·吳都賦》에 근거해 수정.
8　戟 : 저본에는 "載". 가람본에 근거해 수정.

《山海經》云："漳水東南流注于雎. 其中多鮫魚. 皮可飾刀劍, 口錯治材角." 李時珍曰："皮有珠, 可飾刀劍治骨角." 口錯者, 口裏之錯皮也. 今鏈鯊口裏之皮, 甚利於磨揩, 俗謂之"口中皮"卽是也.

艫閣鯊【俗名歸安鯊】

大者丈餘. 頭似艫閣, 前方而後殺, 似膏鯊. 目在艫閣左右之隅. 脊鰭甚大, 張鰭而行, 恰如張帆. 味甚佳, 宜鱠及羹腊. 艫閣者, 海船之制於前檣所倚之大橫格頭【頭在舷外】, 左右皆作板閣, 謂之歸安, 故今名曰"艫閣". 是魚之狀類是故名.

○ 晴案　是鯊有兩耳聳出, 而方言謂耳曰"歸", 故曰"歸安"也. 艫閣亦船之兩耳也.

四齒鯊【俗名丹徒令鯊】

大者七八尺. 頭似艫閣鯊. 但艫鯊如平板, 此則腦後頗凸, 成長方形. 頭下如他鯊, 左右各有二齒, 近頰豊本, 向前漸殺, 狀如半破壺魂磊, 如鰒殼之背而滑澤. 堅可碎石, 能齧鰒、螺之甲. 性極頑懶, 泅水者遇之, 抱之而出. 用如癡鯊, 而味頗苦.

銀鯊【仍俗名】

大者五六尺. 質弱無力, 色白如銀無鱗. 體狹而高, 目大而在頰傍【他魚目在腦旁】. 酥鼻出口外四五寸, 口在其下【酥鼻者, 頭盡處別出一肉, 向前殺尖, 軟滑如酥, 故今名之.】. 翼肥而廣如扇, 尾如蝌蚪. 用如他鯊, 而鱠尤佳. 其翼腊之, 火溫而傅之, 能治乳腫.

刀尾鯊【俗名環刀鯊】

大者丈餘. 體圓似冬瓜, 瓜末尾屬如走獸尾, 長於元體一倍, 廣而直. 末仰殺, 末曲如環刀, 利如鋩堅於鐵, 用之揮擊以食他魚. 味甚薄.

戟齒鯊【俗名世雨鯊】

大者二三丈. 狀類竹鯊, 而但無黑點. 色如灰而微白. 自脣至腭, 齒有四重森列如戈戟簇立. 性甚緩慢, 故人能釣出. 或言甚愛其齒, 故釣綸罥齒, 則隨牽而出, 殊不然也. 割肉至骨, 不驚不動. 若觸其目與骨, 則鼓勇踊躍, 人不敢近. 肌肉雪白. 或脯或羹猶然. 瘰瘲. 味甚薄. 肝無膏.

鐵甲將軍

大數丈. 狀似大鮸, 而鱗掌許大, 堅硬如鋼鐵, 叩之鐵聲. 五色錯雜成文, 極鮮明而滑如氷玉. 其味亦佳. 島人嘗一獲.

箕尾鯊【俗名耐安鯊, 又稱豚蘇兒.】

大者五六丈. 狀如他鯊, 而體純黑. 鰭與尾, 大如箕, 海鯊之最大者也. 居於大海. 天欲雨, 則群出噴波如鯨, 船不敢近.【原篇缺, 今補之.】

○ 案 《史記》〈始皇本紀〉, "方士徐市等, 入海求神藥, 數歲不得. 乃詐曰: '蓬萊藥可得, 然常爲大鮫魚所苦, 故不得至.'"《鳥獸考》云: "海鯊虎頭鯊, 體黑. 巨者二百斤, 常以春晦, 陟於海山之麓, 旬日化爲虎." 皆今箕尾鯊之謂也. 但化虎之說, 未有實見. 《述異記》云: "魚虎老變爲鮫魚." 李時珍又以鹿沙爲能變鹿, 以虎沙爲虎魚所化, 則物固有相變者, 然未可明也.

錦鱗鯊【俗名恩折立】

長一丈有半. 狀如他鯊, 而體稍狹. 上脣有二鬐, 下脣有一鬐, 擧之鬈髟. 鱗大如掌, 層次如屋瓦, 極絢爛. 肉酥而味佳. 能治瘰. 時或網捕之.【亦今補】

黔魚

黔魚【俗名黔處歸】

狀類强項魚. 大者三尺許. 頭大口大, 目大體圓. 鱗細背黑, 鰭鬣剛甚. 味似鱸魚, 肌肉稍硬. 四時皆有.

○ 稍小者【俗名登德魚】, 色黑而帶赤, 味薄於黔魚.

○ 尤小者【俗名應者魚】, 色紫黑味薄. 常居石間, 不能遠游. 大抵黔魚之屬, 皆在石間.

薄脣魚【俗名發落魚】

狀類黔魚, 而大如蹢魚【石首魚】. 色靑黑. 口小脣鰓甚薄. 味同黔魚. 晝遊大海, 夜歸石窟.

赤薄脣魚【俗名孟春魚】

與薄脣魚同, 色赤爲異.

頹魚【俗名北諸歸】

狀類黔魚. 目尤大而突. 色赤, 味亦似黔魚而薄.

釣絲魚【俗名餓口魚】

大者二尺許. 狀類蝌蚪. 口極大, 開口便無餘地, 色紅. 脣頭有二釣竿, 大如醫鍼, 長四五寸. 竿頭有釣絲, 大如馬尾. 絲末有白餌如飯粒. 弄其綸餌, 他魚以爲食而來就, 則攫而食之.

螫魚【俗名孫峙魚】

狀類小黔魚, 大亦如之. 脊鰭甚毒, 怒則如蝟, 近之則螫. 人或被螫, 痛不可忍. 松葉煎湯, 浸其螫處則神效.

鰈魚

鰈魚【俗名廣魚】

大者長四五尺, 廣二尺許. 體廣而薄. 兩目偏於左邊. 口縱坼, 尻在口下. 腸如紙匣有二房, 卵有二胞. 自胸而由脊骨間, 達于尾, 背黑腹白. 鱗極細. 味甘而醲.

○ 晴案　我邦謂之"鰈域". 鰈者, 東方之魚也. 《後漢書》〈邊讓傳〉注云: "比目魚, 一名鰈, 今江東呼爲板魚." 《異物志》云: "一名箬葉魚, 俗呼鞋底魚." 《臨海志》曰"婢屣魚", 《風土記》曰"奴屩魚". 蓋是魚只有一片, 故因其形似, 有此諸名也.

然今我邦之海, 産此鰈魚大小諸種, 俗稱各異, 而皆一箇獨行. 有雌有雄, 兩目偏箸, 一口縱坼. 驟看雖若隻體難行, 實驗非是兩片相並也. 案《爾雅》, 云"東方有比目魚, 不比不行, 其名謂之鰈", 郭注云"狀似牛脾. 鱗細, 紫黑色. 一眼, 兩片相合乃得行. 今水中所在有之". 左思《吳都賦》云"罩兩魪", 注云"左右魪一目, 卽比目魚". 司馬相如《上林賦》云"禺禺鱋魶", 注"鱋一作鮛, 比目魚也. 狀似牛脾, 兩相合乃行". 李時珍云"比, 並也. 魚各一目, 相並而行也. 段氏《北戶錄》謂之鰜. 鰜, 兼也", 又云"兩片相合, 其合處半邊平而無鱗".

凡此皆未見鰈形, 以意言之也. 今鰈魚, 明一箇有兩目, 明一箇獨行, 下腹上背, 獨成完體, 非相並而行也. 李時珍又從而申之曰"合處半邊平而無鱗", 有若目覩者, 然其實非目覩也. 《會稽志》云: "越王食魚, 未盡以半棄之, 水中化爲魚, 遂無一面, 名半面魚." 此卽鰈也. 半面獨行, 非相並也.

郭璞《爾雅》注, 以鰈爲王餘魚. 又其《異魚贊》云: "比目之鱗別號王餘. 雖有二片, 其實一魚." 王餘魚, 卽繪殘魚, 非鰈也. 郭氏誤言之也.【《正字通》

"比目魚, 名版魚, 俗改作䰂".】

小鰈【俗名加簪魚】

大者二尺許. 狀類廣魚, 而體尤廣益厚. 背有亂點, 亦有無點者.

○ 晴案　《譯語類解》以此爲"鏡子魚".

長鰈【俗名鞋帶魚】

體尤長而狹. 味甚醲厚.

○ 晴案　此形酷似鞋底矣.

䵻鰈【俗名突長魚】

大者三尺許. 體如長鰈, 腹、背有黑點. 味頗䵻.

瘦鰈【俗名海風帶】

體瘦而薄. 背有黑點.

○ 已上諸鰈, 俱宜羹炙, 而腊則不佳. 都不如東海之良.

牛舌鰈【仍俗名】

大掌許, 而長酷似牛舌.

○ 金尾鰈【俗名套袖梅】

似小鰈, 而尾上有一團金鱗.

○ 薄鰈【俗名朴帶魚】

似牛舌鰈而尤小, 薄如紙. 編聯而腊之.【已上俱今補】

小口魚

小口魚【俗名望峙魚】

大者一尺許. 狀類强項魚, 而高益崇. 口小色白. 以胎生子. 肌肉脆軟, 味甘.

魛魚

魛魚【俗名葦魚】

大一尺餘. 類蘇魚而尾甚長. 色白. 味極甘釅, 鱠之上品.

○ 晴案　今葦魚産於江, 蘇魚産於海, 是一種屬, 卽魛魚也. 《爾雅》〈釋魚〉云"鮤, 鱴刀", 郭注云"今之鮆魚也, 亦呼爲魛魚". 《本草綱目》: "鱭魚, 一名鮆魚, 一名鮤魚, 一名鱴刀, 一名魛魚, 一名鰽魚. 魏 武《食制》謂之望魚." 邢昺云: "九江有之."

李時珍云: "鱭生江湖中, 常以三月始出. 狀狹而長薄, 如削木片, 亦如長薄尖刀形. 細鱗白色. 肉中多細刺."《淮南子》曰: "鮆魚飮而不食." 又《異物志》云: "鱭魚初[9]夏從海中泝流而上, 長尺餘, 腹下如刀. 是鰽鳥所化." 據此可知葦魚卽魛․鮆也.《譯語類解》謂之刀鞘魚.

海魛魚【俗名蘇魚, 又名伴徜魚.】

大六七寸. 體高而薄. 色白, 味甘而釅. 黑山海中間有之, 芒種時, 始漁於巖泰島地.

○ 小者【俗名古蘇魚】大三四寸. 體稍圓而厚.

蟒魚

9　初:《本草綱目·鱗部·鱭魚》·《太平御覽·鱭魚》에는 "仲".

蟒魚【仍俗名】

大者八九尺. 體圓三四圍, 頭小目小,【圍, 拱也.】鱗極細. 背黑, 似蟒有黑紋【似碧紋魚而大】. 頗勇健, 能跳數丈. 味酸而厚, 但劣濁.

○ 晴案　《譯語類解》"拔魚, 一名芒魚"卽此蟒魚也.《集韻》"�云魚似蛇",《玉篇》"�魚似蛇, 長一丈", 似今蟒魚之類也.

黃魚【俗名夫[10]斯魚】

大者一丈許. 狀如蟒魚而稍高. 色全黃. 性勇健而暴急. 味薄.

靑翼魚

靑翼魚【俗名僧帶魚】

大者二尺許. 頸甚大而皆骨, 顧無肉. 體圓. 口旁有二鬚, 極靑. 背赤. 脅旁有翼, 大如扇, 可卷舒. 色靑極鮮明. 味甘.

灰翼魚【俗名將帶魚】

大一尺餘. 狀類靑翼魚, 頭稍匾而長. 其骨亦如之. 色黃黑. 翼稍小而與體同色.

飛魚

飛魚【俗名辣峙魚】

大者二尺弱. 體圓, 色靑. 有翼如鳥, 色靑鮮. 飛則張之, 能至數十步. 味極薄劣. 芒種時, 聚于海岸, 産卵. 漁者爇燎, 用鐵鐖錐捕之. 只産於紅衣﹑可佳島, 而黑山間有之.

10 　夫 : 저본에는 "大". 가람본에 근거해 수정.

○ 晴案　飛魚, 狀類假鰮魚, 而鰭大如翼, 故能飛. 其性喜明. 漁者乘夜, 設網而設燎, 魚乃群飛入網. 或爲人所困, 則飛落於原野. 此卽文鰩魚也.

《山海經》云: "觀水西流注于流沙. 其中多文鰩魚. 狀如鯉魚. 魚身而鳥翼, 蒼文而白首赤喙. 以夜飛, 其音如鸞雞." 《呂氏春秋》云: "蓳水之魚, 名曰'鰩'. 其狀若鯉而有翼. 常從西海飛, 游於東海." 《神異經》云: "東南海中有溫湖, 中有鰩魚, 長八尺." 左思《吳都賦》云: "文鰩, 夜飛而觸綸." 《林邑記》云: "飛魚身圓. 大者丈餘. 翅如胡蟬, 出入群飛. 游翔翳薈, 沈則泳于海底." 《明一統志》云: "陝西 鄠縣 澇水出飛魚. 狀如鮒, 食之, 已痔疾." 據此諸說, 則東西南三方皆有文鰩也. 故顧況《送從兄使新羅詩》云: "南溟垂大翼, 西海飲文鰩." 蓋以我邦之海亦有文鰩, 故詠之也.

又《拾遺記》云: "仙人寧封食飛魚而死, 二百年更生." 《酉陽雜俎》云: "朗山 浪水有魚, 長一尺, 能飛. 飛卽凌雲空, 息卽歸潭底."【段成式】言雖弔詭, 而所云飛魚必文鰩也.

又《山海經》: "桐水多鱛魚, 其狀如魚而鳥翼, 出入有光." 又"嚻水西流注于河, 其中多鰑鰑之魚, 其狀如鵲而十翼, 鱗在羽端." 又"柢山有魚焉, 其狀如牛, 蛇尾有翼. 有羽在脅下曰'鮭魚'." 此類皆是飛魚. 然《山海經》所言未必皆恒有之物也.

耳魚

耳魚【俗名老南魚】

大者二三尺. 體圓而長. 鱗細, 色黃, 或黃黑. 頭有兩耳如蠅翼. 味薄. 伏於石間.

鼠魚【俗名走老南】

狀類耳魚, 而頭稍尖殺. 色赤黑相斑. 頭亦有耳. 肉靑, 味甚薄, 腥臭尤甚.

凡魚皆春卵, 而耳魚獨秋卵也.

箭魚

箭魚【仍俗名】

大者一尺許. 體高而狹. 色靑黑, 多膏, 味甘厚. 黑山或有之, 不如近陸之
産.

扁魚

扁魚【俗名瓶魚】

大者二尺許. 頭小項縮尾短, 背凸腹突. 其形四出, 長與高略相等. 口極小.
色靑白, 味甘. 骨脆, 宜於鱠、炙及羹. 黑山或有之.

○ 晴案　今之瓶魚, 疑古之魴魚也.《詩》云: "魴魚頳尾."《爾雅》〈釋
魚〉: "魴, 魾." 郭注云: "江東呼魴魚爲鯿, 一名魾." 陸璣《詩疏》云: "魴
魚, 廣而薄肥, 恬而少力, 細鱗, 魚之美者."《正字通》云: "魴魚, 小頭縮項,
闊腹穿脊, 細鱗, 色靑白. 腹內肪甚腴." 李時珍云: "闊腹扁身. 味甚腴美.
性宜活水." 據此諸說, 則魴魚之形恰如瓶魚也. 但魴魚是川水之産也.

《詩》云: "豈其食魚, 必河之魴."《鄕語》云: "伊、洛鯉·魴, 美如牛羊."
又云: "居就粮, 梁水魴."《後漢》〈馬融傳〉注: "漢中鯿魚甚美, 常禁人捕,
以槎斷水. 因謂之槎頭縮項鯿." 則魴是川水之魚也.

今瓶魚未聞産於川水者. 惟《山海經》云: "大鯾居海中." 注云: "鯾卽魴
也." 李時珍云: "其大有至二三十斤者." 則魴亦有産於海者也. 然今瓶魚未
見大者, 是可疑也.

鰔魚

鰔魚【俗名蔑魚】

體極小, 大者三四寸. 色靑白. 六月始出, 霜降則退. 性喜明光, 每夜漁者, 爇燎而引之, 及到窟窟, 以匡網汲出. 或羹或醢, 或腊或爲魚餌. 產於<u>可佳島</u>者, 體頗大. 冬月亦漁. 然都不如<u>關東</u>者之良.

○ 晴案 今之蔑魚, 醢之腊之, 充於庶羞, 膳品之賤者也.《史記》〈貨殖傳〉云：“鮐千石.”《正義》云：“謂雜小魚.”《說文》云：“鮭, 白魚也.”《韻篇》云：“鮭, 小魚也.” 今之蔑魚卽是歟.

大鮷【俗名曾蘖魚】

大者五六[11]寸. 色靑, 而體稍長, 似今之靑魚. 先於小鮷而至.

短鮷【俗名盤刀蔑】

大者三四寸. 體稍高, 肥而短. 色白.

酥鼻鮷【俗名工蔑】

大者五六寸. 體長而瘦. 頭小而用酥鼻半寸許. 色靑.

杙鮷【俗名末獨蔑】

如小鮷而色亦同. 頭不豐, 尾不殺. 狀如杙, 故名.

大頭魚
大頭魚【俗名[12]無祖魚】

大者二尺弱. 頭大口大體細. 色黃黑, 味甘而醲. 游於潮汐往來之處. 性頑

---

11 六：저본에는 “寸”. 일석본에 근거해 수정.
12 名：저본에는 “云”. 가람본에 근거해 수정.

不畏人, 故釣捕甚易. 冬月穿泥而蟄. 食其母, 故俗稱無祖魚云. 黑山間有而
不堪食. 産於近陸者甚佳.

○ 又一種小者【俗名德音巴】, 長五六寸. 頭與體相稱. 色或黃或黑. 海水近
濱處有之.

凸目魚【俗名長同魚】

大者五六寸. 狀類大頭魚而色黑. 目凸, 不能游水. 好於鹵泥跳躍, 掠水而
行.

螫刺魚【俗名溲羃魚】

狀類凸目魚而腹大. 怒則膨脝, 背有刺, 螫人則痛.【原篇缺, 今補之.】

無鱗類

鱝魚

鱝魚【俗名洪魚】

大者廣六七尺. 雌大雄小. 體似荷葉. 色赤黑. 酥鼻當頭位, 豐本而尖末. 口在酥鼻底, 胸腹間直口. 背上【卽酥鼻之本】有鼻, 鼻後有目. 尾如豬尾, 尾脊有亂刺.

雄者陽莖有二, 陽莖卽骨, 狀如曲刀. 莖底有囊卵. 兩翼有細刺, 交雌則以翼刺句之而交. 或雌者含鉤而伏, 則雄者就而交之. 擧鉤則並隨而上. 雌死於食, 雄死於淫, 可爲饕淫者之戒.

雌者産門外有一孔, 內通三穴, 中穴通於腸, 兩旁成胞. 胞上有物如卵, 卵消則産胞而成子. 胞中各成四五子.【鯊魚, 産門之外一內三, 亦同此.】

冬至後, 始捕. 立春前後, 肥大而味佳；至於三[13]四月, 則體瘦而味劣. 宜鱠、炙、羹、腊. 羅州近邑之人好食其鯗者, 嗜好之不同也. 胸腹有癥瘕宿

疾者, 取鱝魚之鰠者, 作羹飽之, 能驅下穢惡. 又最能安酒氣. 又蛇忌鱝魚, 故其腥水所棄之處, 蛇不敢近. 凡蛇咬處, 傅其皮良效.

○ 晴案 《正字通》云: "鱝魚, 形如大荷葉, 長尾, 口在腹下, 目在額上. 尾長有節, 螫人." 《本草綱目》: "海鷂魚, 一名邵陽魚【《食鑑》作 '少陽'】, 一名荷魚, 一名鱝魚, 一名鯆魮魚, 一名蕃蹹魚, 一名石蠣." 李時珍云: "狀如盤及荷葉, 大者圍七八尺. 無足無鱗. 肉內皆骨, 節節聯比, 脆軟可食." 皆指今之洪魚也. 《東醫寶鑑》作 "魠魚". 然魠是魚子之稱【音拱】, 恐誤.

小鱝【俗名登及魚】

狀類鱝而小. 廣不過二三尺. 酥鼻短而不甚尖. 尾細而短. 肉甚肥厚.

瘦鱝【俗名間簪魚】

廣不過一二尺. 體極瘦薄. 色黃, 味薄.

靑鱝【俗名靑加五】

大者廣十餘尺. 狀類鱝, 而酥鼻圖廣. 背蒼色. 尾短於鱝而有錐. 五分其尾, 錐在其四分之地. 錐有逆刺如鑯, 以之螫物, 則入而難拔, 又有大毒【已下四種, 其尾錐皆同.】. 有物侵之, 則搖其尾如飄風之葉以禦其害.

○ 晴案 《本草拾遺》: "海鷂魚生東海. 齒如石版. 尾有大毒, 逢物以尾撥而食之. 其尾刺人, 甚者至死. 候人尿處釘之, 令人陰腫痛, 拔去乃愈. 海人被刺毒者, 以魚扈竹及海獺皮, 解之."【陳藏器】今靑·黃·墨·螺諸鱝皆有錐尾也.

墨鱝【俗名墨加五】

與靑鱝同, 而色黑爲異.

黃鱝【俗名黃加五】

與靑鱝同而背黃. 肝膏最盛.

螺鱝【俗名螺加五】

類黃鱝, 而齒在喉門如四齒鯊而塊磊. 其尖乳環列如螺頸.

鷹鱝【俗名每加五】

大者廣數十丈. 狀類鱝, 最大而有力. 鼓勇而竦其肩, 有似搏禽之鷹.[14] 舟
人下矴, 或礙其身, 則怒竦其肩, 肩背之間陷而成溝. 遂以其溝, 負矴繂而走,
船行如飛. 擧矴, 則隨而上舷, 故舟人畏而斷其繂.

○ 晴案　魏武《食制》云: "蕃踰魚, 大者如箕, 尾長數尺."[15] 李時珍只
云"大者圍七八尺", 而今鷹鱝之大皆所未見也. 鷹鱝之尾錐, 怒而擊之, 可以
斷鯨云.

海鰻鱺
海鰻鱺【俗名長魚】

大者長丈餘. 狀類蟒蛇, 大而短. 色淺黑. 凡魚出水則不能走, 此魚獨能走
如蛇, 非斬頭, 不可制. 味甘醲, 益人. 久泄者, 和鰻鱺, 作糜粥服之則止.

○ 晴案　日華子云: "海鰻鱺, 一名慈鰻鱺, 一名狗魚.[16] 生東海中, 類鰻
鱺而大." 卽此也.

海大鱺【俗名弸長魚】

14　鷹 : 저본에는 "雁". 문맥에 근거해 수정.
15　大…尺 :《通雅·動物(漁)·蕃踰魚》·《格致鏡原·水族類·各種魚》에는 "大者尾如箕長數尺".
16　狗魚 :《本草綱目·鱗部·海鰻鱺》에는 "猧狗魚".

目大, 腹中墨色. 味尤佳.

犬牙鱸【俗名介長魚】

口長如豕, 齒疎如犬. 鯁骨益堅, 能吞人.

○ 四時皆有海鱺【獨深冬不上釣, 意或蟄於石窟也.】. 或言孕卵孕胎者, 或言蛇之所化【見者甚衆.】. 然此物至繁, 凡於石窟之中百千成隊, 雖有蛇化, 未必盡然. 昌大曰："嘗聞苔士島人, 言見海鱺腹中有卵如貫珠, 類蛇卵." 未可知也.

○ 晴案　趙辟公《雜錄》云："鰻鱺魚有雄無雌, 以影漫於鱧魚, 則其子皆附于鱧鬣而生, 故謂之鰻鱺." 然産於流水者猶可然也, 産於海者, 海無鱧魚, 安所漫附乎? 亦未可明也.

海細鱺【俗名臺光魚】

長一尺許. 體細如指, 頭如指峝. 色紅黑, 皮滑. 伏於鹵泥中. 腊之則味佳.

海鮎魚

海鮎魚【俗名迷役魚】

大者長二尺餘. 頭大尾殺, 目小. 背靑腹黃, 無鬚【産於淡水者, 黃而有鬚.】. 肉甚脆軟, 骨亦脆. 味薄劣. 能治酒病. 未鰒而烹, 則肉皆消融, 故喫者待其旣鰒.

紅鮎【俗名紅達魚】

大者二尺弱. 頭短, 尾不殺. 體高而狹, 色紅. 味甘美. 宜炙, 勝於海鮎.

葡萄鮎【仍俗名】

大者尺餘. 狀類紅鮎, 目突, 色黑. 卵如菉豆, 多聚而團合如鷄伏之卵. 雌雄同抱而臥於石間, 化成其子. 小兒口涎, 炙食則效.

長鮎【俗名骨望魚】

大者二尺餘, 而其體瘦長. 口稍大. 味薄劣.

魨魚【俗名服全魚】

黔魨【俗名黔腹】

大者二三尺. 體圓而短. 口小, 齒騈至堅剛. 怒則腹膨脹, 而切齒軋軋有聲. 皮堅可裹器物. 味甘釅. 諸魨中寡毒. 爛烹和油而食. 蒸以竹, 忌烟煤.

○ 晴案　本草, 河豚, 一名"鯸鮧"【一作"鯸鮐"】, 一名"鰗鮧", 一名"鯏魚"【一作"鮭"】, 一名"嗔魚", 一名"吹肚魚", 一名"氣包魚".《馬志》曰: "河豚, 江·淮·河·海[17]皆有之." 陳藏器曰: "腹白, 背有赤道如印. 目能開闔. 觸物卽嗔怒, 腹脹如氣毬浮起." 李時珍曰: "狀如蝌斗. 背靑白.[18] 其腹膁呼爲西施乳."【幷《本草綱目》】皆魨魚也.

鵲魨【俗名加齒服】

體稍小, 背有斑文. 有大毒, 不可食.

○ 晴案　李時珍云: "河豚, 色炎黑有文點者, 名'斑魚', 毒最甚. 或云: '三月后則爲斑魚, 不可食.'"【出《本草綱目》】此卽今鵲魨之謂也. 凡魨魚皆有毒. 陳藏器曰: "海中者大毒, 江中者次之." 寇宗奭云: "味雖珍美, 修治失法, 食之殺人." 又魨魚之肝及子皆大毒, 陳藏器所稱"入口爛舌, 入腹爛腸,

---

17　江淮河海:《本草綱目·鱗部·河豚》에는 "江淮河".
18　白:《本草綱目·鱗部·河豚》에는 "黑".

無藥可解"者, 宜可愼也.

滑魨【俗名蜜服】

體小而灰色黑文. 膩滑.

澁魨【俗名加七服】

色黃, 腹有細芒.

小魨【俗名拙服】

似滑魨, 而體甚小. 大者不過七八寸.

○ 凡魨魚産於近陸者, 穀雨後, 因川溪, 泝流數十百里以産其卵. 在外洋者, 每於洲渚産卵. 又或鰾漲而浮出水面.

蝟魨

狀類魨魚. 全身都是刺棘, 恰如蝟鼠. 昌大曰：" 只一見漂泊於岸者, 大不過一尺. 其用處未聞."

白魨

大者一尺許. 體細而長. 色純白, 大者有紅暈. 味甘. 或入漁綱, 又或霖雨溪漲隨水泝上, 設筐而捕.

烏賊魚
烏賊魚

大者徑一尺許. 體橢圓, 頭小而圓, 頭下細頸, 頸上有目, 頭端有口. 口圍有八脚, 細如釣綸. 長不過二三寸, 而皆有菊蹄. 欲行則行, 有物則攫者也.

其中別出二長脚如條子, 長尺有五寸許.

脚末如馬蹄有團花【團花如菊. 兩對成行故云.】, 所以黏著者也. 行則倒行,
亦能順行. 背有長骨. 亦橢圓. 肉甚脆軟. 有卵在中.

有囊盛墨汁. 有物侵之, 則噴其墨以眩之. 取其墨而書之, 色極光潤. 但久
則剝落無痕. 浸以海水, 則墨痕復新云.

背赤黑有斑文. 味甘美. 宜鱠‧腊. 其骨能合瘡生肌骨. 亦治馬瘡驢之背
瘡, 非此莫治.

○ **晴案** 本草, 烏賊魚, 一名烏鰂, 一名墨魚, 一名纜魚. 骨名海鰾
鮹. 《正字通》云: "鰂, 一名黑魚. 狀如算囊." 蘇頌云: "形若革囊. 背上只
有一骨, 狀如小舟. 腹中血及膽正如墨, 可以書字. 但逾[19]年則迹滅. 懷墨而
知禮, 故俗謂之海若白事小吏." 此皆是也.

又陳藏器云: "昔[20]秦王東游, 棄算袋於海, 化爲此魚. 故形似之, 墨尙在
腹." 蘇軾《魚說》云: "烏賊懼物之窺己也, 則呴[21]水以自蔽, 海鳥視之, 知
其魚而攫之." 蘇頌云: "陶隱居言此是烏鰂[22]所化. 今其口脚[23]具存, 猶頗
相似. 腹中有墨可用, 故名烏鰂." 又《南越志》云: "其性嗜烏, 每自浮水上,
飛鳥見之, 以爲死而啄之, 乃卷取入水而食之. 因名烏賊, 言爲烏之賊害也."
李時珍云: "羅願《爾雅翼》: '九月寒烏入水, 化爲此魚. 有文墨可爲法則,
故名烏鰂.' 鰂者, 則也."

據此諸說, 或言算袋之所變, 或言呴水而爲烏所害, 或言佯死而攫烏以食,
或言烏鰂 之所化, 或言寒烏之所變. 俱未有實見, 不可詳也.

---

19 逾: 저본에는 "愈". 가람본·《本草綱目·鱗部·烏賊魚》에 근거해 수정.
20 昔: 저본에는 "是".《本草綱目·鱗部·烏賊魚》에 근거해 수정.
21 呴: 저본에는 "煦".《五百家註柳先生集·附錄·烏賊魚說》에 근거하여 수정. 이하 모든 "煦"는 "呴"로
　　고치며 교감기를 달지 않음.
22 烏鰂: 저본에는 "鸓鳥".《爾雅·釋鳥》에 근거해 수정.
23 脚: 저본에는 "腹".《本草綱目·鱗部·烏賊魚》·《本草圖經·蟲魚·烏賊魚》에 근거해 수정.

余謂烏賊者, 猶言黑漢, 以其懷墨, 故名也. 後仍加魚作鰂鱡. 又省作鯽, 亦作鮡, 或譌作鱴, 非有他義也.

鰇魚【俗名高禄魚】

大者長一尺許. 狀類烏賊, 體益長而狹. 背無板而有骨, 骨薄如紙, 以爲之脊. 色赤, 微有墨. 味甘而薄. 羅州以北甚繁. 三四月取以爲醢. 黑山亦有之.

○ 晴案 《正字通》: "鰇, 本作柔. 似烏賊無骨. 生海中, 越人重之."【《本草綱目》亦言之】此卽今之高禄魚也. 但無算囊而有細骨, 非全無骨也.

章魚

章魚【俗名文魚】

大者長七八尺【產於東北海者, 長或二丈餘.】. 頭圓. 頭下如肩胛出八枝長脚. 脚下一半有團花如菊, 兩對成行, 卽所以黏著於物者. 黏著則寧絶其身, 不肯離解. 常伏石窟, 行則用其菊蹄. 八脚周圍, 而中有一孔卽其口也. 口有二齒如鷹觜, 甚硬强. 出水不死, 拔其齒卽死. 腹腸却在頭中, 目在其頸. 色紅白, 剝其皮膜則雪白. 菊蹄正紅. 味甘似鰒魚, 宜鱠宜腊. 腹中有物, 俗呼溫埃, 能消瘡根. 水磨塗丹毒神效.

○ 晴案 《本草綱目》: "章魚, 一名章擧魚, 一名鮹[24]魚." 李時珍云: "生南海. 形如烏賊而大, 八足, 身上有肉. 韓退之所謂'章擧、馬甲柱, 鬪以怪自呈'者." 皆今之文魚也.

又 《嶺南志》云: "章花魚出潮州. 八脚, 身有肉如雪." 《字彙補》云: "《閩書》: '鱆魚, 一名望潮魚.'" 亦皆此也.

我國稱八梢魚. 董越 《朝鮮賦》: "魚則錦紋、飴項、重脣、八梢." 自注

---

24 鮹: 저본에는 "鯧". 《本草綱目·鱗部·章魚》에 근거해 수정.

云: "八梢卽江浙之望潮. 味頗不佳. 大者長四五尺." 《東醫寶鑑》云: "八梢魚, 味甘, 無毒. 身有八條長脚, 無鱗無骨. 又名八帶魚. 生東北海, 俗名文魚." 卽是也.

石距【俗名絡蹄魚】

大者四五尺. 狀類章魚, 而脚尤長. 頭圓而長. 好入泥穴. 九十月腹中有卵如飯稻粒, 可食. 冬則蟄穴産子, 子食其母. 色白. 味甘美. 宜鱠及羹·腊. 益人元氣【牛之瘦憊者, 飼石距四五首, 則頓健.】

○ 晴案 蘇頌云: "章魚·石距二物似烏賊而差大, 更珍好." 《嶺表錄異記》: "石距, 身小而足長, 入鹽燒食極美." 此卽今之絡蹄魚. 《東醫寶鑑》"小八梢魚, 性平, 味甘. 俗名絡蹄"者是也【俗云: "絡蹄魚與蛇交, 故斷而有血者, 棄之不食." 然絡蹄魚自有卵, 未必盡蛇化也.】.

蹲魚【俗名竹今魚】

大不過四五寸. 狀類章魚, 但脚短, 僅居一身之半.

海豚魚

海豚魚【俗名尙光魚】

大者丈餘. 體圓而長. 色黑似大豬. 乳房及私處似婦人. 尾橫【凡魚尾皆如船柁, 此獨橫生.】. 臟腑似狗. 行必群隨. 出水索索有聲. 多膏, 一口可得一盆. 黑山最多, 而人不知漁術.

○ 晴案 陳藏器云: "海豚生海中, 候風潮出沒. 形如豚, 鼻在腦上, 作聲. 噴水直上, 百數爲群. 其中有油[25]脂, 點燈照樗蒲卽明, 照讀書工作卽暗.

---

25 油: 저본에는 "曲". 《本草綱目·鱗部·海豚魚》에 근거해 수정.

俗言懶婦所化." 李時珍云:"其狀大如數百斤猪, 形色靑黑如鮎魚, 有兩乳, 有雌雄, 類人. 數枚而[26]行, 一浮一沒, 謂之拜風. 其骨硬, 其肉肥, 不中食. 其膏最多."【出《本草綱目》】

　海豚魚之形狀, 非今之尙光魚乎?《本草綱目》:"海豚魚, 一名海豨, 一名暨魚, 一名饞魚, 一名鱄魶. 生江中者, 名江豚, 一名江猪, 一名水猪."《玉篇》:"鱁鮧魚【亦云鱃魚】, 一名江豚. 天欲風則湧." 今尙光魚之出游, 舟人占其風雨, 此卽是也.

　又《說文》云"鮠, 魚名. 出樂浪 潘國. 一曰出江東.[27] 有兩乳",《類篇》云"鮠, 鱄也", 此亦海豚魚也. 今我國西南之海皆有之. 許所云"出於樂浪", 亶其然矣.

　又《爾雅》〈釋魚〉云:"鱀, 是鱁." 郭注云:"鱀, 體似鱏魚, 尾如鮯魚. 大腹喙小, 銳而長, 齒羅生, 上下相銜. 鼻在額上, 能作聲. 少肉多膏, 胎生." 此亦似海豚魚之謂也.

人魚

人魚【俗名玉朋魚】

形似人.

　○ 晴案　人魚之說蓋有五端:

　其一, 鯑魚也.《山海經》云:"休水北注於雒, 中多鯑魚. 狀如蟄蜼而長距." 本草, 鯑魚, 一名人魚, 一名孩兒魚." 李時珍云:"生江湖中. 形色皆如鮎 · 鮠. 其顋頰軋軋, 音如兒啼. 故名人魚. 此産於江湖者也.

　其一, 鯢魚也.《爾雅》〈釋魚〉:"鯢, 大者謂之鰕." 郭注云:"鯢魚似鮎,

26　而:《本草綱目 · 鱗部 · 海豚魚》에는 "同".
27　江東:《說文解字注 · 魚部 · 鮠》에는 "九江".

四脚. 前似獼猴, 後似狗. 聲如小兒啼. 大者長八九尺."《山海經》云: "決水多人魚. 狀如鯑, 四足, 音如小兒." 陶弘景《本草》注云: "人魚, 荊州 臨沮 青溪多有之. 其膏燃之, 不消耗. 秦始皇 驪山冢中所用人魚[28]膏是也."【《史記》〈始皇本紀〉云: "治酈山, 以人魚膏爲燭, 度不滅者久之."】《本草綱目》: "鯢魚, 一名人魚, 一名鮞魚, 一名鰨魚." 李時珍云: "生溪澗中. 形聲皆同鯑. 但能上樹乃鯢魚也. 俗云: '鮎魚上竿, 乃此.'與海中鯨同名." 此産於溪澗者也. 蓋鯑鯢之形聲相同, 有産江、産溪、上樹之別, 故《本草綱目》分而別之. 皆入於無鱗之部, 是同類也.

其一, 鯢魚也.《正字通》云: "鯢狀如鮎, 四足, 長尾, 聲似小兒, 善登竹." 又云: "鯢魚卽海中人魚. 眉耳口鼻手爪頭皆具, 皮肉白如玉, 無鱗有細毛. 五色髮如馬尾, 長五六尺, 體亦長五六尺. 臨海人取養池沼中. 牝牡交合, 與人無異. 郭璞有人魚贊【人魚加人作魤字.】." 蓋鯢魚之上樹、兒啼, 雖似鯑、鯢, 而其形色各異, 是別一魤也.

其一, 鮫人也. 左思《吳都賦》云: "訪靈夔於鮫人."《述異記》云: "鮫人水居如魚, 不廢機織, 有眼能泣, 泣則成珠." 又云: "鮫綃, 一名龍紗, 其價百餘金, 以爲服入水不濡."《博物志》云: "鮫人水居如魚, 不廢機織. 時出寓人家賣[29]綃. 臨去, 從主人家索器, 泣而出珠, 滿盤以與主人." 此蓋水怪也. 織、綃、泣、珠說, 是弔詭. 然猶古人轉相稱述.《吳都賦》云: "泉室潛織而卷綃, 淵客慷慨而泣珠." 劉孝威詩云: "蜃氣遠生樓, 鮫人近潛織."《洞冥記》云: "味[30]勒國人乘象, 入海底, 宿于鮫人之宮, 得淚珠." 李頎《鮫人歌》云: "輕[31]綃文綵不可識, 夜夜澄波連月色." 卽顧況《送從兄使新羅

---

28 魚: 저본에는 없음.《本草綱目·鱗部·鯑魚》·《史記·秦始皇本紀》에 근거해 보충.
29 賣: 저본에는 "買".《蒙求集注·淵客泣珠交甫解佩》에 근거해 수정.
30 味: 《洞冥記》에는 "吠".
31 輕: 저본에는 "朱".《御定全唐詩·李頎·鮫人歌》에 근거해 수정.

詩》亦云："帝女飛銜石, 鮫人賣[32]淚綃." 然水府織綃, 人無見者, 淵客泣珠
說, 甚誕矣. 皆未有實見, 只以傳襲用之者也.

其一, 婦人之魚也. 徐鉉《稽神錄》云："謝仲玉者見婦人出沒水中, 腰以
下皆魚, 乃人魚也." 《述異記[33]》云："查道使高麗, 海中見一婦人, 紅裳雙
袒, 髻鬟紛亂, 顋[34]後微有紅鬣. 命扶於水中, 拜手感戀而沒, 乃人魚也."

蓋鱧、鯢、鰻、鮫四者, 別無似婦人之說, 則仲玉、查道之見是又別異者
也. 今西南海中有二種, 類人之魚. 其一尙光魚, 狀似人而有兩乳, 卽本草所
稱海豚魚也【詳見海豚條】. 其一玉朋魚, 長可八尺, 身如常人, 頭如小兒, 有
鬚髮鬖髿下垂. 其下體有雌雄之別, 酷與人男女相似. 舟人甚忌之, 時或入於
漁綱, 以爲不祥而棄之. 此必查道之所見也.

四方魚

四方魚【無俗名】

大四五寸. 體四方形. 長廣高略相等, 而長稍大於廣. 口如爪痕, 目如綠豆.
兩鰭及尾僅如蠅翼, 肛可容綠豆. 全身皆利錐如鏟鯊. 體堅如鐵石.

○ 昌大曰："嘗於風波後, 漂至於岸, 故一見之."

牛魚

牛魚【俗名花折肉】

長二三丈. 下觜長三四尺, 腰大如牛, 尾尖殺. 無鱗, 全身皆肉而雪白. 味
極脆軟甘美. 時或隨潮入港. 觜觸於沙泥, 不能拔而死.【原篇缺, 今補之.】

32　賣 : 저본에는 "買". 《古麗府 · 武功部 · 送從兄使新羅詩》에 근거해 수정.

33　述異記 : 저본에는 "徂異記". 《異魚圖贊箋 · 髮魚》에 근거해 수정.

34　顋 : 《異魚圖贊箋 · 髮魚》에는 "背".

○ 案　《明一統志》〈女眞[35]篇〉云：“牛魚出混同江.[36] 大者長丈五尺，重三百斤. 無鱗骨，脂肉相間，食之味長.”《異物志》云：“南方有牛魚，一名引魚，重三四百斤. 狀如鱧，無鱗骨，背有斑文，腹下青色. 肉味頗長.”《正字通》云：“按《通雅》‘牛魚，北方鮪屬’，王易《燕北錄》‘牛魚，觜長，鱗硬,[37] 頭有脆骨，重百斤’，卽南方鱏魚.”據此，則牛魚卽今之花折魚也. 鱏卽鮪也，亦稱鱘魚. 鼻長與身等，色白，無鱗. 李時珍亦以牛魚爲鱏屬是也.

鱠殘魚

鱠殘魚【俗名白魚】

狀如筯. 七山海多有之.【亦今補】

○ 案　《博物志》云：“吳王闔廬行,[38] 食魚鱠，棄殘餘於水，化爲魚，名鱠殘.”卽今銀魚.《本草綱目》一名“王餘魚”.《譯語類解》謂之“麪條魚”，以其形似也. 李時珍云：“或又作越王及《僧寶誌》者，益出傅會，不足致辯.”又云：“大者長四五寸. 身圓如筯，潔白如銀，無鱗，若已鱠之魚，但目有兩黑點.”今所云白魚卽此也.

鱵魚

鱵魚【俗名孔峙魚】

大者長二尺許. 體細而長如蛇. 下觜細如醫鍼，長三四寸. 上觜如燕. 色白帶青氣，味甘而淸. 八九月入浦旋退.

○ 晴案　《正字通》：“鱵魚，俗呼針觜魚.”《本草綱目》：“鱵魚，一名姜

35　眞：저본에는 “直”. 가람본·정씨본에 근거해 수정.
36　牛…江：저본에는 “牛魚混同江出”.《欽定盛京通志·物産·水族類》에 근거해 수정.
37　硬：저본에는 “鯁”.《通雅·動物·牛魚》에 근거해 수정.
38　行：《博物志·異魚》에는 “同行”.

公魚, 一名銅䮾魚."李時珍云:"此魚喙有一鍼. 俗云姜[39]犬公釣鍼, 亦傅會也."又云:"形狀並同鱠殘, 但喙尖, 有一細黑骨如鍼爲異. 《東山經》云:'泚水北注于湖, 中多箴魚, 狀如鯈, 其喙如鍼.'卽此."皆今孔峙魚之謂也【體有白如鱗, 非眞鱗也.】.

裙帶魚【俗名葛峙魚】

狀如長刀. 大者長八九尺. 齒堅而密. 味甘. 被咬則有毒. 卽鱴魚之類而身稍扁耳.

鸛觜魚【俗名閑璽峙】

大者丈許. 頭如鸛觜, 齒如針而櫛比. 色靑白, 肌肉亦靑. 體如蛇, 亦鱴魚之類.

千足蟾

千足蟾【俗名三千足, 又名四面發.】

體眞圓. 大者徑一尺有五寸許. 全體周圍有無數之股, 狀如鷄脛. 股又生脚, 脚又生枝, 枝又生條, 條又生葉, 千端萬梢蠢蜎蠕蝡, 令人體栗. 口在其腹, 亦章魚之類也. 腊之入藥, 有助陽之功云.

○ 晴案 郭璞《江賦》云:"土肉、石華."李善注引《臨海水土物志》曰:"土肉, 正黑, 如小兒臂大, 長五寸. 中有腹無口, 腹有三十足. 炙食."此似今所稱千足蟾也.

---

39 姜:저본에는 "是".《本草綱目·鱗部·鱴魚》에 근거해 수정.

海[40]鮀

海鮀【俗名海八魚】

大者, 長五六尺, 廣亦如之. 無頭尾, 無面目. 體凝軟如酥, 狀如僧人戴其簷笠. 腰着女裙, 垂其脚而游于水. 笠簷之內有無數短髮.【髮如極細菉末餺飥. 然實非眞髮.】其下如頸而陡豐如肩膊. 膊下分爲四脚, 行則貼合. 脚居身之半, 脚之上下內外, 叢生無量數長髮. 長者數丈許, 色黑, 短者七八寸, 次長次短其等不齊. 大者如條, 細者如髮. 行則淋漓嫋娜如傘, 游外張其質. 其色恰似海凍.【以牛毛草煮而成膏, 瑩凝曰海凍.】

强項魚遇之, 喫如豆腐. 隨潮入港, 潮退則膠艐, 不能動而死. 陸人皆煮食, 或膾食.【煮則酥軟者堅韌, 麤大者縮小.】昌大曰: "嘗剔見其腹, 如南瓜敗爛之瓟."

○ 晴案 鮀亦作鮀. 《爾雅[41]翼》曰: "鮀生東海, 正白, 濛濛如沫, 又如凝血. 縱廣數尺. 有智識, 無頭目處所, 故不知避人. 衆蝦附之, 隨其東西." 《玉篇》云: "形如覆笠, 汎汎常浮隨水." 郭璞 《江賦》"水母目鰕", 注云: "水母, 俗呼海舌." 《博物志》: "東海有物, 狀如凝血, 名曰鮓魚."

《本草綱目》, 海鮀, 一名'水母', 一名'樗蒲魚'. 李時珍云: "南人謪爲'海折', 或作'蜡鮓'者, 並非. 閩人曰 '蛇', 廣人曰'水母', 《異苑》名'石鏡'." 《康熙字典》云: "鮀, 水母也. 一名蟡, 形如羊胃." 皆今海八魚之謂也. 李時珍云: "水母形渾然凝結, 其色紅紫. 腹下[42]有物如懸絮, 群蝦附之, 咂其涎沫. 人取之, 去其血汁可食."【出 《本草綱目》】

蓋此物中有血汁也. 海人云: "鮀之腹中有囊藏血, 時逢大魚, 噢血以亂之, 如烏鰂之噴墨."

---

40 海: 저본에는 "漁". 가람본에 근거해 수정.
41 雅: 저본에는 "邪". 가람본에 근거해 수정.
42 腹下: 《本草綱目·鱗部·海鮀》에는 "無口眼腹, 下."

鯨魚

鯨魚【俗名高來魚】

色鐵黑, 無鱗. 長或十餘丈, 或二三十丈. 黑山海中亦有之.【原篇缺, 今補之.】

○ 案 《玉篇》云：“鯨, 魚之王.”《古今註》云：“鯨, 大者長千里, 小者數十丈. 其雌曰鯢, 大者亦長千里, 眼如明月珠.” 今我西南海中亦有之, 而未聞長千里者. 崔說, 夸矣.

今日本之人最重鯨鱠, 傅藥於矢射而獲之. 今或有鯨死漂至而猶帶箭者, 是其受射而走者也. 又或有兩鯨相鬪, 一死漂岸者. 煮肉出膏, 可得十餘瓮. 目可爲杯, 鬚可爲尺, 其脊骨斷一節可作舂臼, 而古今本草皆不載錄, 可異也.

海鰕

大鰕

長尺餘, 色白而紅. 背曲, 身有甲, 尾廣, 頭似石蟹, 目突. 有兩鬚, 長三倍於其身而赤. 頭上有二角, 細而硬尖. 脚有六, 胸前又有二脚如蟬綏. 腹下有雙板仰貼, 懷卵於胸・脚・腹板之間, 能游能步. 味最甘美.

○ 中者, 長三四寸；白者, 大二寸許；紫者, 大五六寸；細者, 如蟻.

○ 晴案 《爾雅》〈釋魚〉：“鰝, 大鰕.” 陳藏器云“海中紅鰕長一尺, 鬚可爲簪”, 卽此也.

海蔘

海蔘

大者二尺許, 體大如黃瓜. 全身有細乳, 亦如黃瓜. 兩頭微殺, 一頭有口, 一頭通肛. 腹中有物如栗毬, 腸如鷄而皮甚軟, 引擧則絶. 腹下有百足, 能步不能游, 而其行甚鈍. 色深黑, 肉靑黑.

　○ 晴案　我邦之海皆産海蔘. 採而乾之, 貨於四方. 與鰒魚˙淡菜列爲三貨. 然考古今本草, 皆不載錄. 至近世葉桂《臨證指南》藥方中多用海蔘. 蓋因我國之用而始之也.

屈明蟲

屈明蟲【仍俗名】

大者, 長一尺五寸許, 圓徑亦如之. 狀如抱子之鷄而無尾. 頭˙頸微昂, 有耳如猫. 腹下似海蔘之足, 亦不能游. 色深黑, 有赤文. 全身都是血, 味薄. 嶺南人食之, 非百洗去血不食.

淫蟲【俗名五萬童】

狀似陽莖. 無口無孔, 出水不死. 乾曝則萎縮如空囊. 以手摩挲, 少頃膨脹, 出汁如毛孔出汗, 細如絲髮, 左右飛射. 頭大尾殺, 以尾黏著石上. 灰色而黃. 採鰒者, 時或得之. 大有補陽之功, 淫者腊之入藥.

　○ 又有一種似胡桃, 或曰卽其雌也.

　○ 晴案　《本草綱目》有"郎君子", 其形略似此所言淫蟲, 然未可明也.

介類

海䱐
海龜

狀類水龜. 腹背有璕瑁之紋. 時或浮出水面, 性甚遲緩, 近人而不驚. 背有牡蠣之甲, 片片剝落【牡蠣遇堅硬之物, 必貼其甲】. 此或是璕瑁而土風畏其成災, 見而不收, 惜哉!

蟹

晴案 《周禮》〈考工記〉注云:"仄行蟹屬.", 疏云:"今人謂之旁蟹, 以其側行也." 傅肱《蟹譜》作"螃蟹", 亦云"橫行介士", 以其外骨也. 《揚子方言》謂之"郭索", 以其行聲也. 《抱朴子》謂之"無腹公子, 以其內空"也. 《廣雅》云:"雄曰'蜋螘';雌曰'博帶'". 蓋其別, 以尖臍者爲雄, 團臍者爲雌. 又螯大曰雄, 螯小曰雌, 是其別也.

《爾雅翼》云:"蟹, 八跪而二螯. 八足折而容俯, 故謂之'跪';兩螯倨而容仰, 故謂之'螯'." 今俗之稱蟹爲跪, 蓋本於此也. 《荀子》〈勸學〉篇云:"蟹, 六跪二螯", 非也. 蟹足八跪.

舞蟹【俗名伐德跪】

大者橢圓長徑七八寸, 色赤黑. 背甲近螯出雙角, 左螯絶有力, 大如拇指.【凡螯皆左大右小】好張螯而立如舞. 味甘美. 常在石間, 潮退則捕.

○ **晴案** 蘇頌云:"蟹殼闊而多黃者, 名蝑, 生南海中. 其螯最銳, 斷物如芟刈." 此即舞蟹也.

矢蟹【俗名殺跪】

大者徑二尺許. 後脚之末, 豊廣如扇. 兩目上有錐一寸餘, 以是得名. 色赤黑. 凡蟹皆能走而不能游, 獨此蟹能游水【以扇脚】. 游水則大風之候也. 味甘美. 黑山則稀貴, 常在海中, 時或上釣. 七山之海綱捕.

○ 晴案　此卽蝤蛑之類也. 蘇頌云: "其扁而最大, 後足闊者, 名蝤蛑, 南人謂之撥棹子, 以其後脚如棹也.

一名蟳. 隨潮退殼, 一退一長. 其大者如升, 小者如盞碟. 兩螯如手, 所以異於衆蟹也. 其力至强, 八月能與虎鬪, 虎不如也." 《博物志》云: "蝤蛑大有力, 能與虎鬪, 螯能剪殺人." 今所名矢蟹, 其形最大, 是卽蝤蛑也.

籠蟹【仍俗名】

大者徑三寸許. 色蒼黑而鮮潤, 脚赤. 體圓似籠, 穿沙泥爲穴, 無沙則伏石間.

○ 晴案　李時珍云: "似蟛蜞而生海中. 潮至出穴而望者望潮也." 今海中小蟹皆潮至出穴, 非別有一種也.

蟛蝟【俗名突長跪】

小於籠蟹. 色蒼黑而兩螯微赤. 脚有班文似瑇瑁.

○ 晴案　《爾雅》〈釋蟲〉"蝪蠌小者蟧", 疏云: "卽蟛蝟也." 蘇頌云: "最小無毛者, 名蟛蝟, 吳人訛爲彭越." 今俗所稱突長蟹者, 卽蟹之類, 皆蟛蝟也.

小蟛【俗名參跪】

色黑, 而小體稍扁, 螯末微白. 常在石間. 可醢.

黃小蟛【俗名老郎跪】

卽小蟛之類, 但背黃爲異.

白蟹【俗名天上跪】

小於蟛蝟而色白, 背有靑黑暈. 螯甚强, 箝人則痛甚. 趫捷善走, 常在沙中作穴.

○ 晴案　李時珍云："似蟛蜞而生於沙穴中, 見人便走者, 沙狗也." 今所言白蟹, 卽沙狗也.

花郞蟹【仍俗名】

大如籠蟹, 體黃而短, 目細而長. 左螯別大, 庸鈍亦不能箝人. 行則張螯, 狀如舞者, 故名.【俗謂舞夫曰花郞】

蛛腹蟹【俗名毛音殺跪】

大如蟛蝟, 甲軟如紙. 兩目間有角錐, 亦能傷人. 全體如浮腫, 腹脹如蜘蛛, 不能遠走, 在巖石間.

川蟹【俗名眞跪】

大者方三四寸, 色靑黑. 雄者, 脚有毛, 味最佳. 島中溪澗或有之. 余家洌水之濱見此物. 春而溯流産子於田間, 秋而下流. 漁者就淺灘, 聚石作墻, 布索而繫禾穗, 每夜熱炬手捕.

蛇蟹【仍俗名】

大如籠蟹, 色蒼, 兩螯深赤, 好行地上. 常游傍海人家, 能作穴於瓦礫間, 故得是名. 人不食, 或作魚餌.

○ 晴案　産於海濱者, 惟蛇蟹不可食, 餘皆可食；産於田泥川溪者, 惟眞

蟹可食, 餘不可食. 蔡謨食蟛蜞幾死, 歎曰 : "讀《爾雅》不熟." 卽田泥之小
蟹也.

豆蟹【仍俗名】

大如大豆, 色如赤豆. 味佳. 島人或生食.

花蟹【仍俗名】

大如籠蟹, 背高如籠. 左螯別大而赤, 右螯最小而黑. 全體班爛恰如瑃瑁.
味薄. 在鹵泥中.

　○ 晴案　蘇頌云 : "一螯大·一螯小者, 名'擁劍', 一名'桀步'. 常以大螯
鬭, 小螯食物. 又名執火, 以其螯赤也." 此, 今之花蟹也.

栗蟹【仍俗名】

大如桃核. 狀如桃核之中斷, 而尖處爲後, 廣處爲頭. 色黑. 背如蟾, 脚皆
細而長一尺許. 兩螯長二尺許, 口如蜘蛛. 不倒不橫而前行. 常在深水. 味甘
如栗, 故得是名.

鼓蟹【俗名礜礜跪】

大如花蟹而體短. 色微白.【原篇缺, 今補之.】

石蟹【俗名可才】

大者長二三尺. 二螯八脚皆如蟹, 而脚端皆歧而成箝.

角長倍其身, 而有芒刺似鏟. 腰以上被甲, 腰以下鱗甲似蝦. 尾亦似蝦. 色
黑而澤, 角赤. 倒行則屈其尾而下卷, 亦能前行. 卵句在腹底. 蓋與陸地所産
無甚異也. 爛而食之, 味絶佳.

白石蟹

似石蟹而大不過五六寸. 腰下稍長而色白.

鰒

鰒魚

大者長七八寸. 背有甲, 甲背如蟾. 其裏, 滑澤而不平, 五彩炫煌. 左有孔, 或五六或八九, 從頭成行. 不孔處亦依孔排比, 外突內陷, 至尾峯而止.【孔盡處突起, 爲旋溝之始者】從尾峯有旋溝一回.【房中旋回者】

甲內有肉, 外面橢圓而平, 以爲貼石行動之用. 裏面之中央陡起一峰, 肉之前左有口【口有細刺澁澁】, 連屬于腸, 循孔而下, 成一袋子, 左附于甲, 右附于肉, 至于尾峯之外.

其肉味甘厚, 宜生宜熟, 最良者腊. 其腸, 宜熟宜醢, 能消瘡根. 春夏有大毒, 中之者, 浮腫皮坼. 秋冬無毒. 其生育之法, 未聞.

○ 野鼠伺鰒而伏, 鰒由尾而上其背, 則鼠負而走.【鼠動則鰒貼, 故走而不落】若鰒先覺而貼其尾,【鼠驚動, 故壓貼愈固】潮至則鼠斃. 此可爲賊害人者之戒.

○ 胎珠者, 甲背愈險似剝落, 珠在腹中.

○ 晴案 《本草綱目》, "石決明", 一名"九孔螺"; 一名"千里光". 蘇恭云: "此鰒魚甲也. 附石生, 狀如蛤, 惟一片無對." 蘇頌云: "七孔·九孔者良; 十孔者不佳." 此皆是也. 然中國之産甚爲稀貴, 故王莽憑几而啗鰒, 伏隆詣闕而獻鰒.【《後漢書》】"捕魚鰒, 爲倭人之異俗"【《魏志》〈倭人傳〉】, "鱠鰌鰒, 爲東海之俊味"【陸雲〈答車茂安書〉】, "曹操喜鰒, 而一州所供僅至百枚"【曹植《祭先王表》】, "彦回受鰒而三十之餉, 可得十萬"【《南史》〈褚彦回傳〉】, 以此觀之, 蓋不如我國之産也.

黑笠鰒【俗名比末】

狀類雨笠, 大者徑二寸. 以笠爲甲. 色黑而滑, 裏澤而平. 其肉似鰒而圓, 亦偏, 著石.

白笠鰒

惟甲色之白, 爲異.

烏笠鰒

大者徑一寸. 笠尖益高急. 甲色黑.

區笠鰒

笠尖低緩無尖. 甲色微白, 肉益軟.

大笠鰒

大者徑二寸餘. 甲似區笠, 而肉出甲下二三寸. 味苦不堪食, 甚稀貴. 凡甲偏覆者, 鰒也. 鰒·蚌·蠔之屬, 皆能産珠.

○ **晴案** 産珠之物, 鰒·蚌爲盛. 李珣云: "眞珠出南海, 石決明産也. 蜀中西路出者, 是蚌蛤産." 陸佃云"龍珠在頷, 蛇珠在口, 魚珠在眼, 鮫珠在皮, 鼈珠在足, 蛛珠在腹, 皆不及蚌珠", 則産珠之物亦多也.

蛤

晴案 蛤之類甚繁. 其形長者, 通謂之"蚌", 亦曰"含漿"; 其形圓者, 通謂之"蛤"; 其形狹而長, 兩頭尖小者曰"蠯", 亦謂之"馬刀"; 其色黑而最小者曰"蜆", 亦謂之"扁螺". 此皆産於江·湖·溪·澗者也.

其産於海者, 考諸本草, 有曰: "文蛤, 一頭小一頭大, 殼有花班者也", 有曰: "蛤蜊, 白殼紫脣, 大二三寸者也", 有曰: "(蚾蠯), 形扁而有毛"者也.

有曰："車螯, 其形最大, 能吐氣爲樓臺." 卽海中大蜃也. 有曰："擔羅, 生於新羅國者也." 然今只據黑山海所見之蛤, 因俗號而載錄之也.

縷文蛤【俗名帶籠雕開】

大者徑三四寸. 甲厚有橫紋, 細如帛縷, 全體密布. 味甘而微腥.

瓜皮蛤【俗名縷飛雕開】

大者徑四尺餘. 甲厚有縱溝, 溝岸有細乳如黃瓜. 比縷文蛤, 稍細. 化則爲靑羽雀云.

布紋蛤【俗名盤質岳】

大者徑二寸許. 甲甚薄, 有縱橫細紋似細布. 兩頰, 比他高凸, 故肉亦肥大. 或白 或靑黑, 味佳.

孔雀蛤【仍俗名】

大者徑四五寸, 甲厚. 前有橫文, 後有縱文, 頗麤. 體無欹斜, 色黃白. 裏滑澤, 光彩紅赤.

細蛤【俗名羅朴蛤 北人謂之毛枭蛤.】

大者徑三四寸. 甲薄, 有細橫紋密布. 色靑黑, 而渝則白.

杙蛤【俗名大蛤】

大者二尺餘. 前廣後殺, 甲似木杙. 色黃白, 有橫紋麤疎. 用以爲杙.

黑杙蛤

狀同杻蛤, 而色赤黑爲異.

雀蛤【俗名璽雕開】

大者徑四五寸. 甲厚而滑, 有雀色, 紋似雀毛. 疑雀之所化. 北地至賤而南
方稀貴.

凡甲兩合者曰蛤, 皆伏在泥中而卵生.

○ 晴案　《月令》"季秋, 爵入大水爲蛤; 孟冬, 雉入大水爲蜃." 陸佃云:
"蚌蛤無陰陽牝牡, 須雀蛤化成, 故能生珠." 然未必皆物化也.

蟹腹蛤

狀似杻蛤, 色或黑或黃. 有小蟹, 在其殼中. 濱海多有之.【原篇缺, 今補之.】
○ 案: 李時珍云 "蟹居蚌腹者, 蠣奴也. 又名寄居蟹", 卽此也.

匏子蛤【俗名咸朴雕開】

狀大如匏子. 深伏於泥中.【亦今補】

蚶【原篇缺, 今補之.】

蚶【俗名庫莫蛤】

大如栗, 殼似蛤而圓. 色白, 有縱文排行成溝如瓦屋. 兩胖相合齟齬交當.
肉黃, 味甘.

○ 案　《爾雅》〈釋魚〉, "魁陸"注云: "卽今之蚶." 《玉篇》云: "蚶似蛤,
有文如瓦屋." 《本草綱目》, 魁蛤, 一名"魁陸"; 一名"蚶"【一作魽】; 一名"瓦
屋子"; 一名"瓦壟子"; 一名"伏老". 李時珍云: "南人名'空慈子', 尙書盧鈞
以其形似瓦屋之壟改爲瓦壟, 廣人重其肉, 呼爲'天臠'. 又謂之'蜜丁'." 《說
文》云: "老伏翼化爲魁蛤,【伏翼, 蝙蝠也.】故名'伏老'." 又云: "背上溝文似

瓦屋. 今浙東以近海田種之, 謂之蚶田." 此云庫莫蛤卽是也.

雀蚶【俗名璽庫莫】

似蚶, 但瓦溝之紋益細膩. 俗云: "是雀入所化也."

蟶

蟶【俗名麻】

大如拇指, 長六七寸. 甲脆軟而白. 味佳. 伏於泥中.

○ 晴案　《正字通》云: "閩 · 粵人以田種之, 謂之蟶田." 陳藏器云 "蟶生海泥中. 長二三寸, 大如拇, 兩頭開", 卽此也.

淡菜

淡菜【俗名紅蛤】

體前圓後銳. 大者長一尺許, 廣半之. 銳峯之下有亂毛, 黏著石面, 百千爲堆. 潮進則開口, 退則合口. 甲色深黑, 裏滑而靑瑩. 肉色, 有紅 · 有白. 味甘美, 宜羹宜醢. 其腊者, 益人最大.

○ 拔鼻毛而血出者, 無藥可止, 惟淡菜鬚燒灰傅之, 神效. 又挾淫傷寒, 淡菜鬚火溫, 傅腦後, 良.

○ 晴案　《本草綱目》, 淡菜, 一名"殼菜", 一名"海蛣", 一名"東海夫人". 陳藏器云: "一頭尖,[43] 中銜少毛." 日華子云: "雖形狀不典, 而甚益人." 此云紅蛤, 是也.

小淡菜【俗名鳳安蛤】

43　尖: 저본에는 "小".《本草綱目 · 介部 · 淡菜》에 근거해 수정.

長不過三寸, 似淡菜而長. 中頗寬, 故肉大, 味勝.

赤淡菜【俗名淡椒蛤】

大如淡菜, 甲之表裏俱赤.

箕蟶【俗名箕紅蛤】

大者徑五六寸. 狀如箕, 區廣不厚. 有縱紋似縷. 色紅, 有毛著石. 又能離石游行. 味甘而清.

蠔

牡蠣【俗名掘】

大者徑尺餘. 兩合如蛤. 其體無法, 或如雲片. 甲甚厚, 若紙之合塗重重相貼. 外龘裏滑. 其色雪白. 一甲著石, 一甲上覆. 在鹵泥者, 不貼而漂轉泥中. 味甘美. 磨其甲以爲棊子.

○ 晴案　本草, 牡蠣, 一名"蠣蛤", 《別錄》名"牡蛤", 《異物志》稱"古賁", 卽皆蠔也.

小蠣

徑六七寸. 狀類牡蠣而甲薄. 上甲之背, 有龘芒成行. 牡蠣産於大海水急之處, 小蠣産於浦口磨滑之石, 是其別也.

紅蠣

大者三四寸. 甲薄, 色紅.

石華【仍俗名】

大不過一寸許. 甲突而薄, 色黑, 裏滑而白. 貼於巖石, 用鐵錐採取.

○ 晴案　郭璞《江賦》, "土肉‧石華". 李善注引《臨海水土物志》, 曰 "石華附石生肉", 即此也. 又韓保昇云"(蠔)蠣, 形短不入藥", 亦似指石華也.

桶蠔【俗名屈桶蠔】

大者甲徑一寸餘. 口圓似桶, 堅如骨. 高數寸, 厚三四分. 下無底, 上稍殺, 而頂有孔. 視其根之密孔, 僅容針如蜂房, 根著於石壁. 中藏肉如未成之豆腐, 上戴僧徒之尖巾.【方言云曲葛】有二瓣, 潮至則開而受之. 採者, 以鐵錐急擊, 則桶落而肉餘, 刀割其肉. 若未擊而蠔先覺, 寧粉碎而不落.

五峯蠔【俗名寶刹掘】

大者廣三寸許. 五峯平列, 外兩峯低小, 而抱次兩峯. 次兩峯最大而抱中峯. 中峯及最小峯, 皆兩合以爲之甲. 色黃黑. 峯根周裹以皮. 皮如柚而濕潤. 插根於石罅狹污之地, 以禦風濤. 中有肉, 肉亦有赤根‧黑髮.【髮如魚之閣鰓】潮至則開其大峯, 而以髮受之. 味甘.

○ 晴案　蘇頌云: "牡蠣, 皆附石而生, 魂礧相連如房, 呼爲"蠣房". 晉安人呼爲"蠔莆". 初生止如拳石, 四面漸長, 至一二丈者, 嶄巖如山, 俗呼"蠔山". 每一房內有肉一塊, 大房如馬蹄, 小者如人指面. 每潮來, 諸房皆開, 有小蟲入, 則合之以充腹." 此云五峯蠔, 即蠣山也.

石肛蠔【俗云紅未周軋】

狀如久痢人之脫肛. 色靑黑. 植於石間潮及之地. 圓橢, 隨石異形, 有物侵之, 則蹙而小之. 腹腸如南瓜之瓢. 陸人羹之云.

石蛇

大如小蛇, 盤屈亦如蛇. 體似牡蠣, 甲中空如竹, 有物如鼻液或如吐痰. 色微紅. 貼於石壁水深之地. 用處未聞.

凡著石而不動者, 謂之蠔. 卵生.

○ 晴案　陶弘景《本草注》云："牡蠣, 是百歲鵰所化." 又云："道家方以左顧是雄, 故名牡蠣, 右顧則牝蠣也. 或以尖頭爲左顧, 未詳孰是." 寇宗奭云："牡, 非謂雄也. 且如牡丹, 豈有牝丹乎? 此物無目, 更何顧盼?" 李時珍云："蚌蛤之屬皆有胎生、卵生, 獨此化生, 純雄無雌, 故得牡名." 然今蠔屬有卵生之法, 俗稱卵生則肉瘠. 未必皆化生也.

螺

凡螺蜽之屬皆殼堅如石, 外鬆裏滑. 從尾峯,【峯雖在上, 而在螺則尾也.】左旋作溝三四周, 由殺而大. 尾峯尖突, 而頭麓豐大.【麓在下而謂之頭者, 在螺則頭也.】溝盡處有圓戶.

自戶而達于峯, 回轉爲洞, 卽螺之室也. 螺之體如其室, 頭豐尾殺, 繞曲如繩之絞, 緊成纇充滿室中. 行則挺出戶而留其身, 背以負其殼. 止則縮其身而有圓蓋戴頭, 以塞其戶.【圓蓋, 色紫黑, 厚如薄狗皮.】隨波漂轉, 不能游行. 尾爲腸胃, 或靑黑、或黃白.

海螺

大者其甲高廣各四五寸. 其表有細乳如黃瓜皮, 當溝岸, 從尾至頭, 排比成行. 色黃黑. 裏滑澤而赤黃. 味甘如鰒, 可爛可炙.

○ 晴案　《本草圖經》"海螺卽流螺, 厴曰'甲香'," 《交州記》名"假豬螺", 卽是也.

劒城蠃【俗名仇竹】

大者其甲高廣各五六寸. 戶外旋溝盡處, 邊界繞之爲城, 如刀刃銛利. 從戶直出一溝, 而內溝岸【溝岸有內外】漸殺而尖爲角, 角端亦銛銳. 外溝岸亦皆高突. 磨而治之, 作酒器、或燈器.

小劒螺【俗名多士里】

卽劒城螺之小者. 體稍長, 角稍短, 瓜乳稍突. 大者高三寸許. 色白或黑, 裏黃赤. 味甘而有辛氣.

兩尖螺

卽小劒螺之類. 尾角益尖, 外門稍狹.【外門者, 內戶外城周中, 初入之大孔.】溝岸皆成銛稜.

平峯螺

大者徑二三寸, 高亦如之. 尾峯平衍, 旋溝不過三周, 而豐勢甚急. 故頭麓頗大, 溝岸滑而闊. 無瓜乳. 外黃青, 內青[44]白. 在淺水, 穿沙藏身.

牛角螺【俗名他來螺】

大者高二三寸. 狀類牛角, 旋溝六七周. 無瓜乳, 而有紋如皮及紙之捼莎成紋者, 裏白.

○ 昌大曰："山中亦有此物, 大者高二三尺, 時時作聲, 可聞數里. 尋聲而往, 聲又在別處, 莫可的定." 余嘗搜索而不得, 今軍門吹螺, 卽此物也.

○ 晴案 《圖經本草》云："梭尾螺, 形如梭, 今釋子所吹." 此云牛角螺卽是也. 吹螺, 本南蠻之俗, 我國用於軍中也.

---

44 青：저본에는 "角". 문맥에 따라 수정.

麤布螺【俗名參螺】

高一寸餘, 徑二寸弱. 尾峯不甚尖殺, 頭麓豐大. 溝岸成麤布紋, 灰色帶紫, 裏靑白.

明紬螺【仍俗名】

卽麤布螺之類, 而溝岸成明紬紋, 靑黑色. 其肉, 布螺軟而紬螺靭, 此其別也.

炬螺【仍俗名】

亦布螺之類, 而尾峯稍尖, 頭麓稍小, 故高稍崇. 外色紫. 其肉尾有沙土, 此其別也. 凡採螺之法, 夜而爇炬則勝於晝. 此物最繁, 爇炬則其得尤多, 故得名.

白章螺【俗名甘嘗螺】

卽炬螺之類, 而尾峯益尖, 頭麓益小, 而大不過一寸. 灰色而白章. 溝岸之上, 又有細溝如縷, 此其別也. 亦最繁, 與明紬螺, 皆在水淺處.

鐵戶螺【俗名多億之螺】

卽紬螺之類, 而皮文稍麤. 色黃紅. 凡螺之圓蓋, 皆薄如白紙, 脆如枯葉. 獨此物之蓋, 中突邊厚如半破之菽, 其堅如鐵, 此其別也.

杏核螺

大不過杏核, 狀亦似之. 尾峯稍出, 色白而紅.

銳峯螺

大不過七八分. 尾峯突然尖銳, 頭麓狹小. 其色或紫或灰.

凡螺螄或有蟹處其室, 右脚及螯如他蟹, 但左邊無脚而續以螺尾, 亦行則負殼, 止則入室. 但無團戶, 味亦蟹也, 尾則螺味. 或曰螺螄之中有此一種, 然螺之諸種, 皆能有時寄蟹, 則未必別有此種也. 昌大曰: "蟹食螺螄而化爲螺, 入處其中, 螺氣已歇, 故或有負枯爛之甲而行者. 若原是殼中之物, 則未有其身不死‧其殼先敗者也." 其言亦似有理, 亦未可必信, 姑識所疑.

○ 晴案 蟹之爲物, 本有寄居於他族者, 故有居於蚌腹者. 此李時珍所謂"蠣奴也. 一名寄居蟹"者是也.【見上蛤條】有居於璅蛣之腹者, 郭璞《江賦》云: "璅蛣腹蟹." 《松陵集》注云: "璅蛣似蚌, 腹有小蟹, 爲鎭蛣出求食. 蟹或不至, 則餒死, 呼爲蟹奴." 《漢書》〈地理志〉"會稽郡" '鮚埼亭' 注, 師古曰: "鮚, 長一寸, 廣二分, 有一小蟹在其腹中." 者是也. 而璅蛣亦云"海鏡." 《嶺表錄異》云: "海鏡, 兩片合以成形, 殼圓, 中心瑩滑, 內有少肉如蚌胎. 腹中有紅蟹子, 其小如黃豆而螯具. 海鏡飢則蟹出拾食. 蟹飽歸腹, 海鏡亦飽." 《本草綱目》, "海鏡, 一名'鏡魚', 一名'璅蛣', 一名'膏藥盤'. 殼圓如鏡, 映日光如雲母. 有寄居蟹"者是也. 又《博物志》云: "南海有水蟲, 名蒯, 蛤之類也. 其中有小蟹, 大如楡莢. 蒯開甲食, 則蟹亦出食, 蒯合甲亦還入, 爲蒯取食以歸." 此疑亦海鏡也. 螺之爲物, 或有脫殼還入者. 故《拾遺記》"含明之國有大螺, 名躶步, 負其殼露行, 冷則復入其殼", 卽是也. 其螺殼之內亦有寄居之物. 《異苑》云: "鸚鵡螺形似鳥, 常脫殼而游. 朝出則有蟲如蜘蛛, 入其殼中. 螺夕還, 則此蟲出. 庾闡所謂'鸚鵡內游, 寄居負殼'者也." 《本草拾遺》云: "寄居蟲在螺殼間, 非螺也. 候螺蛤開, 卽自出食; 螺蛤欲合, 已還殼中. 海族多被其寄. 又南海一種似蜘蛛, 入螺殼中, 負殼而走. 觸之卽縮如螺, 火炙乃出. 一名蜎." 則螺之洞房, 海族多所寄居也. 蓋蟹本善寄, 螺能容受, 則此室彼寄, 理無可疑. 但蟹體螺尾, 又一特例也.

栗毬蛤

栗毬蛤【仍俗名】

大者徑三四寸. 毛如蝟, 中有甲似栗房, 五瓣成圓. 行則全身之毛皆動搖蝻蛦. 頂有口容[45]指. 房中有卵如牛脂, 未凝而黃. 亦五瓣而間間懷矢毛, 甲俱黑. 甲脆軟易碎. 味甘, 或生食或羹.

僧栗毬

毛短而細, 色黃, 爲別.

○ 昌大曰: "嘗見一毬蛤口中出鳥, 頭觜已成, 頭欲生毛如苔. 疑其已死而觸之, 乃能動搖如平日. 雖不見其殼中之狀, 要是化爲靑雀者也. 人言此物化爲鳥, 俗所謂'栗毬鳥'者是也. 今驗之, 果然."

龜背蟲

龜背蟲【俗名九音法】

狀類龜背, 色亦似之, 但背甲成鱗. 大如蛭, 無足以腹行如鰒. 産石間者, 小如蛄蜣. 烹而去鱗食之.

楓葉魚

楓葉魚【俗名開夫殿】

大者徑一尺. 皮如柚皮. 隅角無定, 三出四出, 或至六七出如橘葉. 厚如人手. 色靑碧, 甚鮮明. 中有丹縷成文, 亦極鮮. 腹黃, 口在其中心. 角末皆有細栗如章魚之菊蹄, 所以貼石者. 腹中無腸, 如南瓜之瓤. 好貼巖石. 天欲雨而實不雨, 則只貼一角, 而翻身下垂. 海人以是占雨. 用處未聞.

---

45 容 : 저본에는 "客". 문맥에 근거해 수정.

○ 三角者, 不離水底. 徑或三四尺, 而其角長出, 體甚小, 背似蟾, 亂布如豆之粒, 眞黃、眞黑相錯斑爛.

○ **晴案**　此即"海燕"也. 《本草綱目》, "海燕"載於〈介部〉. 李時珍云：
"狀扁面圓, 背上靑黑, 腹下白脆, 有紋如蕈菌. 口在腹下, 口傍有五路正句,
即其足也. 《臨海水土記》云：'陽遂足, 生海中. 色靑黑, 有五足, 不知頭尾.
'"即是也.

卷三

雜類

海蟲
海蚤

大如飯粒. 能跳躍, 似蝦, 無鬚. 常在水底, 遇死魚, 則入其腹而聚食.

蟬頭蟲【俗名開江鬼】

長二寸許. 頭目似蟬, 有二長鬚, 背甲似蝦. 尾歧, 歧末又歧. 有八足, 腹中又出二枝如蟬緌, 以懷其卵. 能走能游, 故水陸無不捷. 色淡黑, 有光澤. 常在鹵地石間, 天將大風, 則四散而浮游, 土人以此占風.

海蚓

長二尺許. 體不圓而匾, 似蜈蚣, 有足細瑣, 有齒能咬. 產於鹵地沙石間, 取作魚餌, 極佳.

海蛶蠐【俗名素】

頭如大豆, 頭以下僅具形, 狀恰似鼻液. 頭極堅硬, 口吻如刀, 能張能合, 食船板如螬螬. 遇淡水則死. 潮水迅急之處, 不敢進, 多在停瀦之水, 故東海船人甚畏之. 大海中或有其隊如蜂、蟻之屯, 船或遇之, 急急回帆以避之. 又船板數以烟薰之, 則不能侵.

海禽

鸕鷀【俗名烏知】

大如雁, 色如烏. 其毛至密而短, 頭尾及脚皆如烏. 頰有白毛圈如雞. 上喙長而曲如錐, 其末極利, 獲魚, 則以上喙穿其肉而箝之. 齒如刀, 足如鳧, 沒水取魚, 能數十息不出. 又絶有力, 眞魚之鷹也. 夜則宿於絶壁, 伏卵於人跡不到之地. 味甘而微羶, 全身多膏.

○ 小者頭稍小, 觜益尖, 頰無白毛圈, 攫魚之鷙勇, 小遜於大者.

○ 晴案　《爾雅》〈釋鳥〉"鷀, 鷗". 郭注云: "鸕鷀也." 《正字通》云: "俗呼慈老." 《本草綱目》, 一名"水老鴉". 李時珍云: "似鴉而小, 色黑. 亦如鴉而長喙微曲, 善沒水取魚, 杜甫詩'家家養烏鬼', 或謂卽此."【其屎曰"蜀水花"】又或言鸕鷀胎生吐雛, 寇宗奭明其卵生.【並《本草綱目》】此云烏知鳥, 明是鸕鷀也.

水鵰

與陸産無異, 而一足似鷹, 一足似鳧.

海鷗

白者, 形色江海皆同.

○ 黃者稍大, 色白而黃潤.

○ 黑者【俗名乞句】, 背上淡黑. 夜宿於濱水石上, 雞鳴則亦鳴其聲, 似歌.

達曙不休, 天明走于水上.

鷞燕【俗名存之樂】

大如鶉. 狀似燕, 而尾羽皆短. 背黑腹白似鵲. 卵大如鷄, 有時難産而死. 能於大海水深處游潛【凡水鳥皆在淺水中】, 捕蝦而食. 常棲無人島石間, 未曙而出于海. 若稍晚, 則畏鷙鳥, 終日隱伏. 其卵可食, 其肉多膏. 味甘美.

蛤雀【仍俗名】

大如燕. 背靑腹白觜赤. 能於大海沒水取魚. 海人以是鳥之多少, 驗其漁之豐歉.

海獸

膃肭獸【俗名玉服獸】

類狗而身大, 毛短而硬, 蒼黑・黃白點點成文. 目似貓, 尾似驢, 足亦似狗. 指駢如鳧, 爪利如鷹. 出水則拳而不能伸, 故不能步, 其行則臥而輾轉. 常游於水, 眠則必在岸上, 獵者乘其時而捕之. 其外腎大補陽力, 其皮可作鞋・鞍・皮囊之屬.

○ 晴案　本草, 膃肭, 一名"骨貀", 一名"海狗"; 其臍, 一名"海狗腎". 寇宗奭云"其狀非狗非獸, 亦非魚也. 但前脚似獸而尾卽魚也. 腹脇下全白色. 身有短密淡靑白毛, 毛上有深靑黑點. 皮厚韌如牛皮, 邊將多取以飾鞍韀", 卽是也. 我國稱海豹, 以其皮有斑如豹也. 甄權云:"膃肭臍, 是新羅國海內狗外腎也, 連而取之."《唐書》〈新羅傳〉云:"開元中獻果下馬・魚牙紬・海豹皮."《三國史》〈新羅本紀〉亦載是事. 卽顧況《送從兄使新羅詩》亦云:"水豹橫吹浪."皆可據也. 然我國之人, 或指爲水牛, 此誤甚矣.

海草

海藻【俗名栮】

長二三丈. 莖大如筋. 莖生枝, 枝生條, 條又生無數細條, 條末生葉, 千絲萬縷, 嫋娜纖弱. 拔其根而倒挂, 則恰是千條之楊柳也. 潮至則隨波流動, 似舞似醉；潮退則離披偃仆, 狼藉紛亂而色黑.

有三種. 條之末有物如小麥而中空者, 曰"其糜藻"；其如菉豆而中空者, 曰"高動藻". 此二藻可茹可羹. 其莖稍剛, 葉稍大, 色稍紫, 條末之物如大豆而中空者, 曰"大陽藻", 不可食. 十月生於宿根, 六七月衰落, 採而乾之, 糞於麥田. 性皆甚冷, 藉以爲坐, 久而愈寒.

○ 凡海藻皆托根於石, 而其所托皆有層次, 不可相亂. 潮退而視帶, 帶成列. 此物在最下帶.

○ **晴案** 本草, 海藻, 一名蕁, 一名落首, 一名海蘿. <u>陶弘景</u>云"黑色如亂髮", <u>孫思邈</u>云"凡天下極冷, 無過藻菜"卽是也. 但<u>陳藏器</u>云"大葉藻生深海中及[46]<u>新羅國</u>, 葉如水藻而大. 海人以繩繫腰, 沒水取之. 五[47]月以後, 有大魚傷人, 不可取", 則大葉藻是我國之産. 然今所未聞也.

海帶【俗名甘藿】

長一丈許. 一根生葉, 其根中立一幹, 而幹出兩翼. 其翼內緊外緩, 襞積如印篆. 其葉似䄷. 正二月根生, 六七月採乾. 根味甘, 葉味淡. 治産婦諸病, 無踰於此. 其生與海藻同帶.

○ **晴案** 《本草綱目》："海帶似海藻而粗, 柔韌而長. 主催生, 治婦人病", 卽是也.

46　及 : 저본에는 없음.《本草綱目·草部·海藻》에 근거해 보충.
47　五 : 저본에는 "正".《本草綱目·草部·海藻》에 근거해 수정.

指海帶爲甘藿者, 以甘藿最宜於産婦而海帶主治有"催生, 治婦人病"之文故耳. 考之本草, 云："海帶似海藻而麤, 柔韌而長. 乾之以束器物." 據此, 可辨其非甘藿也. 甘藿薄脆易斷, 豈堪縛束耶? 俗所謂多士麻, 柔韌而長. 或用以扎縛器物, 而長如條帶. 海帶之帶字, 取其形似也. 分海帶之爲多士麻, 判然無疑, 而俗所謂甘藿, 在本草不知爲何名. "昆布"一種, 性味形狀頗似, 指今之甘藿, 然亦無明證. 而《東醫寶鑑》以紫菜爲甘藿者誤也.[48]

假海帶【俗名甘藿阿子比】
甚脆薄, 作羹甚滑.

黑帶草
其一黑如海帶, 其一赤色, 皆植根甚微. 根・葉俱無幹, 狀如黑繒帶, 長數尺.

○ 其一長二三丈如條帶, 色黑. 其生皆與海藻同帶.【用處未聞】

赤髮草
托石而生根生幹, 幹生枝, 枝又生條. 色赤千絲萬縷, 如今俗馬飾之象毛. 其生與海藻同帶. 用處未聞.

地駿【仍俗名】
長八九尺. 一根一莖, 莖細如線而有麤毛. 每莖傅短毛, 八九上下密附無餘地. 每潮退而望之, 一帶叢攢, 髯髻委靡, 恰如馬鬣. 色黃黑, 生在海藻之上層. 用糞麥田.

---

48 指海…誤也(총 165자) : 저본에는 없음. 가람본에 근거해 보충.

土衣菜【仍俗名】

長八九尺. 一根一莖, 莖大如繩. 葉似金銀花之蓓蕾, 本細末豊, 其端又尖
而中空. 生與地鰻同帶. 味淡而淸可茹.

海苔

有根著石, 而無枝·條, 彌布石上. 色靑.

○ 睛案　本草有"乾苔", 李時珍引張勃《吳錄》云"江籬[49]生海水中, 正靑
似亂髮", 皆海苔也.

海秋苔

葉大如萵苣而邊界皺蹙. 味薄, 嚼則豊息滿口. 五六月始生, 八九月始衰,
故名"秋苔". 生在地騣上層.

麥苔

葉甚長而邊寬縐蹙似秋苔. 三四月始生, 五六月長盛, 故名. 與秋苔同帶.

常思苔

葉長過尺, 而狹如韭葉, 薄如竹莩, 明瑩滑澤. 色深靑. 味甘美, 爲苔中第
一. 二月始生, 四月衰. 其生在麥苔之上層.

羹苔

葉團圓似花而邊界皺蹙. 軟而滑, 宜於羹, 故名. 與常思苔同時生, 其帶亦
同.

49　江籬 : 저본에는 "紅蘺". 《本草綱目·草部·乾苔》에 근거해 수정.

莓山苔

細於薑絲, 密於牛毛, 長數尺. 色靑黑. 作羹則柔滑, 而混合莫可分離, 味甚甘而香. 其生稍早於羹苔, 帶在紫菜之上.

信經苔

略似莓山而稍纚稍短, 體稍澀, 味薄. 其帶‧其時, 與莓山同.

赤苔

狀類馬毛而稍長. 色赤, 體稍澀, 味薄. 生之時, 與常思苔同. 其帶在苔類之最上. 亦有靑者.

菹苔

狀類麥苔. 始生於冬初, 産於石窟‧潮退不涸之地.

甘苔

似莓山而稍纚, 長數尺. 味甘. 始生於冬初, 長於鹵泥之地.

○ 已上諸種苔, 皆附石而生, 布在石上, 而色靑也.

紫菜【俗名朕】

有根著石, 而無枝條, 彌布石上. 紫黑色, 味甘美.

○ 睛案 本草"紫菜, 一名'紫蕚'. 生海中附石. 正靑色, 取而乾之則紫色.", 是也.

葉紫菜【俗名立朕】

長廣似麥門冬葉, 而薄如竹箬, 明瑩滑澤. 始生於二月. 帶在常思苔之上層.

假紫菜

與羹苔同. 但産於亂石, 而不産於石壁.

細紫菜

長尺許而狹細如醫鍼. 不産於潮迅之地, 而産於止水亂石. 味薄而易敗.

早紫菜【俗名参朕】

即葉紫菜之類, 而其生在九十月. 帶在葉紫菜之上.

脆紫菜【俗名勿開朕】

狀同葉紫菜, 而生於土衣菜之間. 性易敗. 晒曝稍遲色渝而赤, 味亦薄.

○ 已上諸紫菜修治之法, 淘洗而醡去水, 厚布於萑箔而晒. 乾者俗謂之"秧紫菜", 言移秧時所需也. 獨早紫菜作四方木匡, 藉以箔沈水, 作片如造紙, 俗謂之"海衣". 其海苔修治之法亦同.

○ 晴案　李時珍云："紫菜, 閩越海邊悉有之. 大葉而薄. 彼人挼成餅狀, 晒乾貨之."此今俗之海衣也.

石寄生【俗名斗音北】

大三四寸. 根生多幹, 幹又歧而爲枝爲葉. 始生皆匾廣, 旣壯匾者圓而若中空, 驟看似寄生. 色黄黑. 味淡, 可羹. 生在紫菜之上層.

騣加菜【俗名騣加士里】

大七八寸. 根生四五葉, 葉末或歧或否, 狀類金銀花之蓓蕾, 中空柔滑可羹. 帶在石寄生之上.

蟾加菜【俗名蟾伊加士里】

根·條枝[50]生類石寄生, 而皆纖細澀澀有聲. 色赤, 晒曝日久則變黃. 甚粘滑, 用之爲糊, 無異麪末. 帶與駿加菜同. 日本人求貿駿加菜及此物, 商船四出. 或言用糊於布帛.

○ 晴案　李時珍云:"鹿角菜生海中石厓間. 長三四寸, 大如鐵線, 分丫如鹿角狀, 紫黃色. 以水久浸, 則化如膠狀, 女人用以梳髮, 粘而不亂."《南越志》云:"猴葵, 一名鹿角." 此云駿加·蟾加二物, 是鹿角菜也.

鳥足草【仍俗名】

卽石寄生之類, 而幹·枝瘦瘠. 産於海帶之下層水深處.

海凍草【俗名牛毛草】

狀類蟾加草, 但體區, 而枝間有葉極細, 色紫爲異. 卽夏月煮以成膏, 酥凝瀅滑, 可啖者也.

蔓毛草【俗名那出牛毛草】

細如人髮, 枝條糾纏鬜鬠棼亂, 以鉤句出, 則混合成塊. 亦以作膏, 不能堅凝如産石者. 色紫. 生於綠條帶之間, 不著於地, 依草而生.

假海凍草

狀類牛毛, 而益麤益長. 叢生石上, 密於牛毛. 色黃黑. 又有一種稍長, 或

50　枝 : 저본에는 "歧". 가람본에 근거해 수정.

有一尺者. 生於紫菜之間, 雜於紫菜.

綠條帶【俗名眞吒】

其根如竹, 根生一莖, 莖有節. 寒氣始至, 節生二葉, 廣八九分, 本末平正.
至春始衰, 至秋衰落, 次節又生葉. 年年如是, 至於葉齊水面而止. 及至年久,
莖成一條如條帶而稍匾, 下不豊, 上不殺, 節不腫方, 其欲葉也. 末節豊大者
尺許. 其上生葉如菖蒲. 莖在中間, 近末有穗, 實如稻米.

莖色青白, 葉色青綠, 俱鮮潤可愛. 其長無定, 隨水淺深. 産於沙泥相雜之
地. 葉間之莖, 味甘. 每風浪, 敗葉漂至于岸, 以糞田. 燒之取灰, 用海水淋
漉, 亦可作鹽. 其葉枯敗, 卽成一條白紙, 鮮潔可愛. 余意和糊及楮作紙, 則
似好, 但未試耳.

短綠帶【俗名暴眞吒】

似綠條而無莖, 其或有莖, 細如布縷. 長不過尺許. 葉稍狹而硬, 無實. 産
於淺水.

石條帶【俗名古眞吒】

葉細如韭, 長四五尺, 無實. 産於海帶之間. 乾而編之, 柔靭可蓋屋.

靑角菜

根·幹·枝條頗似土衣草而圓. 性滑, 色靑黑. 味淡可以助菹之味. 五六月
生, 八九月成.

假珊瑚

狀如枯木, 有枝有條, 皆杈枒, 頭折, 體似石, 叩之玎然有聲, 而其實則脆,

彈指可碎. 擁腫卷曲, 奇古可玩. 皮色眞紅, 其裏百. 生於海水最深處, 時或
挂釣而上.

1. 《자산어보》는 공동 저술이다

이번 역주서에서 가장 중요하게 다룬 점은 바로 《자산어보》 저자다. 이제까지 《자산어보》 하면 정약전, 정약전 하면 《자산어보》였다. 그러나 기존의 상식을 수정해야 한다. 이를 밝힐 수 있는 결정적 계기는 '청晴'이라는 글자다. 이 글자 뒤에는 항상 '案'이라는 글자가 따라 붙는다. 《자산어보》를 최초로 한글 번역본으로 선보인 정문기 박사는 이 '청안'을 '살피건대', '생각컨대', '살펴보면', '~에 의하면' 등으로 옮기거나 생략하기도 했다. 《자산어보》를 쓰기 시작한 사람은 정약전이 분명하지만, 오늘날 확인되는 형태로 저술을 마무리한 사람은 이청李晴이다. 이제 내가 '청'이라는 글자를 알게 되면서 겪었던 소회와 그로 인한 새로운 관점들 몇 가지를 이야기하려 한다. 연구의 결과와 함께 과정을 보여 주는 일도 《자산어보》의 이해에 일조할 수 있으리라는 기대 때문이다.

2003년, 지도교수이신 김영식 선생님께서 지도하시는 '동양과학사 전공자 모임'에서 나는 석사논문을 제출한 뒤 알게 된 논문의 오류를 아래와 같이 발표했다.

나는 석사논문에서 아래처럼 《자산어보》를 평가했다.

섬사람들의 경험 지식을 최대한 반영하고 문헌에서 이를 고증하는 방식으로 이루어진 책의 내용은 기존의 지식과 현장에서 만들어진 지식이 적절하게 조화를 이룰 수 있다는 선례를 남긴 것이었다. 정약전은 이렇게 《자산어보》를 통해서 조선의 남단 벽지의 섬에서 산출되는 해양생물을 소재로 하여 벽지 주민들 사이에 제한되었던 지식과 당시 중국과 조선의 지식인에게 유통되던 보편적 지식을 융합하고서 새롭게 확장된 보편적 지식을 많은 사람들이 활용하도록 했던 것이다.[1]

그리고 이렇게 결론지었다.

조선시대까지의 해양 관련 문헌으로서는 아주 독특한 체계와 풍부한 내용을 수록하였다. 그것에서 226종에 달하는 해양생물의 지식을 체계화하기 위한 분류방식이 창안되었고 그 과정에서 정약전은 세밀한 관찰과 정보 수집 활동으로 각 생물의 여러 특징들을 파악함과 동시에 치밀한 고증까지 병행하는 새로운 해양 박물학의 연구방법을 수립했던 것이다. 결국 《자산어보》는 흑산도에서 습득된 경험적 지식과 고문헌에서 얻은 지식이, 보편적 지식을 추구했던 정약전에 의해 어울린 산물이었다.[2]

논문을 완료한 후 그중 한 권을, 후에 《현산어보를 찾아서》(2002)를 출간한 생물교사 이태원에게 보냈다. 이태원은 학부 시절부터 물고기를 좋아해 《자산어보》에 수록된 물고기를 실제 물고기와 비교, 동정同定하는 일을 했다고 한다. 나는 당시 그를 당장 만나고 싶었지만 이러저러한 사정을 핑계로 적극적으로 접촉하려는 시도를 하지 않고 차일피일 미루다 결국 논문이 완성될 때까지 그를 만날 수 없었다. 내가 보낸 논문을 받은 지 얼마 안 되어 그에게서 곧장 회신이 왔는데 논문을 받자마자 밤늦도록 너무나 재미있게 읽었다고, 이제야 알게 돼서 참 안타깝다고,

1   정명현, 〈정약전의 《자산어보》에 담긴 해양 박물학의 성격〉, 서울대학교 석사학위논문, 2002, 43쪽.
2   정명현, 위의 글, 44쪽.

언제 꼭 한번 다시 만나자고 했다.

《현산어보를 찾아서》가 출간되고 얼마 후 나는 저자와 처음으로 만났을 때, 논문을 쓰는 과정에서 해결하지 못한 채로(마치 해결된 것이라고 착각한 채로) 넘어갔던 '청안 晴案'으로 시작되는 부분에 대한 답을 알게 되었다. '晴'이라는 글자가 어떤 자전에도 수록되어 있지 않아 이것이 무슨 글자인지 알 수 없는 상태에서, 나는 당시 대부분의 저작에 '案' 자가 있으면 대체로 저자의 생각을 밝히는 내용이라는 단순한 생각을 가졌다. 그리하여 '晴案'으로 시작하는 내용이 당연히 저자인 정약전 자신의 글이라고 판단했다. 그런데 이 '晴' 자의 의미를 이태원이 알려주었다.

'晴'은 정약전의 동생 정약용의 제자 중 한 명인 이청李晴이라는 사람의 이름이었다. 이 같은 사실은 이태원이 '다산 21'이란 모임에서 만난 현대실학사 정해렴 대표에게서 들었다고 한다. 정해렴은 정약용의 후손으로 지금도 정약용에 관한 번역서를 출간하는 데 정성을 기울이고 있다.

> 《현산어보》에 보면 '청안'이라는 표현이 많이 나오잖아요. 이 말이 다른 책에도 많이 나와요. 이지형 선생이라고 있어요. 이 사람이 《맹자요의》를 번역하는데 청안이 해석이 잘 안되니까 빼 버리기도 하고 그랬어요. 청이라는 제자가 있었다는 것을 알아야 알 수 있는 내용이니까. 내가 가르쳐 줬지.[3]

정해렴이 이태원에게 들려준 말이다. 나도 이태원에게서 이러한 말을 전해 듣고 《여유당전서》를 뒤졌다. '晴案'에만 집중해서 찾아보니 전에는 눈에 띄지 않던 글자가 왜 그리도 많이 들어오는지…. 심지어는 내가 모두 읽어 본(물론 번역본으로) 정약전과 정약용 형제의 서신 글에도 '이청'에 관한 이야기가 심심찮게 등장했다. 아는 만큼 보인다는 말을 실감한 경험이었다.

---

3   이태원, 《현산어보를 찾아서》 3, 청어람미디어, 2002, 409쪽.

《여유당전서》에 '용안睛案'이라고 쓴 뒤의 내용이 정약용의 견해를 밝히는 부분이라는 점을 안다면 '청안'이 '청'의 견해를 밝히는 부분임을 어렵지 않게 추측할 수 있었을 텐데,《자산어보》가 정약전의 저술이라는 사실을 한 번도 의심해 본 적이 없던 나로서는 그 같은 추측을 할 수 있는 능력이 없었다.《자산어보》에 '청안'으로 시작되는 부분은 71회 등장한다. 그런데 대부분 이 구절들은 문헌에서 설명하고 있는 해양생물과 흑산도에서 실제로 관찰한 해양생물을 비교 대조하는 내용이다. 따라서 "현장 경험과 문헌적 지식이 정약전에게서 어우러졌다"는 내 주장은 빛 좋은 개살구에 불과한 엉터리 결론이었다. 정약전이 흑산도라는 오지까지 무슨 책을 그리 많이 가져왔겠는가. 그것도 경학서가 아닌 잡다한 박물학 서적들을. 그러나 정약전 선생은 그렇게 불가능해 보이는 일을 다 해낼 수 있는 능력을 지닌 분이라고 추앙해 마지않던 나로서는 이러한 의심을 할 겨를이 없었다.

논문이 이렇게 허술하게 만들어졌다는 것에 나는 적잖이 실망했고 부끄러움을 감출 수 없었다. 모두 내 탓이다. 그러나 한편으로는 그리 많지는 않지만 몇몇의 선행 연구자들이《자산어보》라는 문헌을 한 치의 의심도 없이 정약전의 저술이라고 믿고 전해 온 사실에 대해서도 내심 서운했던 것도 사실이다. '청'이라는 글자가 무슨 뜻인지 단지 이 한 문제에 대한 답만 알고 있었더라도 이 같이 어리석은 짓을 하지는 않았을 텐데…. 그런데 또 다른 한편으로는, 답이라는 것은 알고 보면 너무나 쉽지만 답이 없는 상태에서 그 답을 찾기란 쉬운 일이 아니라는 사실을 과학사에서도 무수히 반복되었다는 것으로 위안을 삼을 수밖에 없었다.

'睛案' 이하의 내용이 이청의 안설案說임을 알게 된 이태원은 일찍이《자산어보》가 정약전과 이청의 공동 저술임을 밝혔다.[4] 그러나 이 같은 사실이 알려진 지 15년이 다 되는데도 논문이나 저술 일부에서《자산어보》가 공동 저술임을 간략

---

4   이태원,《현산어보를 찾아서》3, 408~411쪽; 이태원,〈흑산 바다에서 해양생물을 논하다 : 정약전의《현산어보》〉, 고운기 외 지음,《한국의 고전을 읽는다》4, 휴머니스트, 2006, 321쪽.

히 소개했을 뿐 대부분의 연구는 여전히 정약전의 저술로 받아들이고 있다. 이태원이 이청을 소개해 준 뒤로 나도 기회가 날 때마다《자산어보》가 공동 저술임을 밝혔다.[5] 하지만 한 번 굳어 버린 인식을 바꾸기는 어려웠다. 이러한 상황을 타개하기 위해 이번 번역서에서《자산어보》의 저자를 공식화할 필요가 있다고 판단했다.

《자산어보》가 공동 저술임을 분명하게 확인하기 위해서는 형식과 내용 측면에서 검토해 보아야 한다. 내용에 대한 분석은 나의 이전 논문과 여러 연구 논문에서 확인하기로 하고 여기서는 주로 형식적 측면을 설명하는 데 집중했다. 형식적 측면에서《자산어보》는 '인류鱗類, 무린류無鱗類, 개류介類, 잡류雜類'로 분류하고, 그 아래에 해당 해양생물을 나열했으며, 각각의 해양생물에 대한 정보들을 그 표제어 아래에 서술했다. 각각의 해양생물을 기록할 때는 흑산도의 현장에서 살핀 관찰 내용과 어민들의 진술 등을 반영했다. 그리고 한편으로 '청안'으로 시작하는 안설案說에서는 각각의 해양생물 명칭을 고증하는데, 주로 문헌을 통해 이루어졌다. 다만 모든 항목에 안설이 있는 것은 아니었다. 중국과 조선에서 나온 해양생물 관련 서적 중에서《자산어보》가 가장 많은 종을 다루고 있어서, 문헌으로 고증할 수 있는 해족海族이 한계가 있기 때문이다.

형식 면에서 두 사람의 저술 분량을 살펴볼 수 있다.《자산어보》의 총 글자 수는 2만 3022자로, 정약전이 저술 전체의 57.8퍼센트, 이청이 42.2퍼센트에 해당하는 분량을 썼다(표1 참조). 이청이 저술한 분량이 40퍼센트가 넘는다. 고문헌에서 40퍼센트가 넘는 분량을 썼다면 저자로 인정해야 한다. 우리가 알고 있는 저술 중에서 저자가 직접 쓴 부분이 이보다 적은 사례도 많다.

예를 들어 중국 명나라 말기의 학자이자 관료인 서광계徐光啓(1562~1633)는 중국

5   서유구 지음, 정명현·민철기·정정기·전종욱 외 옮기고 씀,《임원경제지 : 조선 최대의 실용백과사전》, 씨 앗을 뿌리는 사람, 2012, 106쪽; 정명현, 〈전통 과학과 기술 연구를 위한 정본화 사업의 필요성〉,《정신문화연구》35권 3호, 한국학중앙연구원, 2012, 108쪽.

〈표1〉《자산어보》에 실린 정약전과 이청의 저술 분량

구분	글자 수(자)	비율(%)
정약전 저술	13,310	57.8
이청 저술	9,712	42.2
합계	23,022	100

농학을 집대성한《농정전서農政全書》의 저자다. 그런데 이 책에서 서광계 본인의 생각이 반영된 저술은 전체의 약 8.7퍼센트 정도다.[6] 또 정약전과 같은 해에 과거에 급제한 서유구는 조선 최대의 실용백과사전인《임원경제지》에서 18.6퍼센트 정도의 분량을 자신의 글로 채웠다.[7] 정확한 통계 자료가 없어 확언할 수는 없지만 정약용의 대표적 저술들 역시 자신의 저술만을 추출한다면 20퍼센트 내외일 가능성이 크다. 그런데도 이와 같은 저술들을 두고 독창성이 없다거나 짜깁기라고 폄하하는 경우는 없다. 이 점을 고려한다면 이청이 여러 문헌을 뒤져(《본초강목》에 의존을 많이 하기는 했지만) 고증 부분을 보완한 점은 높이 평가해야 마땅하다.

물론 여기서 더 따질 수도 있다. 이청의 저술 부분이 문헌 고증이기 때문에 이전 문헌의 인용이 대부분이라는 점이다. 그러나 문헌을 통한 검증만으로도 저술이라는 요건은 충분히 갖춰지기에 여기까지 문제 삼을 필요는 없다. 더군다나 이청의 저술 부분이 보완되지 않은 채로《자산어보》가 완결되었다고 가정한다면, 흑산도 현장에서 보고 들은 내용은 객관성이 상당히 결여돼 지금과 같이 높은 평가를 받기 어려웠을 것이다.[8]

문헌 고증은 '역사를 통한 검증'이라는 주요 학문 방법론 중 하나다. 검증 과정

---

6 정명현, 〈임원경제지 해제〉, 서유구 지음, 정명현·민철기·정정기·전종욱 등 옮기고 씀, 위의 책, 321쪽.

7 정명현, 위의 책, 320쪽.

8 조선의 어보 중《우해이어보》가 문헌을 통한 1차 검증을 본격적으로 시도하지 않은 사례다. 이 때문에《우해이어보》에서 다른 어종을 동정하는 데는 큰 어려움이 있다.

이 없다면 객관성이 떨어질 뿐 아니라, 독자들의 가독성에도 큰 지장을 주게 될 것이다. 당시 지식인들의 전문 분야 저술에는 반드시 이전 문헌을 정리한 뒤 자기 견해를 덧붙이는 방식이 대부분이었기에, 문헌 고증이 겸비되지 않은 저술을 저술로 인정해 주지 않는 당대의 풍토를 염두에 두어야 한다.[9] 《자산어보》에서 이청의 역할이 매우 크다고 평가할 수 있는 이유도 여기에 있다.

'청안'이 해결됨으로써, 정약용의 '선중씨묘지명'에 나오는 다음과 같은 부분은 《자산어보》의 완료 시기와 이청이 보완하기 이전의 초기 원고 상태를 추론할 수 있어서 매우 중요하다. 이 대목을 《자산어보》 저술과 관련해 주목한 이는 없었다.

> 친형제이면서 겸하여 지기知己가 된 사람으로는 나라 안에 오직 공(정약전) 한 사람뿐이다. 내가 외로운 남자로 외로이 불구자로 살아온 지가 이에 지금 7년이 되었다. 공은 저술을 게을리 했기 때문에 지은 책이 많지 않아 《논어난論語難》 2권, 《역간易柬》 1권, 《자산어보玆山魚譜》 2권, 《송정사의松政私議》 1권만이 있는데, 이는 모두 바다 가운데에서 지은 것이다.[10]

정약용은 여기서 《자산어보》가 2권으로 구성되었다고 했다. 하지만 나는 정약용의 "玆山魚譜二卷"이라는 표현에서 '二'는 '三'을 잘못 적은 것으로 가볍게 보고 더 이상 재고하지 않았다. 3권으로 정리된 《자산어보》만 보았기 때문이다. 그러나 이는 정약용의 잘못이 아니었다. 정약전의 《자산어보》 초기 원고의 분량을 정확히 말한 것이었다. 이 초기 원고에 이청이 보완을 했고 그 결과 오늘날 남아

---

9   한편 정약전의 또 다른 저술인 《표해록》이나 《송정사의》 등도 문헌 고증이 없으나, 이는 《자산어보》와 성격이 다르다. 우이도에 사는 문순득이란 사람이 겪은 표해 일기나 소나무 정책과 관련한 자신의 의견을 담은 글은 고증을 반영하지 않아도 글의 완성도에 문제가 없다.

10 "同胞兄弟而兼之爲知己, 又海內一人已矣. 鰥以獨夫, 踽踽然畸乎人, 今七年于玆矣. 如之何其不悲! 公懶於撰述, 故所著不多, 有《論語難》二卷、《易柬》一卷、《玆山魚譜》二卷、《松政私議》一卷, 皆海中所作." 《여유당전서與猶堂全書》 〈文集〉 卷15 '先仲氏墓誌銘'. 한국고전번역원 한국고전종합 DB 참조. 《與猶堂全書》의 출처는 이하 동일.

<표2> 《자산어보》에 실린 정약전과 이청의 구성별 저술 분량(단위: 자)

구분	서문	권1	권2		권3	합계	비율(%)
		인류	무린류	개류	잡류		
정약전 저술	267	4,281	2,736	3,536	2,490	13,310	57.8
이청 저술	0	3,228	3,470	2,270	744	9,712	42.2
합계	267	7,509	6,206	5,806	3,234	23,022	100

있는 3권의 모습이 되었다. 그렇게 본다면 초기본《자산어보》의 구성은 '서문'이 앞에 나오고, 1권에는 '인류'와 '무린류'가 들어 있고, 2권에는 '개류'와 '잡류'가 들어 있었을 것으로 추측할 수 있다. 분량상 각 권에 균형을 맞출 수 있기 때문이다. 이런 구성으로 되었다고 추정했을 때 이청의 보완이 있기 전, 정약전 저술로만 본다면 1권은 7017자(4281자+2736자), 2권은 6026자(3536자+2490자)여서 각 권에 수록된 분량의 편차가 크지 않다(표2 참조).

이렇게 되면 '선중씨묘지명'의 저술 연대가 궁금해진다. 얼핏 생각하기에 이 묘지명이 정약전이 사망한 해나 그로부터 얼마 뒤에 작성되었을 것으로 짐작하기 쉽다. 하지만 정약용의 언급에서 묘지명은 훨씬 이후에 작성되었음을 알 수 있다. 그 결정적인 대목이 "내가 외로운 남자로 외로이 불구자로 살아온 지가 이에 지금 7년이 되었다"라는 말이다. 이 말에서 표현한 '외로운 남자'는 지기인 형을 잃고 난 뒤의 정약용을 가리키므로, 정약전이 사망한 지 7년 뒤, 즉 1822년(순조 22)에 이 글을 썼다고 볼 수 있다.

이제까지 간과하던 '선중씨묘지명'의 이 기록을 통해《자산어보》의 저술 연도를 다시 비정批正해야 한다. 《자산어보》 서문에 나오는 '가경 갑술嘉慶甲戌'이라는 기록만을 의존했기에 나를 포함한 모든 논자가 저술 연도를 1814년으로 받아들였다. 그러나 이는 정약전의 저술 부분이 완료된 시점이다.

'선중씨묘지명'에 따르면 정약전이 죽고 난 7년 뒤(1822) 이 글을 썼을 때, 정약용에게 있었을 것으로 추정되는《자산어보》는 2권 분량이었다. 그렇다면 이청의 보완은 최소한 1822년 이후에 시작되었을 것이다. 이 시기는 정약용이 해배되어서 마현의 여유당에 기거했으며, 이청 등 몇몇 제자들이 강진에서 올라와 스승 정약용의 저술을 도울 때였다.[11] 이 시기에 정약용이《자산어보》를 보완하도록 이청에게 지시했을 것이고, 이청은 스승의 명에 따라《자산어보》를 마무리했을 것이다. '선중씨묘지명'의 기록이 정확하다면《자산어보》는 지금 알려진 시기보다 최소한 8년이 더 지난 뒤에 완성되었다.

이 같은 사실에서 이제까지 추측이 난무하던《자산어보》의 저술 과정을 이해할수 있다. 1814년 완료를 기정사실로 받아들이던 상황에서는 이청이 어떻게 저술에 개입했는지가 명확하지 않았다. 이 때문에 이태원과 나는 정약전이 초고본을 정약용이 있는 강진으로 보냈고, 이 원고에 이청이 추가 집필을 하면서 현재 형태의 저술이 되었다고 주장했다. 한편《자산어보》의 진본을 자신이 소장하고 있다고 확신한 진기홍(1914~2010)은 이청이 정리한 자료를 정약전이 넘겨받고 이를 저술에 반영해 자신이 직접 써 넣었는데, 이청의 공을 인정해서 '청안'으로 썼다고 했다. 그렇게 되면 '청안' 부분도 정약전이 정리한 셈이다.[12] 또 최근 발간된《신역 자산어보》에서 이두순은 저술 과정을 세 가지로 추정했다. 첫째는 진기홍의 주장처럼 흑산도에서의 완결설이고, 둘째는 이태원과 나의 주장처럼 강진에서의 이청에 의한 완결설이며, 셋째는 강진에서 제3의 인물에 의한 완결설이다.[13]

한편 이런 설들보다 널리 알려지면서 거의 사실로 받아들여진 설도 있다. 정약용이 충주에 안치된 형을 성묘할 때《자산어보》가 묘지기 집의 벽지로 쓰인 것을 알고 그 자리에서 필사본을 만들게 했다는 설이다. 하지만 이는《소설 목민심서》

---

11   정민,《다산선생 지식경영법》, 김영사, 2006, 586쪽.

12   《자산어보》진본 논란과 관련해서는 최영철, 〈정약전의 '자산어보' 진본 미스터리 : '흑산도 유배자' 혼 담긴 탐구일지, 200년 만에 빛 보나〉,《新東亞》49권 7호 통권562호, 東亞日報社, 2006년 7월호, 358~368쪽을 참조 바람.

13   이두순,《신역 자산어보》, 목근통, 2016, xix~xx쪽.

에서 작가 황인경이 드라마틱하게 구성해 낸 허구일 뿐인데도, 검증을 거치지 않은 채로 사실로 전해지고 있다.[14] 또 정약용이 해배된 뒤에 형의 유배지를 방문했을 때 어느 민가에 도배지로 있는 글을 이청에게 필사하도록 했다는 설도 있다.[15] 아마도 황인경 소설의 영향으로 보인다.

《자산어보》 저술 연대로 알려진 1814년에서 9년이 지난 1822년에 정약용이 《자산어보》를 3권이 아니라 2권으로 된 책이라는 것을 확인했다면, 《자산어보》 저술 과정을 추적하기 위한 여러 추측들이 일거에 억측이 되는 셈이다.

'청안'이 해결되면서 이외에도 여러 문제가 실타래 풀리듯 풀렸다. 먼저 '우안 又案(안설을 또 붙인다)'과 '案'으로 시작하는 문헌 고증 부분도 모두 이청의 저술임을 알 수 있었다. 또한 '원편결原篇缺, 금보지今補之(원문에는 빠져 있어서 지금 보충한다)' 등 '금보今補(지금 보충한다)'라는 글귀가 들어 있는 내용이 《자산어보》에 13곳에 걸쳐 나오는데,[16] 이 문제도 해결되었다. 원편(원문)은 정약전의 원고를 말한다. 정약전의 원고에 없는 내용을 이청이 보충한다는 의미였다.[17] 이렇게 '금보'라는 글자가 들어 있는 항목에서는, 문헌을 통한 고증을 시도하는 '안설'을 추가할 때 '晴案' 대신에 '案'이라고만 썼다. 이 부분은 정약전의 저술과 별개로 이청 자신이 새로 추가했고, 현장 지식과 문헌 지식도 모두 이청의 저술이었기 때문이다. 이런 이유로 두 부분을 굳이 구별할 필요가 없었던 것이다. 이 같은 정황을 알게 되면 정약전의

---

14 작가도 다음과 같이 픽션임을 분명히 밝히고 있는 만큼 이 설을 사실로 오인해서는 안 된다. "나는 원본이 없어지고 필사본만 남아 있게 된 사연을 극적인 드라마로 구성했다. (중략) 언젠가 방송국에서 약전의 〈자산어보〉 다큐멘터리를 만들면서 그것을 사실로 인용해도 되느냐고 집요하게 물어 픽션이라고 분명하게 말해 그 부분이 포함되지 않았다." 김두호, 〈다산 탄생 250주년 《소설 목민심서》 작가 황인경〉, 《인터뷰365》(http://interview365.mk.co.kr), 2012. 9. 25.

15 손택수, 《바다를 품은 책 자산어보》, 아이세움, 2006, 49쪽.

16 '原篇缺(또는 闕), 今補之(원문에는 빠져 있어서 지금 보충한다)로 적은 곳이 9곳, '亦今補'(역시 지금 보충한다)로 적은 곳이 3곳, '已上俱今補'(이상은 모두 지금 보충한다)가 1곳이다. 정명현, 앞의 글, 33쪽.

17 논문을 쓸 당시, 이 부분은 정약전이 《해족도설》이라는 이름으로 1차 저술한 뒤, 동생 정약용이 《해족도설》에 그림을 그린다는 데에 비판적이었기에 그 비판을 수용하여 《자산어보》라는 이름으로 다시 작성한 것으로 분석한 서종태의 주장을 받아들였다.

저술과 이청의 저술 범위를 구별할 수 있다. 그렇게 두 사람의 저술 분량을 확인한 결과가 앞에서 말한 비율이다.

이청은 정약전이 조사하지 않은 생물을 추가하기도 했다. 226종 중 16종은 정약전이 아니라 이청이 제시한 종이다.[18] 이 중에서 11종은 정약전이 이미 분류 기준을 만들어 놓은 곳에 끼워 들어갔지만, 나머지 5종(4류 5종)은 이청이 새로 추가하기까지 했다.[19] 그렇다면 표제어로 제시한 해양생물 중 정약전이 조사한 것은 210종이 되어 기존에 알려진 것보다 수가 줄어든다.

'청안'이 알려주는 사실은, 정약전이 흑산도와 그 주변에서 나는 해양생물을 망라하여 현장의 지식을 기록으로 남겼고, 이청이 원 저술에 부족한 문헌 고증을 집중적으로 보완해 현장 지식과 문헌 고증이라는 역할 분담을 통한 공동 저작으로 책을 완성했다는 점이다. 이와 같이 체계를 갖출 수 있도록 책의 방향을 잡은 이는 아마도 정약용이었을 것이다. 정약용이 여러 소회에서 밝혔듯이 정약용의 저술에 정약전이 미친 영향은 지대했다. 정약전도《자산어보》의 저술 방향을 잡는 데 동생의 조언과 안목에 빚을 졌다. 정약전은 애초에《자산어보》초고본에《해족도설》이라는 책명을 붙여 해양생물의 모양을 그림으로 그리고, 이를 해설하는 방식으로 구성하려 했다. 하지만 정약용이 그림을 반영하지 말도록 해서 결국《자산어보》최종본에는 그림을 반영하지 않았다. 또한 정약전의 사후에 이청으로 하여금 원편《자산어보》에 없던 부분을 보완하게 해 보다 완정한 체계를 잡도록 했다. 이제《자산어보》는 정약전과 이청의 공동 저술임을 정확히 기술해야 할 것이다. 공동 저술을 표명함으로써 그간 알려지지 않은 이청의 학술적 성과를 제대로 평

---

18 적어赤魚, 관목청貫目鯖, 기미사箕尾鯊, 금린사錦鱗鯊, 우설접牛舌鰈, 금미접金尾鰈, 박접薄鰈, 석자어螫刺魚(이상 권1), 우어牛魚, 회잔어鱠殘魚, 경어鯨魚, 고해鼓蟹, 해복합蟹腹蛤, 포자합魚子蛤, 감蚶, 작감雀蚶(이상 권2). 이 중 금린사錦鱗鯊는 정약전이 이미 조사한 철갑장군(철갑상어)를 제대로 이해하지 못해 중복 제시한 경우이고, 또 해복합蟹腹蛤은 따로 한 종이 있는 것이 아니라 속살이게가 들어 있는 백합을 가리키는 것으로 보인다.

19 우어牛魚, 회잔어鱠殘魚, 경어鯨魚, 감蚶, 작감雀蚶이 그것이다. 이 중 작감은 '감(꼬막)'의 하위 범주에 속하므로 4류 5종이 된다.

가해야 한다. 그렇다고 정약전의 성과가 과소평가되지도 않는다.

2.《자산어보》인가《현산어보》인가

　　《현산어보를 찾아서》가 2002년 12월에 출간되면서 언론에서도《자산어보》를 크게 주목했다. 이와 더불어 '현산어보'로의 개명에 대한 설이 많았다. 2003년부터《자산어보》와 관련해서 내가 가장 많이 들은 질문도 "자산어보가 맞아요, 현산어보가 맞아요?"였다. 당시 내 관심은《자산어보》를 떠나《임원경제지》번역에 쏠려 있었기 때문에, 이름에 대해 내 개인적 소회만 이야기했을 뿐 학술적으로 더 관심을 기울이지 않았다.

　　그러는 사이 학계에서《자산어보》명칭만을 주제로 논문과 논쟁이 있었다는 사실을 나중에야 알게 되었다.《자산어보》에서 가장 중시한 요소 중 하나는 해양생물 각각의 명칭이었다. 정약전·이청은 물론 정약용에게도 해양생물의 정확한 이름은 매우 중요했다. 따라서 특정 해양생물에 대한 명칭의 발음도 하나여야 했다. 이런 입장에서 볼 때 책 제목에 들어가는 '玆山'이 당시 통용되는 음과 달리 읽힐 오해의 소지가 있다면 정약전은 서문에서 이를 분명하게 밝혔을 것으로 생각한다. '자산'과 '현산'은 어감이 너무나 다르다.

　　일반 독자에게는 책 이름에 관한 논쟁이 중요한 문제가 아닐 수도 있다. 하지만《자산어보》가 이룬 성취를 정확히 이해하고 평가하기 위해서라도, 정약전과 정약용이 흑산을 '玆山'으로 고쳐 부른 취지가 왜곡되지 않게 하기 위해서라도 책명은 하나로 불려야 한다. 이 책의 명칭을 서로 달리 부른다면 이는 저자들과 정약용의 의도를 심히 왜곡하는 결과가 된다.《자산어보》를 외국에 알리기 위해 번역서 출판을 시도하려는 노력도 있다고 들었는데, 현실적으로 이 책을 영어로 번역한다면 무슨 음을 써야 하겠는가. 이런 문제의식에서 책명의 독음을 둘러싼 논쟁을 개략적으로 검토해 보고 이에 대한 내 견해를 밝히려 한다.

《자산어보》를 《현산어보》로 읽어야 한다는 입장을 처음으로 표명한 이는 이우성이었고, 이를 임형택이 따랐다.[20] '玆'가 검다는 뜻일 때는 음을 '현'으로 읽어야한다는 이유에서였다. 이를 다시 김언종이 받아들였다.[21] 이런 견해를 수용해 '현산어보'라는 명칭을 대중화에 성공한 이가 이태원이다. 그는 임형택의 설에서 한발 더 나아가 정약용의 제자이자 이청과 동문수학한 이강회李綱會(1789~?)가 흑산도(우이도)를 '현주玄洲'라고 지칭했다는 점을 중요한 근거로 보강했다.[22] 《현산어보를 찾아서》라는 책이 널리 회자되면서 장정욱도 정약전의 저술 중 하나인 《玆山易柬》을 《현산역간》으로 불렀다. 그는 성운학의 근거를 통해 근거를 추가하기도했다.[23] 이처럼 얼마 동안은 《자산어보》를 《현산어보》로 읽어야 한다는 설이 대세가 되는 듯했다.

이로부터 1년이 채 안 되어 이 같은 추세에 의문을 표명한 반론이 나왔다. 《현산어보》 설을 지지했던 김언종의 주장이 그것이다. 그는 '玆'라는 글자를 음운학의 역사에서 어떻게 읽었는지를 치밀하게 고증했다. 그 결과 '玆'가 '이것'이라는뜻일 때는 '자'로 읽는 게 분명하지만, '검다'는 뜻일 때는 '현'으로 읽어야 한다는설과 '자'로 읽어야 한다는 설로 나뉘었다는 점을 밝혔다. 여기서 그는 정약용이읽었을 것으로 추정되는 음은 '자'라고 주장하고, 따라서 '玆山魚譜'를 '자산어보'로 읽어야 한다고 결론지었다. 그 이유는 크게 세 가지였다. 첫째, 정약용이 《설문해자》를 빈번하게 인용했는데, '자'로 읽어야 한다는 입장을 취한 남당南唐 서현徐鉉(917~992)의 《설문해자》 교정본에 대부분 의지했다. 둘째, 《강희자전》의 설을 따

---

20 林熒澤, 〈丁若鏞의 康津 流配時의 교육활동의 그 성과〉, 《韓國漢文學硏究》 第21輯, 1998, 134쪽.
21 김언종, 《한자의 뿌리》 1·2, 문학동네, 2001, 769~770쪽. 그는 여기서 왜 검다는 뜻을 가진 '玄' 자를 쓰지 않고 '玆'를 썼는지에 대한 이유가 '玄'이 순수한 검은색이 아닌 '적흑색'을 의미하는 글자기 때문이라고 밝혔다.
22 이태원, 《현산어보를 찾아서》 1, 5~6쪽.
23 장정욱 譯註, 〈현산역간玆山易柬〉, 《다산학》 4, 다산학술문화재단, 2003, 276~277쪽. '玆'가 '黑'의 뜻일때는 '현'으로 읽어야 한다는 《廣韻》과 《集韻》의 설이 반영된 《강희자전》을 그 근거로 제시했다.

랐다.[24] 셋째, 기존 운서韻書의 성과를 종합한《규장전운奎章全韻》(1796)을 따랐을 것이다.[25]

김언종의 주장에서 주목할 부분은 정약용이《강희자전》의 설을 따랐을 것이라는 점이다. 이 주장은 장정욱이 '현산역간'으로 읽어야 한다는 핵심 주장을 똑같은《강희자전》을 근거로 제시했기에 주목된다. 배치되는 이 같은 주장들을 어떻게 받아들여야 할까.《강희자전》에서는 '玆'의 음을 해설하면서 일반적으로 받아들이는 대표음('자'로 독음)을 앞부분에 소개했고, 이설('현'으로 독음)에 대해 뒷부분에 소개했다. 이에 대해 김언종은 대표음을 따라야 한다고 판단했다. 만약 대표음을 따르지 않고 예외적인 이설을 따를 경우 정약용이 그 설을 따르게 된 이유를 설명했어야 하는데 그렇지 않았기 때문이다.[26] 손택수는《자산어보》원문에서 '자산'으로 읽어야 하는 근거를 찾았다. 해금海禽(바다새) 중에 흑산도 주민들이 오지烏知로 불렀던 노자鸕鷀(가마우지)가 그것이다. 검다는 의미의 '玆' 자가 들어 있는 '鷀'는 가마우지를 가리킨다. 검다는 뜻이 들어 있는데도 그 음은 '현'이 아니라 '자'라는 점에 주목해 정약전도 '玆'를 '자'로 읽었다고 주장했다.[27]

그 뒤 신동원은 정약용이 "《현산어보》가 아니라《자산어보》라고 불렀다"라고 천명했다. 그는 김언종의 주장에 동의했고 여기에 네 가지 근거를 추가로 제시하면서 보다 직접적인 방식으로 자신의 주장을 강화했다. 정약용이《여유당전서》에서 '玆山'을 어떻게 읽었을지를 집중적으로 추적한 것이다. 그 근거로 첫째《玆山筆談》이라는 글을 인용하면서 '玆山'의 '玆'에 '黑'이라는 뜻풀이조차 달지 않았다는 점, 둘째 '玆山'을 '현산'으로 읽어야 한다는 지침을 밝힌 적이 없다는 점, 셋째 '還上'의 '上'을 읽을 때 '상'이 아니라 '차次' 또는 '자玆'로 읽어야 한다는 용례

---

24 《康熙字典》卷19〈午集〉上 "玄部" '五玆'.

25 정약용이 반드시 참조했을 것으로 보이는《규장전운》에 흑색을 뜻하는 '玆'는 '자'로 읽고, 적흑색을 뜻하는 '玆'는 '현'으로 읽어야 한다고 했기 때문이다.

26 이상의 내용은 김언종,《玆山魚譜》名稱攷),《漢文敎育硏究》21, 2003, 411~432쪽을 참조.

27 손택수, 앞의 책, 41쪽.

에서 '玆'를 '자'로 읽었다는 점, 넷째 "玆山이 여기 또 있는 것은 내 몰랐네(不省玆山又在此)"라는 시구에서 '玆山'을 '자산'으로 읽었다는 점이 그것이었다.

이 넷 중 특히 마지막 근거를 "결정적인 증거"라고 그는 확신하면서, '玆山'은 형 정약전이 살고 있는 우이도의 우이산이고 '此'는 정약용이 강진에서 바라볼 수 있던 우이산을 지칭한다고 분석했다. 이 논점은 같은 문구에 근거해 '현산'으로 읽어야 한다는 이태원의 주장과 정면으로 배치되었다. 이 시구에 주석으로 달려 있는, "玆는 검다는 뜻이다(玆者 , 黑也)"라는 풀이만을 주목하고 '玆山'과 '此'에 들어 있는 중의적 함의를 이태원이 보지 못했다고 신동원은 분석한 것이다.[28]

이에 대해 강경모는 신동원의 논거들이 '자산'으로 읽어야 할 만한 결정적 근거가 아니며, '현산'으로 읽어도 잘못되었다고 할 수 없다며 조목조목 반론을 폈다.[29] 신동원은 이 반론에 다시 조목조목 답을 하면서 "그 어느 부분에서도 내가 제시한 이 일관성을 깨뜨린 것으로 보이지 않는다"라며 애초의 입장을 고수했다.[30]

2015년에 《손암 정약전과 현산어보》라는 주제로 학술심포지엄이 개최되었다.[31] 나는 《자산어보》 번역을 다시 해야 할 필요성을 절감하던 차에 서해문집에서 번역서 제안을 받았던 터라 이 자리에 깊은 관심을 가지고 참석했다. 예상대로 현산어보 독음설에 대한 논의가 토론 시간에 펼쳐졌다. 박석무 다산연구소 이사장은 정약용의 7대 종손인 정호영 선생이 '현산어보'로 읽는 이유를 질문했다며, '현산어보'로 고쳐 읽게 된 배경을 임형택·이태원 등의 논리와 함께 설명했다. 이어 내 질문에 김언종 교수가 자신의 '자산어보' 독음설을 부연하며 다시 한 번 강

---

28 신동원, 〈다산은 《현산어보》가 아니라 《자산어보》라고 불렀다〉, 《역사비평》 81, 역사비평사, 2007, 384~386쪽.

29 강경모, 〈'玆山'의 음에 대한 진전된 논의를 기대하며〉, 《역사비평》 82, 역사비평사, 2008, 495~507쪽.

30 신동원, 〈반론을 읽고〉, 《역사비평》 82, 495~507쪽.

31 정약전 서세 200주년을 기념해 실학박물관과 다산연구소에서 공동주최한 이 심포지움은 8월 28일 성균관대학교 국제관에서 열렸다.

조했다. 하지만 그 자리에서 결론이 날 사안은 아니었다.

1년 뒤 다산연구소 주관으로 실시된 '실학기행 2016'에서 정약전 서세 200주
년을 기념해 흑산도 비치호텔에서 정약전과《자산어보》를 소개하는 강연을 개최
했다. 이 강연을 맡은 나는 '자산어보'설을 주장했고, 박석무 이사장은 '현산어보'
설을 지지하는 입장이지만 현산어보든 자산어보든 단정을 짓지는 말고 합리적 근
거들이 나오면서 자연스럽게 결론이 날 수 있도록 하자고 했다.[32]

국사 교과서에서는 '자산어보'라는 이름을 유지하고 있다. 또 최근에 보도된
《자산어보》관련 기사들은 대체로 '자산어보'로 적거나 말하고 있다. 지난 2013
년 해양수산부에서 한반도 해역의 수산자원조사 인프라 구축을 위한 대형 국가
R&D 사업의 명칭을 '新 자산어보 프로젝트'로 명명한 영향도 무시할 수 없다.[33]
자산어보라는 간판을 건 횟집들도 전국에서 활발하게 운영되는 등 자산어보라는
명칭이 일반적으로 사용되고 있는 실정이다. 이제까지 '玆山魚譜'를 '자산어보'
로 사람들이 불렀다면, 거기에는 그만한 이유가 있을 것으로 보고 현산어보로의
개명에는 보수적으로 대응한 사람들이 더 많은 것 같다.

'현산어보' 독음설이 제기된 이후 '자산'으로 읽어야 한다는 주장과 그 근거들
은 '현산' 독음을 주장하는 근거들에 비해 훨씬 풍성하다. '자산'을 주장하는 이들
의 논거가 비대칭적으로 많은 것이다. 그런데도 학계에서의 논쟁은 끝나지 않은
듯하다.

2003년, "자산이 맞아요, 현산이 맞아요?"에 대한 답으로, 나는 감성적인 측면
에서 '자산' 독음을 옹호했다. 이태원이 '현산어보'로 읽어야 한다는 근거를 보강
했지만 나는 쉽게 수긍할 수 없었다. '玆山'의 독음을 해결하기 위한 가장 근본적

---

32 이때의 분위기에 대해서는 박정호, 〈흑산도 작은 돌담집엔 '자산어보' 쓴 정약전의 꼼꼼함이〉,《중앙일
    보》, 2016. 8. 31 기사; 김종철, 〈근대로 가는 길을 놓친 뒤에야 다산을 알았네〉,《한겨레신문》, 2016. 8. 31
    기사를 참조 바람.
33 이 프로젝트는 한국과학기술기획평가원이 실시한 예비타당성에서 경제성이 낮다는 이유로 2015년 무산
    되었다.

인 근거가 〈자산어보 서문〉의 첫 부분에 있다고 믿었다.

'자산茲山'은 '흑산黑山'이다. 나는 흑산에서 귀양살이를 하고 있는데, 흑산이라는 이름은 어두운 느낌을 주어서 무서웠다. 집안사람의 편지에서는 번번이 흑산을 자산이라 표현했다. '자茲' 역시 검다는 뜻이기 때문이다(茲山者, 黑山也. 余謫黑山, 黑山之名, 幽晦可怖, 家人書牘, 輒稱茲山, 茲亦黑也.).

정약전은 '흑산'이라는 명칭이 어두운 느낌이어서 이를 언급하면 무서웠기 때문에 집안사람(정약용)이 편지에서 이를 '茲山'으로 바꿨다고 했다. 이와 거의 유사한 내용을 정약용도 남겨 두었다.[34] 공포감을 희석시키면서 순화하기 위해 '茲山'이라고 바꿔 부른 것이다. 그런데 바꿔 부른 명칭이 '현산'이라면 이 말이 과연 '흑산'이 주는 느낌에서 얼마나 순화될까. 알다시피 '현'으로 읽으면 '玄'이라는 한자를 떠올리기가 더 쉽다. 黑이 싫어서 그 글자를 피했는데 玄을 곧장 떠올릴 만한 '현'으로 읽는다면, 정약전이나 정약용, 그리고 그 가족들이 과연 '茲山'이라고 바꿔 부른 효과가 있을까. 정약용과 정약전은 의미가 동일하면서도 어감이 전혀 다른 단어를 선택하려 하지 않았을까. 정약용이 군이 '玄山'으로 대치하지 않은 이유를 여기서 찾을 수 있지 않을까.[35]

이와 동일하게 적용되는 사례는 아니지만, 똥을 대변이나 '응가'로, 오줌을 소변이나 '쉬'로, 방귀를 '가스'로 대치해서 쓸 때, 대치한 단어는 어감이 상당히 달라진다. 이런 측면에서 흑산을 현산으로 바꿔 부르는 것과 자산으로 바꿔 부르는 것 중 어느 것이 저자들과 정약용의 선택이었을까. 나는 후자였으리라고 판단했다.

---

34 "黑山之名, 幽黑可怖, 余不忍呼之, 每書札改之爲茲山, 茲者, 黑也."(《與猶堂全書》 第1集詩文集 第4卷 〈詩集〉 "詩" '九日登寶恩山絶頂, 望牛耳島'); "黑山之名, 幽黑可怖, 不忍斥言, 故書牘之間, 改之爲茲山, 茲亦黑也."(《與猶堂全書》 第2集經集 第48卷 〈易學緖言〉 卷4 "茲山易柬").

35 강경모가 黑字 대신 玄을 쓰지 않는 이유는 '玄山'이 '좋은 쌀이 난다는 전설 곳의 산'을 의미하기 때문일 것으로 추정(강경모, 506쪽)한 데 대해, 신동원은 이를 매우 궁색한 추론이라고 보았다(신동원, 518쪽).

이외에 현산어보로 불러서는 안 되는 이유를 네 가지 추가하면서 내 주장을 정리하려 한다.

첫째, '玆'가 검다는 뜻일 때도 '자'로 읽는 실제 사례를 물고기 명칭에서 살필 수 있다. 정약전이 초계문신抄啓文臣[36]이었을 때 규장각에서 마주쳤을 사람인 이덕무李德懋(1741~1793)의 《청장관전서》에 실린 기사에서, 숭어를 뜻하는 '치鯔'를 '鰦'로 부른다고도 했다. 이때 검다는 뜻의 '玄'을 두 개 합친 '玆'가 들어간 '鰦'의 음은 '자'다.[37]

둘째, 정약용의 제자 이강회의 《유암총서柳菴叢書》에 수록된 〈운곡선설雲谷船說〉에는 '현주玄洲'라는 용어가 나온다.[38] 이태원은 이 용어가 현산어보로 불러야 할 결정적 단서라고 의미를 부여했다. 그는 '현주'가 흑산도를 지칭하는 말이기 때문에[39] "흑산을 현주라고 부른다면 玆山도 당연히 현산이라고 읽어야" 한다고 주장했다.[40] 그러나 꼭 그렇게만 볼 수는 없다. 이강회가 현주를 처음으로 언급한 곳의 몇 줄 뒤에는 흑산도를 의미하는 '玆山'이라는 표현이 나온다. 우이도에 있던 정약전이 기거가 불안해 玆山으로 옮겨 갈 계획이 있었다는 대목에서다.[41] 이강회가 우이도를 玄洲라 했고 흑산도를 玆山이라 해서 두 섬의 명칭을 구별해서 썼고, 여기서도 마찬가지로 '玆'의 독음에 대한 별다른 설명이 없다면 玆山을 현산

---

36 규장각에 소속되어 연구에 몰두할 수 있는 기회를 제공받은 문신.
37 "치어鯔魚(숭어)는 일명 자鰦다. '鯔'에 들어있는 치緇는 검다는 뜻의 치緇를 줄인 글자고, '鰦'에 들어있는 자玆는 검다는 뜻의 현玄 자 2개를 취했다. 이는 물고기의 색이 검기 때문이다. 鯔, 一名鰦. 緇取緇之省, 玆取兩玄, 以魚色黑也." 《청장관전서》 제59권 〈앙엽기〉 6 '수鮹', 한국고전종합DB 참조.
38 "今年冬, 工于玄洲之海, 寄居於文順得之家. 順得業商者也(46쪽); 戊寅中冬書于玄洲書屋." 丁若銓·李綱會, 《柳菴叢書》〈雲谷船說〉, 新安文化院, 2005, 73쪽. 원문은 신안문화원 홈페이지(http://www.shinanculture.net/)에서 확인할 수 있다. 이강회에 대해서는 안대회, 〈다산茶山 제자 이강회李綱會의 이용후생학利用厚生學 : 선설船說, 차설車說을 중심으로〉, 《한국실학연구》 10, 한국실학학회, 2005를 참조.
39 현주는 우이도를 가리킨다. 그러나 우이도를 소흑산도라고 불렀기 때문에 우이도도 흑산도로 볼 수 있다고 이태원은 설명했다.
40 이태원, 《현산어보를 찾아서》 1, 6쪽.
41 "文之言曰: '時丁公寄居不安, 將徙玆山, 故撮其大綱而已, 細細精巧, 不得盡告云爾(47쪽)." 丁若銓·李綱會, 위의 책.

으로 읽어야 할 이유는 없다.[42] 일반적으로 받아들이는 자산이라는 음이 더 자연스럽다.

셋째, 《자산어보》를 인용한 서유구가 글에서 《玆山魚譜》와 《慈山魚譜》를 동시에 표기했다는 사실을 통해 당시대 인물이 이 책을 《자산어보》로 읽었음을 알 수 있다. 서유구가 저술한 《임원경제지》는 지금까지 확인된 바로 《자산어보》를 후에 인용한 유일한 책이다.[43] 《임원경제지》 전편에 걸쳐 '慈山魚譜'라는 책명은 1회(권두卷頭의 〈임원십육지 인용서목〉), '玆山魚譜'라는 책명은 2회(《관휴지灌畦志》) 나온다. '慈山魚譜'로 잘못 적은 1회는 현존하는 4종의 필사본이 모두 한결같다.[44] 왜 책명이 불일치하는지 알 수 없지만 '玆'와 '慈'의 불일치를 통해 확실하게 알 수 있는 점은, 서유구가 이 해양 박물학서를 '현산어보'가 아니라 '자산어보'로 읽었다는 사실이다. '慈'의 음이 '자'임은 이론의 여지가 없다.

서유구는 정약전과 특별한 관계가 있는 사람이다. 바로 같은 해에 과거에 합격했고, 같은 시기에 규장각 초계문신으로 선발되었다. 두 사람 사이에 교유가 있었는지는 확인할 수 없지만, 서유구가 정약전의 저술을 자기 저술에 반영했다는 점은 의미 있게 받아들일 만하다.

넷째, 정약용이 정약전의 저술로 《자산어보》를 거론한 유일한 자료이자 정약전의 일대기를 가장 자세히 알려 주는 '선중씨묘지명'(글자 수 2506자)에는 '玆' 자가 모두 5회 나오는데, '自玆'(3회)와 '于玆'(1회)와 '玆山魚譜'(1회)다.[45] 앞의 두 용례는 '이때', '이'라는 뜻으로 쓰였기에 모두 의심할 바 없이 음이 '자'다. '玆' 자가 비교

42 〈운곡선설〉에서 이 외의 '玆'자는 더 이상 확인되지 않는다.

43 정명현, 〈정약전의 《자산어보》에 담긴 해양박물학의 성격〉, 9쪽.

44 서유구 지음, 정명현·민철기·정정기·전종욱 외 옮기고 씀, 앞의 책, 1507쪽.

45 다음의 밑줄 부분 참조. "押海之丁, 始顯於校理子伋, 自**玆**繩承, 副提學壽崗·兵曹判書玉亨·左贊成應斗·大司憲胤福·觀察使好善·校理彦璧·兵曹參議時潤, 皆入玉堂, 自**玆**衰否, 三世皆以布衣終. (중략) 己未夏, 大司諫申獻朝, 欲廷論公, 會有嚴旨罷出, 自**玆**益寒滯. (중략) 鏞以獨夫, 踽踽然畸乎人, 今七年于**玆**矣. 如之何其不悲! 公懶於撰述, 故所著不多, 有《論語難》二卷·《易柬》一卷·《**玆**山魚譜》二卷·《松政私議》一卷, 皆海中所作."

적 자주 등장한 글에서 '玆山魚譜'의 '玆'를 '자'로 읽지 않고 '현'으로 읽어야 한다면, 정약용은 주석을 달아 음을 써 주었어야 하지 않을까. 그러나 음에 대한 특정 언급이 없다면 이는 일반적으로 받아들이는 음으로 읽어야 할 것이다.

3.《자산어보》는 정본화가 필수다

고문헌을 번역할 때 가장 먼저 고려해야 할 사항은 원본의 정본화定本化다. 정본화는 원문을 저자의 의도와 최대한 접근할 수 있도록, 필사나 인쇄 과정에서 생긴 오류를 최소화해서 정본을 확립하는 학술 행위다. 그러나 정본화를 소홀히 한 나머지 여러 필사본 중 하나를 골라 번역을 하게 된다면 원문의 오독으로 인한 오류를 피할 길이 없다. 정본화를 쉽게 비유하면 사건의 수사 과정과 같다. 수사는 원칙적으로 증거를 최대한 확보해 팩트와 픽션을 얼마나 많이 그리고 얼마나 정확하게 판별해 내느냐가 관건이다. 팩트가 수사에 가장 중요한 증거고, 픽션이 개연성을 가장한 조작된 증거나 잘못된 증거라면, 교감과 표점의 과정도 팩트와 픽션을 가릴 수 있는 결정적 증거들을 찾는 수사와 다름없다. 즉 정본화는 사건 수사에서와 같이 치밀하고 예리하게 진실에 접근하려는 노동의 결과인 것이다.《자산어보》최초의 번역서인 정문기본《자산어보》는 이런 오류가 그대로 노정되어 있다. 물론 정문기 자신이 4종의 필사본을 대조하고 오류를 수정해 새로 정리본을 작성했다고 했지만,[46] 이렇게 정리해 번역의 대본으로 삼았다는 필사본은 다른 필사본에 비해 오류가 가장 많았다.[47]

현존본《자산어보》의 저술은 앞에서 이야기했다시피, 정약전이 1814년에 먼

---

46   정약전 지음, 정문기 옮김,《玆山魚譜 : 흑산도의 물고기들》, 지식산업사, 1977, ii.
47   필사본별 오류 숫자에 대해서는 정명현, 앞의 글, 10쪽 참조. 정문기의 아들 정석조가 출판한《상해 자산어보》도 정문기의 번역서를 거의 그대로 반영했기에 이 문제가 해결되지 않았다. 鄭汐朝,《詳解 玆山魚譜》, 新安郡, 1998 참조.

저 완료했고, 그 뒤 적어도 1822년 이후에 이청이 마무리 짓는 과정을 거쳤다. 이청이 최종 정리한《자산어보》원본은 지금 남아 있지 않고 현존하는《자산어보》는 모두 제삼자에 의해 기록된 필사본뿐이다. 또한 현존《자산어보》는 필사자에 따라 필사 내용이 달라 완벽하게 서로 동일한 내용을 가진 사본은 없다.《자산어보》의 서지학적 연구와 교감과정을 통한 정본화가 꼭 필요한 이유다. 이러한 문제의식으로 나는 석사논문에서 굳이 할 필요도 없는 원전 정리에 논문을 쓰는 시간보다 더 많은 시간을 할애했다. 그 과정에서 어떤 필사본이 원본과 얼마만큼 차이가 있는지, 그리고 어느 사본이 원본에 가장 가까운 내용을 담고 있을지를 추정할 수 있었다. 당시에 수집한《자산어보》필사본 여덟 종류를 비교하고 대조함으로써 원본과 가장 가깝다고 판단되는 필사본을 '서강본(서강대학교 로욜라도서관 소장본)'이라 판단했고, 따라서 이를 이번 번역의 저본底本으로 삼았다. 이번에 수록한 교감본은 2002년의《자산어보 교감본》을 토대로 다시 검토 및 수정한 뒤, 한국고전번역원에서 제시한 교감 원칙과 표점 기준을 따랐다. 그리고 이를 '《교감본 자산어보》'라고 명명했다. 이《교감본 자산어보》는 번역은 물론이고 연구의 기초가 되는 텍스트를 확정한다는 측면에서 그 의의가 있다. 완벽하지는 않겠지만 이를 토대로 추후에 더 나은 정본이 수립되기를 바란다.

1차 문헌

丁若銓, 《玆山魚譜》, 국립중앙도서관, 古753-1

_____, 《玆山魚譜》, 부경대학교 중앙도서관, 水1641

_____, 《玆山魚譜》, 서강대학교 로욜라도서관, 古書 자51

_____, 《玆山魚譜》, 서울대학교 규장각한국학연구원, 가람 古6392 J466j

_____, 《玆山魚譜》, 서울대학교 규장각한국학연구원, 상백 古 5970925-J466j

_____, 《玆山魚譜》, 서울대학교 중앙도서관, 597-0925 J466jp v1/3

_____, 《玆山魚譜》, 《湖南文化研究》창간호, 호남문화연구소, 1963

_____, 鄭文基 譯, 《玆山魚譜》, 지식산업사, 1977

2차 문헌

顧野王, 《重修玉篇》, 文淵閣四庫全書電子版, 上海人民出版社, 1999

孔安國·孔穎達, 《尙書正義》, 北京大學校出版社, 2000

郭璞 註, 《山海經》, 文淵閣四庫全書電子版, 上海人民出版社, 1999

___ 註, 《爾雅注疏》, 北京大學校出版社, 2000

郭憲, 《洞冥記》, 文淵閣四庫全書電子版, 上海人民出版社, 1999

歐陽修, 《新唐書》, 文淵閣四庫全書電子版, 上海人民出版社, 1999

金鑢, 《藫庭遺藁》

金富軾, 《三國史記》

段成式, 《酉陽雜俎》, 文淵閣四庫全書電子版, 上海人民出版社, 1999

戴侗,《六書故》, 文淵閣四庫全書電子版, 上海人民出版社, 1999

屠本畯,《閩中海錯疏》, 文淵閣四庫全書電子版, 上海人民出版社, 1999

東方朔,《神異經》, 文淵閣四庫全書電子版, 上海人民出版社, 1999

董越,《朝鮮賦》, 文淵閣四庫全書電子版, 上海人民出版社, 1999

羅願·洪焱祖,《爾雅翼》, 文淵閣四庫全書電子版, 上海人民出版社, 1999

劉敬叔,《異苑》, 文淵閣四庫全書電子版, 上海人民出版社, 1999

劉恂,《嶺表錄異》, 文淵閣四庫全書電子版, 上海人民出版社, 1999

柳宗元,《五百家註柳先生集》, 文淵閣四庫全書電子版, 上海人民出版社, 1999

陸璣,《陸氏詩疏廣要》, 文淵閣四庫全書電子版, 上海人民出版社, 1999

陸雲,《陸士龍集》, 文淵閣四庫全書電子版, 上海人民出版社, 1999

李綱會, 김정섭·김형만 共譯,《柳菴叢書》, 新安文化院, 2005

_____, 안대회 譯,〈松政私議〉,《雲谷雜櫧》, 新安文化院, 2004

李德懋,《靑莊館全書》

李昉,《太平御覽》, 文淵閣四庫全書電子版, 上海人民出版社, 1999

李時珍,《本草綱目》, 人民衛生出版社, 1995

李延壽,《南史》, 文淵閣四庫全書電子版, 上海人民出版社, 1999

李賢 等,《明一統志》, 文淵閣四庫全書電子版, 上海人民出版社, 1999

毛亨·鄭玄·孔穎達,《毛詩正義》, 北京大學校出版社, 2000

未詳,《欽定盛京通志》, 文淵閣四庫全書電子版, 上海人民出版社, 1999

班固,《前漢書》, 中華書局, 1997

潘自牧,《記纂淵海》, 文淵閣四庫全書電子版, 上海人民出版社, 1999

方以智,《通雅》, 文淵閣四庫全書電子版, 上海人民出版社, 1999

范蔚宗,《後漢書》, 中華書局, 1997

司馬光,《類篇》, 文淵閣四庫全書電子版, 上海人民出版社, 1999

司馬貞,《史記索隱》, 文淵閣四庫全書電子版, 上海人民出版社, 1999

司馬遷,《史記》, 中華書局, 1997

上海古籍出版社 編,《生活與博物總書》, 上海古籍出版社, 1991

徐有榘,《蘭湖漁牧志》, 경문사, 1977

_____,《林園經濟志》, 高麗大學校 所藏本

_____,《林園經濟志》, 大阪府立中之島圖書館 所藏本

聖祖仁皇帝,《御定全唐詩》, 文淵閣四庫全書電子版, 上海人民出版社, 1999

昭明太子,《文選註》, 文淵閣四庫全書電子版, 上海人民出版社, 1999

孫兆亮·徐維統,《中國學術名 著提要-科技卷》, 復旦大學出版社, 1996

荀況,《荀子》, 文淵閣四庫全書電子版, 上海人民出版社, 1999

愼以行 等,《譯語類解》, 國史編纂委員會電子圖書館

呂不韋,《呂氏春秋》, 文淵閣四庫全書電子版, 上海人民出版社, 1999

吳綺,《嶺南風物記》, 文淵閣四庫全書電子版, 上海人民出版社, 1999

王嘉,《拾遺記》, 文淵閣四庫全書電子版, 上海人民出版社, 1999

王志慶,《古儷府》, 文淵閣四庫全書電子版, 上海人民出版社, 1999

兪孝通 等,《鄕藥集成方》, 國史編纂委員會電子圖書館

柳僖,《物名考》, 文淵閣四庫全書電子版, 上海人民出版社, 1999

李嘉煥·李載威,《物譜》, 문아사, 1974

李圭景,《五洲衍文長箋散稿》, 東國文化社, 1959

李晩永,《才物譜》

李晩采 編, 김시준 譯,《闢衛編》, 韓國自由敎養推進會, 1985

李善,《文選》, 文淵閣四庫全書電子版, 上海人民出版社, 1999

李睟光,《芝峰類說》

任昉,《述異記》, 文淵閣四庫全書電子版, 上海人民出版社, 1999

張玉書 等 編纂, 張元濟 節選,《節本康熙字典》, 常務印書館, 2001

張揖,《廣雅》, 文淵閣四庫全書電子版, 上海人民出版社, 1999

張自烈,《正字通》, 上海古籍出版社

張華,《博物志》, 文淵閣四庫全書電子版, 上海人民出版社, 1999

田汝成,《西湖遊覽志餘》, 文淵閣四庫全書電子版, 上海人民出版社, 1999

丁度 等,《集韻》, 文淵閣四庫全書電子版, 上海人民出版社, 1999

鄭麟趾 等,《世宗實錄地理志》, 國史編纂委員會電子圖書館

丁若鏞,《洌水全書》

_____,《雅言覺非》, 國史編纂委員會電子圖書館

_____,《與猶堂全書》

_____, 박석무 譯註,《茶山 散文選》, 創作과 批評社, 1989

丁若銓,〈巽菴書牘〉,《詳解 玆山魚譜》, 新安郡, 1998

鄭玄·賈公彦,《周禮注疏》, 北京大學校出版社, 2000

鄭玄·孔穎達,《禮記正義》, 北京大學校出版社, 2000

_____,《禮記》, 北京大學校出版社, 2000

陳壽,《三國志》, 中華書局, 1997

陳耀文,《天中記》, 文淵閣四庫全書電子版, 上海人民出版社, 1999

陳廷敬 等,《康熙字典》, 文淵閣四庫全書電子版, 上海人民出版社, 1999

陳彭年 等,《玉篇》, 文淵閣四庫全書電子版, 上海人民出版社, 1999

馮惟訥,《古詩紀》, 文淵閣四庫全書電子版, 上海人民出版社, 1999

郝玉麟,《廣東通志》, 文淵閣四庫全書電子版, 上海人民出版社, 1999

許愼,《說文解字》, 文淵閣四庫全書電子版, 上海人民出版社, 1999

許愼·段玉裁 注,《說文解字注》, 上海古籍出版社, 1998

許浚,《東醫寶鑑》, 南山堂, 2009

嵇曾筠 等,《浙江通志》, 文淵閣四庫全書電子版, 上海人民出版社, 1999

胡世安,《異魚圖贊箋》, 文淵閣四庫全書電子版, 上海人民出版社, 1999

洪萬選,《山林經濟》

黃衷,《海語》, 文淵閣四庫全書電子版, 上海人民出版社, 1999

강경모,〈'玆山'의 음에 대한 진전된 논의를 기대하며〉,《역사비평》82, 역사비평사, 2008

고석규,〈조선시기 흑산도의 역사 : 空島에서 다시 찾는 섬으로〉,《흑산도 상라산성 연구》,

　　　　신안군/목포대도서문화연구소, 2000

구자무,《조선영물시선朝鮮詠物詩選》, 보경문화사, 1996

김근수,〈한국실학과 명물도수학〉,《정신문화》12호, 한국정신문화연구소, 1982

김대식,〈玆山魚譜考〉,《수선논집》6, 성균관대 대학원, 1981

김대식 · 곽진 · 이금희,《자산어보》연구〉,《국어국문학논총》, 여강출판사, 1990

김문기,〈근세 동아시아의 魚譜와 어류지식의 형성〉,《역사와 경계》99, 부산경남사학회,

　　　　2016

김문식,《조선후기 경학사상연구》, 일조각, 1996

김언종,《玆山魚譜》名稱攷〉,《漢文教育研究》21, 2003

_____,《한자의 뿌리》1 · 2, 문학동네, 2001

김영진,〈난호어목지〉,《한국민족문화대백과사전》5, 한국정신문화연구원, 1991

문중양,〈19세기의 호남 실학자 李晴의《井觀編》저술과 서양 천문학 이해〉,《韓國文化》

　　　　37, 서울대학교 규장각한국학연구원, 2006

박구병,〈자산어보〉,《한국민족문화대백과사전》18

서종태,〈손암 정약전의 실학사상〉,《동아연구》24, 1992

_____,《성호학파의 양명학과 서학》, 서강대학교 박사학위논문, 1995

손병태,〈경북 동남 지역의 어류 명칭어 연구〉,《영남어문학》32, 1997

손택수,《바다를 품은 책 자산어보》, 아이세움, 2006

신규수,《유배, 유배지, 얽힌 바람》, 이유, 2000

신동원,〈다산은《현산어보》가 아니라《자산어보》라고 불렀다〉,《역사비평》81, 역사비평

　　　　사, 2007

안대회,〈다산茶山 제자 이강회李綱會의 이용후생학利用厚生學 : 선설船說, 차설車說을 중

심으로〉,《한국실학연구》10, 한국실학학회, 2005

유봉학,《조선후기 학계와 지식인》, 신구문화사, 1998

유재명,《물고기백과》, 행림출판, 1996

이덕봉,〈한국생물학사〉,《한국문화사대계》5, 고려대학교 민족문화연구소, 1979

이두순,《신역 자산어보》, 목근통, 2016

이병기,〈조선어문학명저해제〉,《문장》제2권 제8호, 1940

이원균,〈정약전〉,《한국민족문화대백과사전》19

이철희,〈李晴의 우물추락사설에 대한 해명〉,《語文硏究》43(3), 한국어문교육연구회,
　　　2015

이태원,《현산어보를 찾아서》1~5, 청어람미디어, 2003

임형택,〈丁若鏞의 康津 流配時의 교육활동의 그 성과〉,《韓國漢文學硏究》第21輯, 1998

장정욱 譯註,〈현산역간玆山易柬〉,《다산학》4, 다산학술문화재단, 2003

전병기,《한국과학사》, 이우출판사, 1982

정두희,〈천주교 신앙과 유배의 삶, 다산의 형 정약전〉,《역사비평》11, 역사비평사 1990

정명현,〈정약전의《자산어보》에 나타난 해양 박물학의 성격〉, 서울대학교 석사학위논문,
　　　2002

정명현 · 민철기 · 정정기 · 전종욱 외 옮기고 씀,《임원경제지 : 조선 최대의 실용백과사전》,
　　　씨앗을 뿌리는 사람, 2012

정문기,〈우해이어보〉,《한국민족문화대백과사전》16

＿＿＿,〈정약전의 자산어보〉,《사조思潮》, 1958

＿＿＿,〈조선어명보〉,《조선지수산朝鮮志水産》112호, 조선수산회, 1934

＿＿＿,《물고기의 세계》, 1997, 일지사

＿＿＿,《한국어도보》, 일지사, 1977

정민,《다산선생 지식경영법》, 김영사, 2006

정석조,《詳解 玆山魚譜》, 新安郡, 1998

정양완 · 홍윤표 · 심경호 · 김건곤,《조선후기 한자어휘 검색사전》, 한국정신문화연구원,
　　　1997

정옥자, 〈정조시대 연구 총론〉, 《정조시대의 사상과 문화》, 돌베개, 1999

_____, 《조선후기 역사의 이해》, 일지사, 1998

조성을, 〈정약전丁若銓과 서교西敎 : 흑산도 유배 이전을 중심으로〉, 《교회사연구》 44, 한국교회사연구소, 2014

최계원 외 3명, 〈흑산도의 산업기술〉, 《도서문화》 제6집, 국립목포대학교 도서문화연구원, 1988

최덕원, 〈문순득의 표해록〉, 《목포해양전문대학 논문집》 14집, 신안문화원, 1994

최범훈, 〈'자산어보'의 어류명 차자표기연구〉, 《한실이상보박사회갑기념논총》, 간행위원회, 1987

최성환, 〈정약전의 흑산도 유배생활과 저술활동〉, 《지역과 역사》 36, 부경역사연구소, 2015

최현배, 《한글갈》, 정음사, 1946

한국기독교 역사연구소, 《한국기독교의 역사》 1, 기독교문사, 2000

허경진, 《손암 정약전 시문집》, 민속원, 2015

홍순탁, 〈자산어보와 흑산도 방언〉, 《호남문화연구》 1, 호남문화연구소, 1963

홍이섭, 《조선과학사》, 정음사, 1946

Yung Sik Kim, *The Natural Philosophy of Chu Hsi(1130-1200)*, American Philosophical Society, 2000

Michael Polanyi, *Personal Knowledge*, The University of Chicago Press, 1962

Joseph Needham, *Science and Civilisation in China*, Cambridge University Press, 1986, vol.6, part 1

기타

大漢韓辭典編纂室, 《敎學 大漢韓辭典》, 敎學社, 2008

文淵閣四庫全書電子版, 上海人民出版社, 1999

諸橋轍次, 《大漢和辭典》, 大修館書店, 1984

김두호, 〈다산 탄생 250주년 《소설 목민심서》 작가 황인경〉, 《인터뷰365》(http://
   interview365.mk.co.kr), 2012. 9. 25.

김종철, 〈근대로 가는 길을 놓친 뒤에야 다산을 알았네〉, 《한겨레신문》, 2016. 8. 31.

박정호, 〈흑산도 작은 돌담집엔 '자산어보' 쓴 정약전의 꼼꼼함이〉, 《중앙일보》, 2016. 8. 31.

정문기, 〈신박물기新博物記〉, 《조선일보》, 1973. 1. 4..

최영철, 〈정약전의 '자산어보' 진본 미스터리 : '흑산도 유배자' 혼 담긴 탐구일지, 200년 만
   에 빛 보나〉, 《新東亞》 49권 7호 통권562호, 東亞日報社, 2006. 7.

국사편찬위원회 승정원일기(http://sjw.history.go.kr/main.do)

국사편찬위원회 조선왕조실록(http://sillok.history.go.kr/main/main.do)

한국고전종합DB(db.itkc.or.kr)

한국학중앙연구원 한국역대인물 종합정보시스템(people.aks.ac.kr)

본관	압해押海

자字　천전天全

호號　손암巽庵, 연경재研經齋, 일성루一星樓, 매심재每心齋

저서　《자산어보玆山魚譜》《송정사의松政私議》《논어난論語難》《역간易柬》등

1758년(영조 34, 1세)	3월 1일 경기도 마현馬峴에서 태어남. 아버지는 정재원丁載遠, 어머니는 해남 윤씨. 어릴 때 이름은 삼웅三雄.
1760년(영조 36, 3세)	3월 10일 정약종丁若鍾(1760~1801) 태어남.
1762년(영조 38, 5세)	6월 16일 정약용 태어남.
1770년(영조 46, 13세)	11월 9일 어머니 사망.
1771년(영조 47, 14세)	조정에서 내직과 외직을 맡았던 아버지가 마현으로 돌아와 정약전과 그 형제들을 1776년까지 가르침.
1773년(영조 49, 16세)	아버지가 잠성岑城 김씨와 결혼.
1776년(영조 52, 19세)	3월 4일 아버지가 호조좌랑이 되어 정약용과 서울로 올라가 셋집을 얻어 살았고 이윤하李潤夏·이승훈李承薰·김원성金源星과 사귀었으며 이익李翼의 학문을 이어 받아 권철신權哲身의 문하에 들어감.
1778년(정조 2, 21세)	1777년 9월에 아버지가 화순 현감이 되자, 1778년 가을 즈음에 정약용과 함께 따라 갔다가 동림사東林寺에서 40일 동안《상서尙書》를 완독.
1779년(정조 3, 22세)	2월 서울에 가서 과거 준비를 하라는 아버지의 명령으로 상경. 겨울에 주어사走魚寺의 강학회講學會에 김원성, 권상학權相學, 이총억李寵億, 권철신, 이벽李蘗 등과 함께 참석.
1782년(정조 6, 25세)	윤 모某, 정약용과 함께 봉은사에서 15일간 경의과經義科를 준비.
1783년(정조 7, 26세)	봄에 형 약현 그리고 약용과 함께 초시(監試)에 합격했고 회시會

	試는 약용만 합격.
	가을 감시에 장원으로, 회시에 높은 성적으로 합격.
1784년(정조8, 27세)	이벽을 따라다니며《천주실의天主實義》와《칠극七克》등 여러 권의 책을 보고서 서교를 신봉하게 됨.
1785년(정조9, 28세)	아버지가 서교에 관여하지 말도록 적극 만류. 초가을 무렵 이벽 사망.
1789년(정조13, 32세)	정약용이 식년시式年試에서 갑과甲科 2위(아원, 60명 중 2위)로 급제, 규장각 초계문신이 됨.
1790년(정조14, 33세)	8월 왕자(뒤의 순조純祖)가 탄생하여 증광별시增廣別試를 시행. 초시에서 1위를 차지하고, 회시에도 합격. 최종 시험인 전시에서는 병과丙科 27위(47명 중 37위)를 차지하여 급제.
	승문원承文院부정자副正字 보직을 받고 9월에는 초계문신으로 규장각의 월과月課(매월 시행하는 정기 시험)를 치름.
1791년(정조15, 34세)	2월 10일 아들 학초學樵 출생. 8월에 진산사건珍山事件(신해사옥)이 일어났고, 겨울 이후에 서교와 단절.
1792년(정조16, 35세)	4월 진주 임지에서 아버지 사망.
1797년(정조21, 40세)	가을에 정약용이 곡산谷山 도호부사가 되고, 정약전은 7월 11일 승륙陞六(6품으로 품계를 올림), 이어서 성균관 전적典籍을 거쳐 12월 19일 병조좌랑이 됨.
1798년(정조22, 41세)	겨울에《영남인물고嶺南人物考》를 편찬.
1799년(정조23, 42세)	4월 29일 대사간 신헌조申獻朝가 탄핵하여 파면되고 그 이후에 벼슬길이 막힘.
1800년(정조24, 43세)	정조 사망.
1801년(순조1, 44세)	2월 26일 신유사옥으로 정약전은 신지도, 정약용은 장기로 유배.

정약종, 이승훈은 참수되고 이가환, 권철신은 옥사.

9월에 황사영黃詞永 백서사건帛書事件이 발생해 황사영 등 관련 인물은 참수되고 11월 5일 정약전은 흑산도, 정약용은 강진으로 유배.

11월 22일 나주성 북쪽 율정점栗亭店에서 형제가 이별한 후 정약전은 우이도에 정착.

1804년 (순조 4, 47세)	《몽학의휘蒙學義彙》저술.
1805년(순조 5, 48세)	서자 학소學蘇 출생.
1807년(순조 7, 50세)	이전 해 또는 이해에 우이도에서 흑산도로 거주지 옮김. 서당 사촌서실 건립. 7월 19일 아들 학초 사망.
1814년(순조 14, 57세)	정약전본《자산어보》완성. 정약용이 해배될 것이라는 소식을 듣고 우이도로 첩과 두 아들을 데리고 돌아옴.
1816년(순조 16, 59세)	6월 6일 우이도에서 사망. 부인은 풍산豊山 김씨이며 아들 학초는 장가든 후 요절, 딸은 민사검閔思儉에게 시집갔으며, 첩의 두 아들은 학소와 학매學枚. 3년 뒤 충주의 하담荷潭 선산(지금의 충북 충주시 금가면 하담리)에 장사 지냄. 1980년 전후로 천진암 천주교성지(경기도 광주시 퇴촌면 우산리)로 이장.

이청
연보

본관　경주
자字　금초琴招
호號　청전靑田

1792년(정조 16, 1세)　　　출생.
1806년(순조 6, 15세)　　　정약용이 그의 집에 기거하기 시작(2년간).
1810년(순조 10, 19세)　　《시경강의보유詩經講義補遺》저술 지원.
1814년(순조 14, 23세)　　《대동수경大東水經》저술 지원.
1816년(순조 16, 25세)　　《악서고존樂書孤存》저술 지원.
1821년(순조 21, 30세)　　《사대고례事大考例》저술 지원.
1822년(순조 22, 31세)　　《자산어보》공동 저술.
1860년(철종 11, 70세)　　《정관편井觀篇》저술(추정).
1861년(철종 12, 70세)　　　사망.